臺灣歷史與文化 研究輯刊

八 編

第 16 冊

徐復觀思想研究
——一個台灣戰後思想史的考察（下）

高焜源 著

花木蘭文化出版社

國家圖書館出版品預行編目資料

徐復觀思想研究———一個台灣戰後思想史的考察（下）／高焜
源 著 -- 初版 -- 新北市：花木蘭文化出版社，2015〔民 104〕
目 4+196 面；19×26 公分
（臺灣歷史與文化研究輯刊 八編；第 16 冊）
ISBN 978-986-404-442-9（精裝）
1. 徐復觀 2. 學術思想
733.08　　　　　　　　　　　　　　　　104015141

ISBN- 978-986-404-442-9

9 789864 044429

臺灣歷史與文化研究輯刊
八　編　第十六冊　　　　　　　ISBN：978-986-404-442-9

徐復觀思想研究
———一個台灣戰後思想史的考察（下）

作　者　高焜源
總 編 輯　杜潔祥
副總編輯　楊嘉樂
編　輯　許郁翎
出　版　花木蘭文化出版社
社　長　高小娟
聯絡地址　235 新北市中和區中安街七二號十三樓
　　　　　電話：02-2923-1455／傳眞：02-2923-1452
網　址　http://www.huamulan.tw 信箱 hml 810518@gmail.com
印　刷　普羅文化出版廣告事業
初　版　2015 年 9 月
全書字數　422224 字
定　價　八編 29 冊（精裝）台幣 58,000 元

徐復觀思想研究

——一個台灣戰後思想史的考察（下）

高焜源　著

目

次

第五章　論徐復觀的反共思想

　　由前一章可以看到，連文學創作都可以與反共問題大肆炒作一番，可見反共問題是台灣在一九四九年以後的一大課題。在這種反共思考，連學術界也被這樣要求著：

> 學術界怎樣自動反共呢？學術界又有什麼反共工作可做呢？第一、作者認爲學術界可從學術的本身去反共。……第二、作者認爲學術界應以反共爲工作的一種目標。……第三、作者認爲學術界應時時以文字語言說明共黨的威脅與危險。學術界應對學生，對青年，對一般民眾，不斷的宣傳共黨的罪惡。……第四、作者認爲學術界應針對共黨的理想提供更完美的理想。〔註1〕

連標榜自由研究的學術界都必須這樣「配合」反共，其他就可想而知了。其實，國民黨的反共意識之所以如此強烈，與它在中國的失敗當然是息息相關的。也因爲如此，所以台灣在一九五〇年代發生的「匪諜案」最多〔註2〕，許多人都因爲「匪諜案」被國民黨殺害或誣陷入獄〔註3〕，到「雷震案」而達到

〔註1〕謝幼偉：《反共的思想問題》，台北：中國新聞出版公司，一九五五年十一月初版；一九五六年元月，三版。頁44。

〔註2〕據張玉法：《中華民國史稿》中所統計，單單從一九四九年到一九五四年之間，可考的四十案中，被捕者有一千六百四十一人，處死者有二百九十九人。詳見該書頁536～537。台北：聯經，，一九九八六月初版。

〔註3〕據張玉法引王曉波的研究指出，在白色恐怖的年代，被槍決的有三千人到四千人之多，被捕入獄的有八千人到一萬人之多。真正的共產黨員，據蔡孝乾的供詞不過九百人。《中華民國史稿》，頁538。王曉波的文章見〈聽！聽！那肅殺的白色恐怖：五〇年代白色恐怖事件善後事宜處理公聽會紀錄〉，《海峽評論》第32期，頁39。

最高潮；一九六〇年代是台獨運動的日漸公開化，國民黨爲了打壓台獨運動，理所當然地把它跟「共匪」聯上關係，同列爲首要敵人，所以，直到七〇年代的「鄉土文學論戰」，才會還有人把「工農兵文學」的帽子拿來用，企圖「共匪化」鄉土文學，以引起國民黨的反感達到文藝鬥爭的目的。這些過程，徐復觀都親見親聞，甚至親自參與。所以很值得好好探究一番。

　　該如何看待徐復觀的反共思想呢？事實上，對共產黨的批評，其拿捏的分寸遠比批評國民黨還要難。因爲站在政黨政治的立場，共產黨也只是政黨之一，所以本也不需太激烈去反對共產黨；另外一方面，共產黨畢竟是勝利者，向來中國歷史多是勝利者批判失敗者，這在「成王敗寇」的中國歷史原則中是很難翻案的。但是，近代因爲有民主思想這個招牌，所以，徐復觀在批評上才能得心應手。後來，他也從文化的維護者的身份而發出批評，也就是針對中國的文化大革命而發出反共的聲音，這樣就構成他反共思想的兩大主軸。如果「反共」的理由不見了，他的民主思想也將大大失色。他原是一位搞情報與宣傳的國民黨情報工作人員，他那時的反共，只是工作的一部份〔註4〕；就算到了台灣，因爲初期還是爲國民黨在做事，所以縱使對國民黨有一些批評，也還是建立在反共的目的上，也就是說，這時的反共還是爲了國民黨；後來進入學術圈，漸漸以自由民主爲訴求，高喊反共與反專制，一方面是因爲反國民黨的聲音愈來愈大，一方面是因爲國際上的反共形勢也漸堅強地串聯起來；但是，因爲他本身就處在專制國家的統治之下，他的反共思想若是針對專制而發，有幾分是眞義？有幾分只是敷衍國民黨政權的口號？所以在台灣期間的反共，在不明顯反國民黨的情況下，恐怕是言不由衷的情況比較多。後來他被迫到香港定居，離開國民黨的「反共口號圈」，理應可以明白表達自己的反共主張；而且他這時所得到的共產黨資訊比較方便，所以在批判時也會有更確定的證據，而顯得客觀許多。不過，他在香港時期的反共思想又可以分爲兩個階段，主要就是以鄧小平（1904～1997）的改革開放爲界限〔註5〕。在改革開放之前，鄧小平掌權的態勢明朗化之後〔註6〕，

〔註4〕　他在一九八〇的一篇文章中說出實話來：「老實說，當時我站在國民黨的立場，不能不反對毛澤東，但內心對毛澤東實懷有深厚的好感。」（〈劉少奇平反與人類的良知良識〉，《雜文續集》，頁219。）這是指他在延安時期遇見毛澤東的時候。

〔註5〕　改革開放是中國共產黨於1978十二月召開的十一屆三中全會上提出的一條戰略決策，是中華人民共和國成立以來第一個對外開放的基本國策，這個決策

其實徐復觀的反共思想就隨之有了變化。這時中國與美國的關係已經改善，相對的，台灣與美國的正常關係已經快要結束，徐復觀在文化大革命期間對中共的極端反感也漸漸平息，反共的心態變成是期待的心態。同時，台灣的情況反而是他反共的主要決定因素。由於中、美建交使得中國對台統戰日促，這是徐復觀在香港的統戰前線最能理解的事。中國想要併吞台灣，當然是一九四九年以來的重要國策之一，但是因為國內外局勢的不樂觀，所以一直無法達成。如今對內已經在改革開放的政策下取得平穩進展，對外又爭取到美國這個最後的強國盟邦，在台灣的優勢盡失的情況下，不趁此拿下台灣，又待何時？這樣的情勢，徐復觀當然很瞭解，所以他反過來思考台灣人的悲慘未來該如何走。最後，他的思想定調在「維持現狀」上。這與現在國民黨的政策是一樣的，但是在當時的時空背景下，卻是違反大勢所趨的。從此不難看出他的人道精神與對台灣的感情，而這也就是他晚年反共思想的精義所在。我們可以說，基於以下幾個原因，在徐復觀的生命中不能沒有反共思想：

（一）他曾是國民黨員

這在他早期的反共動機中佔很大份量。

（二）他是民主主義者

這從他與國民黨抗爭的過程中，常常將國民黨與共產黨的反民主一起批判可以看出。

（三）他是傳統文化的維護者

這是到香港後，對於毛澤東在一九四九年以後的所作所為，特別是對中國文化的破壞，所產生的反感。徐復觀在台灣期間本就對五四運動的西化與反傳統文化很反感，所以初期的反共思想中，也常常把兩者的關係說在一起。對於毛澤東的文化大革命則更反感，因此將反共與維護傳統文化兩者連在一起思考，就常常出現在他晚期的著作之中。

（四）他是台灣人民的愛護者

這是針對中國在改革開放以後，更積極對台灣展開的統戰而言。他認為

的成效之一便是改變了中國長期以來對外封閉的情況，令中國向世界開放。這使中國大陸進入了經濟高速發展時期。

〔註 6〕一九七七年八月中共第十一次全國代表大會在北京舉行，鄧小平被選為中央委員會副主席。陳永發說：「一九七八年底的十一屆三中全會，象徵鄧小平時代的來臨。」（《中國共產革命七十年》，頁 905。）一九七九年一月一日中、美正式建交，中國與台灣的新時代同時來到，勢力剛好一消一長。

維持現狀是最好的政策，而對於台獨運動也有了更多的諒解。這全是因爲他在台灣曾經有過許多知心朋友，所以可以站在台灣人的權利來看這個問題，其實也是他民主思想的高度成熟所致。

　　以下就以他反共的主要動機，分爲三階段加以探討：（一）爲國民黨而反共（二）離開國民黨以後的反共思想（三）爲民主自由而反共（四）爲中國文化而反共。

第一節　爲國民黨而反共

　　前面談過，徐復觀對社會主義的最早接觸，可以追溯到剛到軍中接觸《三民主義》開始；而他的脫離左派思想，恐怕也是以《三民主義》的關係，他曾說：「接著看了些翻譯的社會主義方面的書籍，引起我對線裝書的反感，連《三民主義》我也保持一種疏離的態度。我對《三民主義》真正有了感情，大概要遲到民國三十三、四年的時候。」〔註7〕他是在一九四三年去延安當聯絡參謀，當場對中共的批判蔣介石提出激烈的抗議；回到重慶不久，就進入參謀總長何應欽（1890～1987）辦公室當聯合秘書處的參謀。這是他思想從左轉到右的關鍵時候。後來，進入蔣介石的侍從室六組當參謀，爲了搞宣傳，與共產主義對抗，當然不得不對《三民主義》重新熟悉。這個時機點，與他所說的「民國三十三、四年的時候」正合〔註8〕。在此之前，他的生活已漸安定，跟隨黃紹竑到處作戰，隨著中國境內對日作戰的要求日漸升高，所以在思想上，他漸修正到「國家主義」上是很合理的發展。但是當時各種軍隊勢力的利害矛盾仍然存在，所以就算這時大部分人以國家安危爲念，但是野心家仍然只是以「低級意識形態」在利用別人的愛國心罷了。因此就算他這段期間爲國家而抗日、爲國家而反共、爲國家而要爭取國民黨內派系的團結，仍然是無助於這些利害矛盾的衝突的。因此，最後他還是得選擇放棄或與之

〔註7〕〈垃圾箱外〉，《雜文──憶往事》，頁 23。他曾說：「閩變敉平後，長江一帶的政治社會已經相當安定，而我的思考能力也相當的成熟了。」（〈垃圾箱外〉，《雜文──憶往事》，頁 36）但是，依他這裡所言，閩變敉平後可能只是暫時得到安頓，對於思想的真正成熟定型，恐怕要到民國三十三、四年以後吧！

〔註8〕〈徐復觀談學術與政治的關係〉說：「我在抗戰發生前，我對共產黨是相信的。」（《最後雜文》，頁392。一九八一年十一月接受《新土雜誌》訪問所說。）抗戰發生前，他已是國民黨軍的團長，卻還相信共產黨，可見社會主義對他影響之深。

同流，選擇蔣介石大約就是在這樣的思考下所做的決定。

　　這段時期的下限，大約是他在一九五一年沒有辦理國民黨的黨員回歸手續時，因為那等於正式宣佈離開了國民黨〔註9〕。這段時間的資料很少，在來台以前，多是針對共產黨的政策進行反宣傳的工作，例如有關「土改」的問題。一九四六年中共發表所謂「五四指示」〔註10〕，在一九四七年十月更發表《中國土地法大綱》，目的都是為了動員農民，以利國共內戰的勝利。徐復觀對於中共的「土革」曾經發表三篇文章，最後一篇是在一九四八年三月發表〔註11〕。此時因為共產黨勢力大增，所以他的文章講得也特別明白。他在一開始就說：「共黨最大的陰謀，最大的武器，就是土地政策。」〔註12〕這是有感而發的一句話。不過，這時說出顯然有一點後見之明，雖然他解釋說：「六全大會時，總裁曾找我們談黨的改造問題，我當時就直率指出，黨的失敗根本就在土地問題與農民問題之未能合理解決，只要根本解決土地問題，使黨成為農民的黨，才是黨的新生。」〔註13〕六全大會是在一九四五年五月在重慶開的，當初國民黨是否有「失敗」的跡象呢？當時中日戰爭都尚未結束，怎會有國民黨「失敗」之說。只能說，他那時因為曾經在延安待過，回到重慶後又長期在監控中共的情報機關工作，對中共的土地政策很熟悉，而這部份正是國民黨忽略的最大盲點，所以他雖然曾提出過，卻沒有受到重視，因此他現在再想起，覺得那是一個關鍵的遺憾〔註14〕。這時他不得不承認中共

〔註 9〕登記截止日是一九五一年一月二十二日。

〔註10〕全名應是「關於清算減租及土地問題的指示」。因為在五月四日發表所以又名「五四指示。」

〔註11〕分別是：一九四七年十一月十九日的〈初論中共現階段之「土革」運動〉，一九四八年一月三十日、三十一日、二月二日、四日發表的〈再論中共現階段之「土革」運動〉，最後是一九四八年三月十四日、二十一日發表的〈揭開中共土地改革之謎（座談紀錄）〉。前二篇發表於《中央日報》南京版，後一篇發表於《中央週刊》第十卷第十一、十二期。今都收在《雜文補編》第五冊。

〔註12〕《雜文補編》第五冊，頁93。

〔註13〕《雜文補編》第五冊，頁93。

〔註14〕一九六五年十一月發表〈曾家岩的友誼〉說到：「布雷先生對我所說的結論是：『復觀兄談的其他各點我都贊成，至於說到要建立以自耕農為基礎的民主政治，和解決土地問題，我都不很懂。』」（《雜文補編》第二冊，頁300。）又在一九七六年一月發表〈垃圾箱外〉時也說：「蔣公與何先生是兩種不同的形態，當我以一個無名小卒向他陳述黨政危機及中共有能力奪取整個政權時，似乎都能給他以深刻的印象，於是我幾次向他進言，希望把國民黨能改造成為代表自耕農及工人利益的黨，實行土地改革。」（《雜文・憶往事》，頁36。）

的「土革」是成功的他說:「民眾組織必須有兩種力量,即(一)拘束力,(二)吸引力。我們辦民眾組織就只有拘束力而無吸引力,大多數民眾的吸引力即在解決土地問題。政府如不下決心解決土地問題,組織民眾就沒有可能,欲裁平叛亂很感困難。」〔註15〕一九四八年的中共已經把土地改革炒得沸沸揚揚,而且有了很靈活的政策運用,對於新占領區採取以較寬鬆的土地改革政策,以收買人心〔註16〕。如此一來,國民黨當然更無法得到農民的支持,而這時想要有效實施反共宣傳,當然是更不可能了。所以徐復觀知道只能從「民主」來談反共,所以他說:「我認為中國民主有兩個基本內容:第一、是反共產黨,因為共黨是集權和暴力的集團,與民主根本不相容;第二、是贊成土地改革,中國封建性的土地關係與民主不相容。堅持上述兩點,才是中國真正的民主主義者。」〔註17〕從這兩點看,已經知道他對國民黨的失敗已經瞭然於胸,因為在那個時代不但共產黨不民主,國民黨也不能民主,否則內戰又如何會開打?這在前面第四章我們已討論過的。而土地改革方面,國民黨既然已經遠遠落後共產黨,這場仗又怎能可能還有勝算呢?

　　到台灣以後,國民黨政權其實是危在旦夕的,引此他的反共思想當然是在於保住台灣與鼓動世界反共風潮上。前者與後者其實又是相關的,因為一旦世界性的反共潮流形成,台灣的國民黨就會受到保護,以免被中國所併吞。當美國在韓戰前有意放棄蔣介石的時候,對外宣稱要扶植第三勢力,徐復觀當時發表了〈第三勢力問題的剖析〉一文〔註18〕,對美國的反共心態提出強烈懷疑與批評,也可以看出他對蔣政權的擁護之情,他說:

> 若是站在聯合反共的國際外交上看,則這種話根本是講不通的。國民政府雖然腐敗,難說連越南的保大政權,以及泰、緬等國的政權也趕不上嗎?國民政府雖然垮得不像樣子,但現在還擁有三十萬以上的完整武力,有可以編成一百萬以上的幹部,它影響著六十萬以

這些後來發表的文章都證明,他當初的土地改革意見並沒有被採納,甚至不受重視。

〔註15〕《雜文補編》第五冊,頁94。

〔註16〕這主要是鄧小平的建議,陳永發指出:「五月下旬,毛澤東更接受鄧小平的建議,下令停止新占領區的土地革命,既不准分地,也不准分浮財,把政策完全退回到抗戰時期,只以減租減息和合理負擔來動員農民。」(《中國共產革命七十年》,頁445。)

〔註17〕《雜文補編》第五冊,頁95。

〔註18〕一九五〇年三月一日,《民主評論》一卷十八期。《補編》第六冊,頁28~47。

上的反共游擊隊，遠東還沒有其他的一枝力量比這更爲堅強，連保
大都值得援助，難道說現在的國民政府便不值得援助嗎？〔註19〕

如果徐復觀的說法沒錯，那麼美國爲何要扶植第三勢力呢？他認爲美國本來
的意思就是要放棄蔣介石，他說：

> 艾契遜之所以提出此一問題，是受了反對黨的對華政策的反對而發
> 的。反對黨說，既是反共，爲什麼不援助反共的中國政府？艾契遜
> 的第一個答復是，毛澤東力量比蔣大，而毛又會成爲提托，與其援
> 助蔣不如援助毛。及中共的勢子越來越不對，使艾契遜的此一預言
> 在鐵的事實之前破產了，于是艾契遜再轉一個灣，說國民政府太腐
> 敗了，援助也沒有用，我要援助第三勢力。〔註20〕

美國若保護台灣的國民黨，有何用處呢？他認爲就是要使中國有比照的空
間，才有改變的機會，他說：

> 中國目前的緊急問題，是在如何的去保持台灣這些最後的自由空間，
> 保護了這些自由空間，是象徵著第三國際並沒有完全征服中國，而可
> 以給在中共底下活不了命的人民以精神的鼓勵，並使有民族性、有人
> 性的共黨份子，因此一象徵之存在而能增加其轉向的可能。〔註21〕

這裡可以看出，他的反共當然是爲了維持國民黨政權，雖然他很天眞的說國
民黨在台灣是一個「最後的自由空間」，這當然不合事實，與後來的發展也有
很大的出入，但是他爲蔣介石政權而批判美國政府，希望美國重視台灣在世
界反共戰爭中的地位，所表現的忠黨精神是很明確的。因爲忠黨，所以他那
時也一直希望能夠有機會「反攻大陸」，機會的到來則需要有「戰爭」發生，
特別是大規模的「世界大戰」，他在一九四九年七月時曾發表文章說：

> 人類的歷史正在急遽的轉變，中國的歷史也正在急遽的轉變，這一轉
> 變的頂點就是第三次世界大戰的正式暴發。大戰的結束，不論誰勝誰
> 負，恐怕蘇聯也不是今日的蘇聯，美國也不是今日的美國。……那時
> 將讓人民把聽了很不愉快的政治名詞一齊送進博物館裡去吧。〔註22〕

從這段話可以看出，「第三次世界大戰」似乎是他所期待的一個轉機。這應該
不是代表他個人的看法而已。當韓戰發生時，第三次世界大戰何時爆發，就

〔註19〕《補編》第六冊，頁29。
〔註20〕《補編》第六冊，頁29。
〔註21〕《補編》第六冊，頁30。
〔註22〕〈論政治的主流〉，《甲集》頁10～11。

成了國民黨最關心的議題,至少,如何趁機把戰事擴大到中國境內,應該是
國民黨內部積極在思考的問題。他在一九五〇年韓戰發生後發表的一篇文章
中就提到:「決定中共前途的當為下列四個因素:1 中共能否渡過財政經濟的
難關。2 台灣的地位及其所能發揮的影響力。3 世界戰爭爆發的遲早。4 世界
戰爭的勝負。上述的前三個因素是互相發生作用;而第四項當然是最後的決
定因素。」〔註 23〕這些當然都是在替國民黨宣傳而發的文章,因為這時他與
高層的關係還很密切。以第二點而論,他說:「整個的大陸被中共的鐵掌扼住
了,除了台灣外再沒有一個集結的力量,有了種子,機會一成熟,大陸問題
即可迎刃而解。」〔註 24〕這與他後來所說的,一離開大陸就回不去的說法,
根本是不合的〔註 25〕。而就第三與第四而言,可以說是國民黨的如意算盤。
他們希望韓戰能夠成為第三次世界大戰的「珍珠港事變」,使得國民黨獲得美
國的合作而復活,重新統治中國,所以他說:「中共政權恰好建立于世界另一
戰爭的前夜,使中共無法從世界中獲得自身所必不可少的休息,以便安心專
念的做自己的工作,這與台灣的存在而構成中共政權的兩大不幸。」〔註 26〕
北韓的率先入侵南韓,顯然不在中共的算計在內,因為當時它正打算進攻台
灣。但是,韓戰不但把美國捲進來,還把中共捲進來,使得台灣暫時躲過立
即的危機〔註 27〕。不止如此,因為聯軍的勝利,所以才使國民黨有更多第三
次世界大戰發生的幻想。從徐復觀的文章可以看出其中的挑撥性,他說:

> 在第二次大戰中,中國既可以糾纏住日本,解除蘇俄兩面被夾攻危
> 險,則第三次再利用中國糾纏著聯合國,自然可以為蘇俄取得在西
> 戰場上決戰的便利。所以中共的公開參加韓戰,是蘇俄有決定性的
> 戰略的一部分。這一戰略的發展,並潛伏著有蘇俄閃擊日本的可能
> 性。〔註 28〕

把韓戰完全看成是蘇聯的戰略,當然是希望美國能夠重視,所以為了加重危
機感,把「閃擊日本的可能性」也加進來。而對於有些西方人認為中共參戰
並非是受蘇聯戰略指導,他則這樣分析:

〔註23〕〈論中共政權〉,《雜文補編》第五冊,頁 129。
〔註24〕《雜文補編》第五冊,頁 133。
〔註25〕詳見前文第四章。
〔註26〕《雜文補編》第五冊,頁 133。
〔註27〕從這個角度看,國民黨應該感謝北韓的發動戰爭。
〔註28〕〈從中共看蘇俄的世界戰略〉,《雜文補編》第五冊,頁 143。

但民主國家的政治家、觀察家，有的說這是中共為了保持鴨綠江畔的發電廠，有的說是為了爭取國界的安全，更有的說是為了想借此以脅迫加入聯合國。這或者是由于故意想把大事化小的煙幕說法，而主要的是，因為中共參戰太遲所生出的淺薄見解。〔註29〕

中共是當年十月底參戰，所以給人並非與北韓是早有默契地發動戰爭的印象，才引起這些眾說紛紜的猜測。關於中共這樣晚參戰的原因，據今人的研究，蘇聯的確是脫不了關係，但是毛澤東也有自己的考量〔註30〕。況且，「晚救」的策略是有中國歷史智慧的作法，這對於熟悉中國歷史的毛澤東而言，一點也不是意外所能解釋的〔註31〕。徐復觀與國民黨都希望美國深入中國的東北，因此而徹底打垮中共，幫助國民黨奪回政權，所以他在本文最後說：

東北是中共生存的命脈，而橫插在東北後腦的地形窄狹的朝鮮，正是毒蛇的洞口。中共選定這種地方來與聯合國賭消耗戰，聯合國可以用很少的兵力給中共以致命的打擊，這倒不失為解決中共的最捷近的理想戰場。而因蘇俄軍事工業的東移，則今日由東北走向蘇俄的意義，

〔註29〕《雜文補編》第五冊，頁143～144。

〔註30〕陳永發指出：「毛澤東這些看法的背後是美蘇冷戰的世界觀。在這個世界觀的主導之下，他本來就把美軍跨越三十八度線一事，看成全面反共策略的一環，既然不願在東南沿海蒙受美國的軍事攻擊，那麼寧可選擇北韓為戰場。何況毛澤東有其世界共產主義胸懷，而在第二次內戰期間，北韓的金日成政府曾對中共提供庇護和援助，中共此際正好趁機報恩。毛澤東認為中共不論為人為己，都應該冒險派大軍援助已經窮途末路的金日成政府。」（《中國共產革命七十年》，頁553。）

〔註31〕據陳永發指出，當年史達林（1879～1953）本來答應要空軍支援，臨時卻因各種考量而不願出兵。毛澤東並未因此而放棄出兵。（《中國共產革命七十年》，頁553。）可見毛澤東並不是很依賴蘇聯的支援。關於「晚救」的智慧，早在戰國時代就出現，《戰國策・齊策一》：「南梁之難，韓氏請救於齊。田侯召大臣而謀曰：『早救之，孰與晚救之便？』張丐對曰：『晚救之，韓且折而入於魏，不如早救之。』田臣思曰：『不可。夫韓、魏之兵未弊，而我救之，我代韓而受魏之兵，顧反聽命於韓也。且夫魏有破韓之志，韓見且亡，必東愬於齊。我因陰結韓之親，而晚承魏之弊，則國可重，利可得，名可尊矣。』田侯曰：『善。』乃陰告韓使者而遣之。韓自以專有齊國，五戰五不勝，東愬於齊，齊因起兵擊魏，大破之馬陵。魏破韓弱，韓、魏之君因田嬰北面而朝田侯。」以中國之大，毛澤東當然不怕美國能夠越過鴨綠江直攻北京，況且蘇聯也不會漠視，因此援助北韓是一定的事。所要考慮的，應該是援助的時間點，一方面要能夠給美軍出其不意，才有勝算；一方面也要北韓能夠對中國的出兵深表感激，日後才能有一個好臨邦在國際上聲援。

已遠較過去爲大，這也未始不是值得聯合國重新作一估計的。〔註32〕
這裡的「聯合國」當然是暗指美國而言。徐復觀暗示：若順勢把中國東北拿
下，既可以通蘇聯，又可以直搗北京，是一舉數得的事。可惜杜魯門（1884
～1972）不想引起大戰，而打勝仗的麥克阿瑟（1880～1964）也因爲不合杜
魯門的政策需求，而在一九五一年被撤換，至此國民黨的幻想宣告破滅。徐
復觀與國民黨的關係也在這一年有了變化。他對國民黨的熱忱，到一九五一
年一月他發表〈一九五一年的的考驗〉時都還看得出，他說：

> 一九四九年在中國大陸上所發生的事變，較正式引起第一次世界大戰
> 的奧太子之被刺，以及正式引起第二次世界大戰之希特勒向波蘭的進
> 軍，其在歷史中所佔的分量實遠超過。但當時不論在中國，不論在自
> 由世界，我看不出夠得上對此一事件所發出的眞誠反映。我可以很大
> 膽的把一九四九年定名爲人類歷史中眞正的愚人節。〔註33〕

這樣的說法，顯然是要對中國的變局做放大的宣傳，以增加世人對共產黨的
警惕心，以利對國民黨爭取更多的援助。當然，一九五〇年韓戰以後的發展，
是使徐復觀敢這樣寫的主因之一，他接著說：

> 一九五〇年世界的驚濤駭浪，只是一九四九年中國事變所必然發生
> 的波紋，而且這也只是在剛剛開始。人類在這一年中才剛感到需要
> 補救一九四九年的愚昧，於是有聯合國在朝鮮的出兵，於是有一連
> 串的加強西歐防務的會議，乃至其他許多會議，到了杜魯門之宣佈
> 美國緊急狀態的存在，而達到了這一年度補救工作的頂點。〔註34〕

基本上，他對共產主義的分析，就是希望引起世界其他國家的注意，以幫助
國民黨反共成功，所以他接著說：

> 共產黨的唯物主義是功利主義或現實主義的推廣，由個人推擴到階
> 級，由不徹底推廣到徹底，這固然更成就了他的偏執，發揮了他的
> 毒素，但從另一角度看，則他畢竟是推擴了。所以，共產黨的立足
> 點也可以說是佔在今日歐美一般功利主義、現實主義的上面，而今
> 日一般反共的中國人，則又係站在歐美的功利主義現實主義的下
> 面。〔註35〕

〔註32〕《雜文補編》第五冊，頁145。
〔註33〕《最後雜文・附錄一》，頁339。原刊於一月一日的《民主評論》。
〔註34〕《最後雜文・附錄一》，頁339～340。
〔註35〕《最後雜文・附錄一》，頁344。

在此，他是以文化的角度來說明列強的反共立場的不夠堅定，如果立場不夠堅定，當然中國國民黨的反共就只好唱獨腳戲。最後，他把儒家文化中的理想性當成改變反共思想的精神堡壘，他說：

> 世界文化的改造，應該是把中國儒家仁性的文化與歐洲智性的文化融貫起來，以形成更高的新文化，這是人類文化終極目的之眞實形態。新奴隸主們既先由偏執的智性以反對仁性，結果因公開反對了仁性，到今日便也不得不公開的反對智性。我們站在一九五一年的關頭，應該對文化有更大、更高的覺悟，這是最大、最高的考驗。〔註36〕

這裡可以看出他的中庸之道思想。對於中西文化的優缺點已經有基本的體認，成爲他日後的文化理論的基本主軸。但是這些努力、這些諍言，都沒有得到該有的回報，原因是國民黨並不想往民主的方向走。另外，如第四章所言，徐復觀被認爲與第三勢力有很密切的關係，雖然他已經發表許多文章討論這個問題，但是國民黨高層還是無法釋懷，所以對於資助《民主評論》的意願降低，使徐復觀一度要放棄續辦。後來雖復刊，他對國民黨的批評卻轉激烈，反共的動機當然也不再是爲國民黨而發了，甚至把國民黨的專制傾向與共產黨等同起來，在有意無意之間，都諷刺蔣介石父子與周圍的人，雖然口裡說要反共，卻又把自己搞得跟共產黨差不多，怎麼叫人信服而跟著反共？所以，此時他的反共已不再與國民黨同調。

第二節　離開國民黨以後的反共思想

如前文所述，初期他的反共言論是站在國民黨的立場在論說，因此有些說法並不是很客觀，因爲要站在「民主」的立場批評共產黨，也得要國民黨是「民主」的政權。但是國民黨偏偏不往這個方向走，特別是在韓戰發生以後，因爲美國的重視台灣而使得國民黨更加有恃無恐。所以這期間徐復觀的批評就算要能自圓其說也很難，例如：關於統一與分治的問題、關於自由民主的問題、關於黨化的問題所以自然地要走向反共也反國民黨的路上。當徐復觀爲國民黨而忠誠地提出反共策略，後來卻被當作第三勢力，使他不得不重新考慮對國民黨的態度。最大的不同點就是對於國民黨的反共動機與方法提出強烈質疑，在一九五二年一月一日他發表一篇叫〈如何解決反共陣營中

〔註36〕《最後雜文・附錄一》，頁344～345。

的政治危機〉的文章，在開頭就充滿要一針見血的意味：

> 先要承認問題，才能解決問題。以主觀的好惡和願望去抹煞問題，
> 這完全是諱疾忌醫的愚笨辦法。今日世界反共陣營中的致命弱點，
> 不在于蘇聯勢力的強大及其政戰略之靈巧毒辣，而在于民主陣營中
> 解決不了各國相互的矛盾；中國反共的致命弱點不在于中共的無隙
> 可乘，而在于反共本身的政治糾結愈積愈多，因之，本身可乘之隙
> 遠大于中共可乘之隙，這是一種天理人情以外的現象，而又確實是
> 有目共睹、有耳共聞的現象。假定再沒人打開窗子說幾句亮話，使
> 各方的頭腦有一個冷靜凝思的機會，則其繼續演變的結果將是不堪
> 設想的。〔註37〕

這裡所說的「反共本身的政治糾結」，當然是多方面的問題。雖然他的反共思
想還是為國民黨而發，但是國民黨本身的改造若不能和共產黨有所區別，那
麼支持國民黨會是一種痛苦的選擇，所以他對國民黨的「黨化」趨向就很不
以為然，因為這樣根本無法與共產黨有所區隔，更是違反民主的運作，他說：

> 真正的政黨係近代民主政治的產物，而黨化觀念則係開始于反民主
> 的共產黨。所謂黨化是一個政黨以他活動的力量，把他所活動的對
> 象化成為他自己或以自己為目標，使對象與自己完全同一起來，例
> 如黨化教育，即是要把國家的教育化為黨的教育，或使其與黨完全
> 同一起來。這裡包含的意義，與一般政黨要實現其政治主張，實有
> 天淵之別。〔註38〕

這是一黨專政的初期計劃，根本沒有民主政治的觀念。這是因為中國傳統政
治本就是家天下，所以蔣介石與他周圍的人為了自己的利益，自然而然又跟
此傳統接上，只是在表面上有民主之名而已。這情況其實在一九四八年的第
一屆總統、副總統選舉時就已經看出來。現在因為被共產黨打敗，所以國民
黨有了反省與改造的動作，卻又往反民主的方向修正，以為這樣才能加強反
共思想與反共信念，才能完成反共復國的任務。本質上卻是把反共的工作當
成只有國民黨才能完成的任務，而藉此任務要把統治權的鞏固更加強，達到

〔註37〕 〈如何解決反共陣營中的政治危機〉，《雜文補編》第六冊，頁 68。一九五二
　　　　 年一月發表。

〔註38〕 〈黨與「黨化」〉，《雜文補編》第六冊，頁 52。原刊於一九五○年八月十六日
　　　　 《民主評論》。

萬世一系的目的，所以才有「動員戡亂時期臨時條款」的制定。把總統當作黨主席一樣的看待，這正是黨國不分的惡例，與民主政治是不一樣的，甚至是背道而馳，所以徐復觀當然很不以為然，認為這樣要反共是不可能的事，所以他建議說：

> 國民黨最高的努力是要把自己犧牲于客觀真理之前，溶解于客觀真理之中，豈有把自己居于建中立極的地位，而要把客觀真理化為自己之理？國民黨的「以黨建國」、「以黨治國」，只是把握住建國治國的大道理，以黨的努力去實行。實行得好，則國能更成其為國，而不能說在實行中把國化為黨，因為國是一個客觀的獨立存在，他不可以化為黨，也不能化為黨。〔註39〕

但是，誠如前述，國民黨不是現在才要黨化國家，至少當蔣介石在一九三〇年統一全國後，所採取的措失就是這個傾向了〔註40〕。後來，戰後的選舉，與對共產黨的態度，更是如此，所以徐復觀對此是有切膚之痛的，他說：

> 國民黨沒有像共產黨那一套的理論根據，更不可能產生像共產黨為了黨化而採取的那一套毒辣殘酷的手段，但許多國民黨人卻在不識不知之中浸染了黨化觀念。不僅二十多年來的黨化教育，化得一敗塗地，除教育外，對於許多問題也無形中皆以黨化的精神去處理，及至黨的組織漸趨分解，於是黨化漸變而為派系化、個人化。〔註41〕

又說：

> 現代國家的政客、軍人並非都有高深的學識修養，但只要留心觀察，他們對于人類文化的遺產，總于不知不覺之間懷有一種虔敬之心，因而高山養止，景行行止，在個人以外，還表示一點更高的嚮往。中國的政客、軍人連這點虔敬之心都沒有了，每個人都覺得自己就是高山、景行，所以便不承認在自己以外還有高山景行。黨化觀念演變到這種可悲的程度，真把國民黨一切上進之路堵塞完了。〔註42〕

〔註39〕《雜文補編》第六冊，頁55。
〔註40〕他在〈八十年代的中國〉一文中曾說：「國民黨不幸於二十年代三十年代之交，接上了德意的法西斯。」（《雜文續集》，頁89。）
〔註41〕《雜文補編》第六冊，頁55。
〔註42〕《雜文補編》第六冊，頁56。

到台灣之後，國民黨信誓旦旦要改造，所以徐復觀也肯定這一點。但是若改造是往黨化去走，則他認為期期以為不可，他說：

> 此次改造方案中，民主的氣氛已增加不少，但從許多人的文章上、談話裡，不斷流露出國民黨「唯一」的口氣，既是唯一的，便只有黨化，便自然極權，須知只有在現實以上的東西，才可用上「唯一」──如神、上帝，在現實界中沒有可以稱為唯一的。共產黨自稱他是「唯一」的，所以演成今日滔天的罪惡，想不到共產黨對於國民黨的流毒之深，一至如此。〔註43〕

但是徐復觀的苦口婆心還是難有成效。國民黨的改造，基本上當然以「反共」為目標，但是要如何反共才能成功卻是茫無頭緒；改造也就變成只是派系之間的再一次分贓而已。而分贓的保障，就是政權要維持下去，當然就不願走民主路線。這也是民主之路的必然坎坷，哪一個民主國家不是經過人民抗爭得來的？既得利益的政治團體怎會輕易交出政權呢？國民黨既然掌握台灣的利益，當然把民主當成毒蛇猛獸；維持現有政權，遠在「反共」成功與否之上。徐復觀雖有遠見，以「民主」必為「反共」的利器，但是國民黨必需冒失去政權的險，對它來說，「反共」豈不又是為人作嫁？它之所以不從，是理所當然之事。這種矛盾是國民黨之短視，更是派系的「狹隘自私」所造成，最後就造成與共產黨同路去了。一九五二年九月他發表〈反共應驅逐自由主義嗎？〉一文，就只好直接說「學共不足以反共」的話：

> 一直到現在，有人還要以學共來反共，因此不想方法如何誘導自由主義者，在現實的歷史條件之下落實下來以發揮反共的真正力量，而仍要一口抹殺自由主義。試問：從三民主義中驅逐出自由主義的精神，從反共陣營中驅逐出自由主義的份子，則三民主義果真是共產主義的亞流嗎？反共大業就是少數學共來反共的人所能包辦得完的私人大業嗎？我們反共的價值在哪裡？我們反共的信心在哪裡？（學共反共的人是最信仰共產黨的人，這種人有什麼資格責旁人對反共無信心？）我們反共的力量在哪裡？大家應該在這種大本大源的地方冷靜一想！〔註44〕

這是針對在當年八月二十九日的《新中國報》上署名葉青的一篇〈自由主義與

〔註43〕《雜文補編》第六冊，頁59。
〔註44〕《雜文補編》第六冊，頁98。

反共〉的文章而發。在徐復觀的觀念中，因爲共產黨是反民主的，所以實施民主才是反共的正途。而國民黨要反共，當然就只有實施民主，豈有學共產黨的道理？所以驅逐主張民主的自由主義，根本是不合理的說法。國民黨高層中學共最深的當屬蔣經國，所以徐復觀這裡所要批評的對象應該就是蔣經國的「太子幫」。因爲就在這文章發表稍後，「青年反共救國團成立」了〔註45〕，這是另一派系的興起所玩的把戲，在徐復觀看來根本與「反共」背道而馳。但是在派系利益凌駕反共利益的情況下，蔣經國管得了這些嗎？他現在的主要敵人是「陳誠派」，是「CC派」，是「黃埔派」，他要反共，也得先把這些人擺平之後才會去做。蔣介石雖然有意傳位給他，但是卻無法直接以「殺功臣」的古代手段幫他鋪路，所以還是要靠蔣經國自己去爭取、去戰鬥。只是這種自私自利的戰鬥，犧牲的就是老百姓的幸福、就是國家的前途。徐復觀戰後第一次去日本期間，本就不想再提國民黨的派系問題〔註46〕，但是，之後還是無法抑壓那股憤慨，不得不繼續批評。可是國民黨也已經病入膏肓，根本不是好心好意的批評就能使它覺悟的，只有等到強烈抗爭的時代來臨，它才願意一點一滴把權利分出來，可惜終徐復觀一生卻無機會看到這一幕。

不過，在當時的國民黨高層而言，實施憲法都不願意，更何況要他落實民主。所以徐復觀在一九五二年十一月發表〈在蔣總裁的偉大啓示下來檢討當前反共的政治問題〉一文說：

> 我們有了憲法，訓練國民黨員如何去實行憲法，如何在憲法下來完成任務，這是最簡單最明朗，最可以團結現在，最可以鼓勵將來的唯一可走之路。凡言之難于成理，行之未必可言的一切辦法，都是荊棘塞途的羊腸小徑。在此緊急關頭，萬不可枉費心思、枉費氣力。〔註47〕

徐復觀會說出這樣的話，是因爲國民黨已經出現「言之難于成理、行之未必可言的一切辦法」對於反共復國實在是一大阻礙。他描述這個阻礙說：

> 有許多人以爲，過去社會上向國民黨要民主乃造成大陸淪陷的原因，這當然是事實。但這一事實的解釋是這樣的：分明訓政再也訓

〔註45〕一九五二年十月三十一日成立。蔣介石是名義上的團長，實權在主任蔣經國。

〔註46〕〈悼陳果夫先生〉記：「我從來不相信，只要把某一部份人打下去了，便可以把國民黨改造好，但關連到這類政治性的說法、看法，對於我個人早成陳跡，再不值得一提。」此文寫於一九五一年《民主評論》第一次停刊之後，徐復觀的熱情已經冷卻到最低點。

〔註47〕《雜文補編》第六冊，頁117。此文在一九五六年出版時題目改成〈一個錯覺〉。

> 不下去了，實行民主乃國內外的一致要求，而國民黨在外表上不能
> 反對民主，在心情上又要留戀訓政，于是對於民主的態度好像守財
> 奴之對于金錢一樣，外面逼緊一分，我便不得已的吐出一分，吐出
> 得不僅不主動，而且吐出得面有慍色，非常不自然。〔註48〕

這是當年國民黨對民主的模稜兩可的醜態，徐復觀認為是自取失敗的主因。如今有人又要重蹈覆轍，所以他才不惜舊事重提，並且希望國民黨相信民主，實施憲法，才是名正言順，才是反共的大道。他說：

> 今日談民主，行憲以外沒有什麼可以拿得出來的特殊性的民主。政
> 府一切的措施，一切的賞罰應以是否符合憲法原則與精神為尺度，
> 則每人皆有一客觀的大經大法可行、可守，而無勞特別的心機與氣
> 力，自可昭信于天下，以收團結反共復國之效。違反憲法原則與精
> 神的小智小巧，由此小智小巧所得的急功近利，都足以迷誤政治的
> 方向，斲喪政治的根本。今日在台灣實行憲政，他日反攻大陸時更
> 要實行憲政。〔註49〕

這是他從歷史經驗所總結出來的道理，也和幾年來的國民黨作為對照，以警惕國民黨不要重蹈反民主的覆轍，不然對反共大業是無益有害的。另外，官場的不好風氣也是會對反共大業造成不好的影響，所以他說：

> 幾年來，「偉大」、「空前」等類形容詞隨時隨地震天價響的亂飛亂喊，
> 無形的，各級負責人所要求的，第一是恭維歌頌，社會所以對待各
> 級負責人的，第一也是恭維歌頌，公私集會少深切懇摯之相規，報
> 章雜誌少真切痛癢之報導，許多地方分明知道是粉飾、是世故，大
> 家都心照不宣的以其為粉飾世故也，亦勞心疲力的從而粉飾世故
> 之。還有分明是不贊成，不以為然的事情，但一問到頭上，亦揣摩
> 問者之心理而贊成、而歌頌，在此種情形下，各級負責者常在半雲
> 半霧之中以為果然了不起。〔註50〕

這是他對台灣官僚風氣的強烈批判。他的批判是呼應蔣介石的話而來，他指出這是蔣介石在一九五二年國民黨的七全大會中的訓示之一，據他引述的內容是：

〔註48〕《雜文補編》第六冊，頁115。
〔註49〕《雜文補編》第六冊，頁116。
〔註50〕《雜文補編》第六冊，頁118。

是要大家自三十四年本黨舉行第六次全國代表大會以後，檢討七年

以來剿匪挫折、大陸淪陷的恥辱和血的教訓。在痛切反省與悔悟之

中，尋求出贖罪補過，救國救民的努力方向。〔註51〕

可是蔣介石與國民黨本來該爲失敗負責任的人，都沒有眞正負責，那又如何要引起「反省」之風呢？正直之人既不得伸其志，那麼只會「恭維歌頌」的小人當然就趁勢而起，這是「上行下效」的根源問題，徐復觀不敢對最高領導人批判，而只對以下的人批評，當然是於事無補的。民主政治是責任政治，而不是戀棧政治，不然是永遠不可能有法治的公平社會出現的。後來，終於出現蔣介石的「萬年總統」戲碼，可以說在此就可以看出端倪的。

當國民黨對於改革愈來愈向專制靠攏時，徐復觀對它的批評就不得不愈來愈小心，一則是明哲保身，一則是不希望與昔日朋友鬧得太難看。不過反共的立場則一直沒有改變。特別是一九六〇年的「雷震案」之後。一九六一年他在〈動亂時代中的大學生〉中說：

在目前的動亂中，正如大家所說的，我們主要責任是反對共產黨，

但是，如果我們再作深一層的思考，便應當了解，若僅是爲了反對

共產黨而反對共產黨，不僅沒有意義，並且也會歸於失敗。〔註52〕

這是他的新體悟。「雷震案」已經發生，他也已明白，在臺灣的蔣政權，在本質上與中國的毛政權是一樣走專制路線的。所以在這段話的深層意義上，其實也是在暗諷當時的反共就是「爲了反對共產黨而反對共產黨」而已，大多數的人只要隨著蔣政權的旗子舞動與喊口號就好，根本不必思考「爲了反對共產黨而反對共產黨」到底對不對？有何後果？當然，當初徐復觀在蔣介石身邊的時候，也是只能做到這樣而已。現在他能夠跳脫這樣的思考模式，就是具備思想家的基本條件了。他在此文中認爲，反共的最主要原因是「目前動亂的局勢，固然是由共產黨而來，但事實上世界的動亂也是造成共產黨興起的因素。」所以，除了反對共產黨，也更要「進一步反對爲共產黨造機會，以致陷世界於動亂的許多基本因素。」〔註53〕在這許多原因中，他提到二點：

（一）是少數人在政治和經濟上的權利，與多數人發生了衝突，這

可以解釋許多落後地區爲什麼不能得到安定的原因。（二）是更深刻

〔註51〕《雜文補編》第六冊，頁 112。
〔註52〕《文存》，頁 286。
〔註53〕《文存》，頁 286。

> 的說，乃是由於我們目前既成的生活格式或意識型態，與世界上所
> 發生的新情勢發生了衝突。例如西方的資本主義，與它們的殖民主
> 義本是不可分的，所以他們便無形之中，認為殖民政策是天經地義。
> 但目前民族的覺醒，已深入於亞、非各民族之間，這便與沉浸於殖
> 民主義之中的西方人發生衝突。〔註54〕

他的意思是，這些衝突就是為共產黨製造機會。那要如何解決這些衝突呢？他
說：「這種衝突的解決，主要是要求從觀念、意識方面創造出一種保障人類能得
到和諧、統一的『新的人的形像』。」〔註55〕而他所舉的民族衝突，運用在政治
衝突上也是很適當的。蔣政權與毛政權都是軍人政府，所以都採專制集權的統
治，因此與日漸覺醒的民主思潮根本是衝突的，所以在臺灣才會有「雷震案」
的發生；而中國也早曾有過「大鳴大放運動」〔註56〕，以安撫人心。徐復觀在
戰後所念茲在茲的，就是「民主」的制度如何在臺灣落實，如今卻發生中外震
驚的「雷震案」，不得不使出他暗諷時事的本領，向當代大學生發出呼籲。表面
是反共，實際也反蔣；表面上是說民族主義，實際上也是說民主主義。他在這
時期的反共言論，大都可以看作是這樣一語雙關的民主思想。

到了香港之後，除了文化大革命之外，從徐復觀對於劉少奇（1898～
1969）、周恩來（1898～1976）的悼念文章，最能夠看出他的反共思想。他相
信一般人的看法「劉少奇比周恩來好些，周恩來比毛澤東又好些。」〔註57〕
劉少奇與周恩來都是建國元老，功在黨國是不用講的，但是兩人都被批鬥過，
只是前者死於非命，而後者則安享天年。當劉少奇被鬥而死後，徐復觀一直
相信他終將被平反，他在一九七九年十月就強調說：

> 我與劉少奇僅有一面之緣，在三十多年前，雖認為他的「論共產黨
> 員修養」的文章寫得不錯，但在毛澤東面前也批評過「民族利益，
> 從屬於國際利益」的觀點。他在一九四九年以後的言行，我因住在
> 臺灣，是一無所知。但海外認為他應恢復名譽，也會恢復名譽的，
> 以我為最早，也以我對此事的信念為最堅。何以如此？因為他的真
> 價，我是從林彪四人幫辱罵他的文章中了解的。〔註58〕

〔註54〕《文存》，頁286。
〔註55〕《文存》，頁287。
〔註56〕一九五六年五月開始。
〔註57〕〈周恩來逝世座談會〉，《雜文補編》第五冊，頁394。
〔註58〕〈響應沙卡洛夫的呼籲〉，《雜文續集》，頁196。

這是因爲他在一九七六年十二月就曾發表文章說：

> 兩年前，我曾感慨地向一位朋友說：『假定歷史有公道，中共會恢復
> 劉少奇的榮譽。你比我年輕，一定可以看得到。』我與劉少奇只見
> 過一面，這是毛要他來看我的。當時我對他毫無好感。〔註59〕

爲何從對一個「毫無好感」的人，到認定「會恢復劉少奇的榮譽」？這完全是
後來他對於四人幫的厭惡而來。因爲四人幫在文化大革命期間，對於文化學術
的扭曲與破壞，造成很大的影響，所以引起徐復觀很大的反感〔註60〕。而四人
幫所批評的人物，自然都會被徐復觀解讀爲誣陷之言。所以當一九八〇年三月
劉少奇獲得平反之後，他就以〈劉少奇平反與人類的良知良識〉爲題發表文章。
從題目就可以看出他是多麼肯定這件事，因爲這與他之前的預測超出很多，所
以他在此文說：「我以爲這需要一段長時間才能實現，在我有生之年，便能看到，
這是我始料所不及。也證明人類良知良識的力量，超過我的預計。」〔註61〕他
對劉少奇的尊崇的更重要的原因，可能要從以下這段話來看：

> 我應提醒中共黨人一下，你們說劉少奇是偉大的馬克思主義者，但
> 同時他是開始把馬克思主義與孔孟之道相結合的第一人。一九五九
> 年他還親到曲阜去祭孔，這一文化動向，對於中國大陸的『人的危
> 機』的意義太重大了。〔註62〕

他所說的「結合」一事，就是指〈論共產黨員修養〉一文中有引用儒家思想
〔註63〕。綜合以上所述，可以知道他對劉少奇的推崇，就在於他對於儒家文
化還有一點認同感。這在共產黨的文化之中，算是鳳毛麟角，甚至是拂逆眾
流的人物。而他的這種崇敬之心，實際上還是對於共產黨的反傳統文化的間

〔註59〕〈中共問題斷想〉，《雜文・論中共》，頁157。
〔註60〕從他的兩篇文章九可以看出，一是一九七七年二月的〈四人幫的主要毒害是
　　　　在文化學術〉及一九七九年二月的〈文化賣國賊──看上海四人幫餘孽〉。（收
　　　　入《雜文・論中共》）前者是針對四人幫的批評，後者是針對上海文藝界的出
　　　　版與若干人的文章而言。他們的共同點就是批判儒家與傳統文化，會受到徐
　　　　復觀的激烈反駁是可想而知的。
〔註61〕《雜文續集》，頁220。
〔註62〕《雜文續集》，頁220～221。
〔註63〕他在〈論中共的修正主義〉一文中說：「劉少奇的文章，完全是站在馬、列主
　　　　義的立場寫成的，但確實也吸收了一部份孔、孟思想。」（《雜文・論中共》
　　　　頁8～9。）劉少奇的文章中有幾次引用了《論語》和《孟子》中的話，詳見
　　　　《劉少奇問題資料專輯》，台北：中共研究雜誌社，一九七〇年十二月。頁25
　　　　～68。

接抗議。這種抗議方式，在他悼念周恩來時也用上了。

　　他之所以推崇周恩來，是因為他還有「人」的元素在。在他的回憶中寫到：「和他談問題，他總是通情達理，委曲盡致，決不侵犯到各人的基本立場。……總之，當與他接觸時，除政治立場外，似乎還有一種共同的『人的立場』的存在。」〔註64〕當然，這種人情味可能也是從一些文革時期的事情傳開的。據他所記：

> 我到香港後，聽到許多的瑣事，有如對齊白石的安排；在文化大革命中，紅衛兵找上了章行嚴的門時，周如何設法搶救；乃至有的人想離開大陸而無法離開時，找到了周，周總是為這種人開脫。這都是微不足道的事情；但在這類的微不足道的事情中，依然流露出由「人的立場」而來的一點情意。在人的世界中，這種「情意」是值得萬分珍重的。〔註65〕

周恩來的人情味，顯然是徐復觀推崇他的主要原因之一。而徐復觀哀悼他，是因為周恩來對於毛澤東的潤滑作用將因此而失去，對江青的抑制作用也將因此消失，在可以想見的未來，中國的亂將只有更加劇，他很感性地說：

> 癌是一種絕症。周的處境使他不能不得這種絕症，並因此而死，可贏得身後的哀榮，對他說未始不是大幸。但因他之死，中共內部更失掉了力量的均衡，更影響到國際的威望與信用，使無知無識的江青一群更得以橫行無忌者，便使我這種反對共黨的人，也不能不為國家前途痛惜。〔註66〕

這一段感性的結語雖然力圖掩飾他對周恩來的支持，以免被誤會為支持共產黨，但是似乎掩不住〔註67〕。而周恩來死後的共產黨果然就內亂了，那就是

〔註64〕〈悼念周恩來先生〉，《雜文補編》第五冊，頁385。

〔註65〕《雜文補編》第五冊，頁385～386。

〔註66〕《雜文補編》第五冊，頁386。

〔註67〕牟宗三就很不以為然地說：「周恩來也不是好東西，你對周恩來那麼客氣幹什麼呢？這個也是不對的啦！」（牟宗三：〈徐復觀先生的學術思想〉，東海大學：《徐復觀學術思想國際研討會論文集》，一九九二年十二月。頁13。）另據牟宗三回憶：「徐先生為什麼和蔣經國先生鬧得這麼不愉快呢？我也不知道。我曾問我們新亞研究所的老同學，據他說，因為在周恩來死的時候，徐先生表現得太過分了。」（同上。）這是倒果為因的說法。在徐復觀的心中早就對蔣家父子絕望，但這是因為他們先對他絕情。所以在否定國民黨政權可以代表中國的情況下，他自然肆無忌憚地說出他對共產黨人物的好惡之情。

一九七六年四月四日的「天安門事件」。這事件是群眾藉悼念周恩來而批評四人幫，不過，因爲毛澤東還在，還支持四人幫，所以，最後這事件反而造成鄧小平的下臺〔註68〕。由此可見在群眾心裡周、鄧是一路的。而鄧小平之前的再次上臺，與周恩來的幫忙當然有很大關係；可是現在周恩來死了，鄧小平被毛澤東流放，在徐復觀眼中是不幸而言中的事。還好，毛澤東在一九七六年九月也死去，鄧小平的才能又得到舒展的機會，並領導中國走向改革開放之路。這時，徐復觀把對周恩來的期待全都往鄧小平身上放了。他對鄧小平推崇的文章，恐怕會引起更大的誤會，不過誠如他在「天安門事件」後的座談會所說的：「我們對大陸發生的事情發表意見，並不基於個人的利害關係。假定是極左派得勢，我們固然不能回去當老百姓，就是穩健派得勢，我們同樣不能回去當老百性。」〔註69〕他到死之前，似乎都能夠秉持這種信念發表他的反共文章。而劉少奇、周恩來、鄧小平三人，可以說剛好是與他反共思想的演變一起起伏的共產黨演化史。

第三節　爲中國的民主而反共

一、中國的改革開放之前

終戰後，隨著共產黨的擴張，以及共產制度的集權與鬥爭方式所引起的不滿，不論是台灣或世界各地都掀起一股反共熱潮。而在前面的討論中，可以看出，徐復觀的民主思想其實與「反共」思想也是息息相關的，因爲在反對國民黨的言論中，就有一則〈學共不足以反共〉的建言，在某種程度上，他反對國民黨就像他反對共產黨一樣。隨著毛澤東的死亡、四人幫的垮台、鄧小平的掌權，與提出改革開放政策，他對中國共產黨有了新幻想，也就不再有激烈的反共思想，因此成爲中國統戰的首要對象。因此在探討他的反共思想的時候，會發現他的反共思想隨著共產黨的修正的改變而在改變，最主

〔註68〕據韓素英（Han Suyin）的《周恩來與現代中國》記，聚集的群眾後來超過三十萬人。官方最後以「反革命分子」活動爲由，加以鎮壓。詳見韓素英：《周恩來與現代中國》（Eldest Son Zhou En Lai and the Making of Morden China, 1898～1976），張連康譯，台北：絲路出版社，一九九五年六月二刷。頁464～465。

〔註69〕〈從天安門事件看中國問題〉，《雜文補編》第五冊，頁404。這是一九七六年四月十九日由《明報月刊》主辦的座談會的發言紀錄。

要的就是隨著中國共產黨的改變而改變。

一個人的思想會隨著時間而有所進展，也可能產生前後矛盾的地方，但是這並非很重要的缺點；尤其是對現實有積極關懷的人，我們更不宜以此而非議他的思想或功業價值。但是認清自己的昨非今是，勇於批判自我，才是值得肯定的思想家，孟子說：「此一時，彼一時也」是體認到時移勢遷所需要的權變智慧，所以他推崇孔子是「聖之時者」〔註70〕，也是他的自我期許。徐復觀身在大時代，早年從讀古典書籍而轉進入社會主義思想，和新文化的影響，最後進入國民黨高層，參贊機要，謀劃國策。這一系列的變化是有些不相容與曲折性存在的。後來，又從蔣氏政權脫出，進入儒學研究和實踐的行列，若從他發表的雜文與漢學研究資料中，一定可以看出他前後矛盾或可議之處。例如，蔣介石未死之前，他的言論會保守一些，甚至有迴護之言；在台期間和在港期間也會有所不同，因為禁忌不一樣的關係；對於反共的態度，更是如此。前節討論的是，他在反共之餘，也批判國民黨的不是，這時期他對共產黨在一九四九年以後的發展與實際狀況並不熟。直到一九六七年有機會到香港中文大學任客座教授，才能進一步瞭解；而一九七○年以後移居香港，對戰後中共的歷史，特別是無產階級文化大革命特別關心與震撼。有關他對無產階級文化大革命的批評，已在第五章中專節討論過，本節將討論他對毛澤東死後的中共的批判與期待。

中共本以無產階級專政為號召，但是打敗國民黨以後，它有沒有真的做到呢？一九八○年一月，他曾說過一個客觀的評價：

> 假定我們承認現實，不算舊賬，則中共建立政權後到一九五六年為
> 止，這一段是由亂走向治。從一九五七年的反右起，他們開始站在
> 一條極左的鋼索上，由治滑落向亂，這一滑落到毛澤東死的時候，
> 已快墜入亡國的深淵。〔註71〕

這是他對共產黨取得政權後，曾經「由亂走向治」的肯定。這種話，他也只有在香港才敢說。這段期間，毛澤東先以參加韓戰而取得第三世界的尊敬；後來史達林在一九五三年去世，中國順勢想把世界共產聯盟的龍頭承接下來，所以在國際上的活動當然是很活躍的。不過，這是就國際局勢而言，若就國內而言，中國的經濟一直沒有轉機，毛澤東的聲望也就即將面臨考驗。

〔註70〕孔子在實際上有沒有符合「聖之時者」，當然是另當別論。
〔註71〕〈八十年代的中國〉，《雜文續集》，頁85～86。

他就在一九五七年「反右」以後，一連串的倒行逆施，卻使得中國的亂每下愈況。唯一不變的，只有毛澤東個人的權位。當毛澤東去世，共產黨隨著宣佈無產階級文化大革命結束〔註72〕。不過，問題可沒有隨著無產階級文化大革命的結束而結束，相對於一九四九年的情況，中國此時可以說是重新開始，所以徐復觀才會說「已快墜入亡國的深淵」。此時他最關心的問題，就是繼任毛澤東的人選的問題。因為在專制的情況下，一個稍好的領導者，可以很快改變國家的體質，改善人民的生活，他就在這樣的思考下，展開他對共產黨的批判。

事實上，此時主政的是華國鋒（1921～2008），他雖是毛澤東的接班人，但是權力卻不穩固，他必須在新、舊勢力之間迅速決定方向才可以。一九七六年十月，他的方向確定了——逮捕四人幫，表示他選的是舊勢力。在此之前，徐復觀就曾對鄧小平寄予厚望〔註73〕，四人幫被抓以後，他更期待鄧小平能夠出頭，所以他說出：「目前唯一能籠照全局，擔當艱鉅的，只有鄧小平一人。對鄧小平的安排，是他們的智慧與大公無私之心的考驗。」〔註74〕不過華國鋒畢竟屬於新勢力，他當然擔心鄧小平復出以後的連鎖反應。因此，雖然四人幫被他抓了，也只是他為了收買人心而做的，若把老幹部都平反了，特別是像鄧小平這樣有聲望的老幹部，那以他的資歷與能力，豈還能有舞臺嗎？

徐復觀當然不在乎華國鋒有沒有舞臺，他在乎的是中國有沒有人可以上臺領導，而他認為鄧小平是唯一的人選，甚至當年華國鋒的上臺都還得感謝他呢！他說：

> 在中共生死存亡之秋，只有鄧小平冒犯毛江的淫威，挺身而起，使
> 悶在鐵盒子裡的中共，能鑽破一個小孔，透進一點陽光，這樣才使

〔註72〕一九七七年八月華國鋒在十一次全國代表大會上宣布的。

〔註73〕毛澤東死後，他曾以秦始皇的死為喻，寫了一篇〈秦始皇與毛澤東之死〉。文中說：秦始皇因為相信術士之言，而出海射大魚。最後，大魚是射中了，不過他自己也死在路上；他以毛澤東為秦始皇，江青為術士，老幹部為大魚。毛澤東因為最後射中鄧小平這尾大魚，自己也因而死了。（《雜文·論中共》，頁143。）一九六五年時，毛澤東還向外人說鄧小平是他的接班人，最後一次撤他的職，是在周恩來死後的一九七六年四月，當時他的黨政軍職務是：中央副主席、國務院副總理、中央軍委副主席兼解放軍總參謀長。周恩來對鄧小平的保護與舉用過程可參考劉武生：《「文革」中的周恩來》，香港，三聯書店，二〇〇六年十一月。卷七〈促成鄧小平復出〉。

〔註74〕〈事有必至理有固然——論江青們的被捕〉，《雜文·論中共》，頁132。

> 毛在生前不能不提出華國鋒，以作緩衝。毛死後，華國鋒才敢於下
> 四人幫的手。所以，真正冒險犯難、扶危定傾的是鄧小平，而不是
> 華國鋒。〔註75〕

鄧小平有何能力，使得徐復觀如此支持他呢？主要就是實事求是的精神。鄧
小平受周恩來力保，所以才得以在周恩來死前獲得平反。後來雖然在周恩來
死後又被毛澤東撤換，以華國鋒取代，但是鄧小平的受周恩來青睞是眾所週
知的了。而徐復觀對於周恩來是有很高評價的〔註76〕，所以對於他所青睞的
人當然是有所瞭解與肯定的。當一九七八年四月他發表〈鄧小平的挫折〉時
一開頭就說到：

> 我把中共這次科學大會中，鄧、華兩人先後講話的內容加以比較以
> 後，發現由鄧小平所代表的「實事求是」的路線很顯明的受到了華
> 國鋒所代表的毛路線的挫折，使大陸剛剛出現的一點開朗氣象，可
> 能又蒙上一層陰影。〔註77〕

這挫折是必然的。毛澤東死後，共產黨在華國鋒領導下選擇了舊勢力，因此
批判新勢力是必要的，所以把四人幫捉起來，也讓鄧小平復職了。但是，最
後一定會碰到一個棘手的問題：要不要批判毛主席？華國鋒是毛澤東欽點，
當然是毛路線的代表，本也算是新勢力，但是他願意把四人幫踢到一邊，就
是修正了自己的路線，這一點鄧小平們當然很清楚。因此，要他批判毛主席
是不可能的，所以華國鋒之前才會提出兩個「凡是」說〔註78〕。可見，鄧小
平在復職才半年的情況下，要對毛路線有大動作修正是很困難的事。不過，
徐復觀可以體會鄧小平自有他的步調，所以稍早的「五屆人代會」結束，他
就曾批評說：

> 因為鄧小平這次沒當總理，反而使我認為，中共在這次人代會的整

〔註75〕 〈華國鋒們的突破與難題〉，《雜文‧論中共》，頁162。
〔註76〕 在周恩來死後，他曾發表一篇〈悼念周恩來先生〉（一九七六年一月十日《華
　　　　僑日報》。受入《雜文補編》第五冊。），對周恩來非常推崇。主要是周恩來
　　　　在文革時期的表現，使他感動。後來在同年一月十五日參加《明報月刊》舉
　　　　辦的座談會「周恩來逝世座談會」上，談得更多，也更明白。（收入《雜文補
　　　　編》第五冊。）
〔註77〕 《雜文‧論中共》，頁209。此會開於一九七八年三月十八日～三十一日。
〔註78〕 「兩個凡是」最早在1977年2月7日《人民日報》、《紅旗》雜誌、《解放軍
　　　　報》的社論《學好文件抓住綱》中提出，即：「凡是毛主席作出的決策，我們
　　　　都堅決維護；凡是毛主席的指示，我們都始終不渝地遵循。」

　　體表現中，鄧是居於主導的地位。……他寧願不當總理，讓華國鋒
　　總攬一切，華既可以安心，而華又是毛安排的，受毛路線影響的人，
　　也無乘其隙。……毛以打倒對方來克服內部的對立，鄧不知不覺用
　　上儒家禮讓爲國，或道家欲取固與之術，以消弭內部的對立。〔註79〕

因此，他在前文中說鄧小平的「挫折」，恐怕也只是表面的而已。因爲當佈局
完成後，鄧小平隨時會進行反擊的。果然，就在一九七八年的的五月，鄧派
開始對兩個「凡是」批判，再進一步，則由對華國鋒的批判，奪取一些人事
安排權；到一九七八年底的十一屆三中全會開幕時，華國鋒已經被架空了，
鄧小平完全掌握中國的政權〔註80〕。徐復觀的心願也可以說完全達成了。

二、中國的改革開放之後

　　在改革開放的路線確定後，接下去的問題是：鄧小平要如何改革？要開放
到什麼程度？當一九八一年四月他發表〈秦政（秦始皇）的歷史評價〉時說：

　　看了上述六點，應當可以了解毛澤東所以特別推崇秦政的原因。表
　　面上，毛僅加入韓戰而未直接介入越戰，似乎較秦政稍勝一籌，但
　　秦政決不會走「一面倒」的國際絕路，而竭澤而漁的援外實質上也
　　是一種窮兵黷武的行爲。此外各點，則毛澤東手上有秦政所無的組
　　織技巧，所以能達到秦政所不能達到的程度；若以家族爲政治的中
　　心，則秦政死後二年而亡，毛澤東死後不及一月而亡。由此可知，
　　西漢知識份子對秦政所作的評價，至今還有他的意義。〔註81〕

他所謂「六點」是說：

　　秦之所以二世而亡，一是截斷文化的傳統，以便誇張自己的才智，
　　實際是誇張自己詐術。二是以刑罰代替教化，將全民威嚇於死亡線
　　上。三是對民財民力竭澤而漁，以供一己的驕奢淫佚。四是誅賞任
　　意，蠛棄是非標準。五是好諛惡直，逼使政治社會成一謊言結構，
　　在謊言中成就個人亙古無倫的偉大。六是窮兵黷武，天下騷動，卒
　　由戍卒一呼而天下響應。〔註82〕

〔註79〕　〈對中共五屆人代會之一觀察〉，《雜文補編》第五冊，頁440。此會於一九七
　　　　　八年二月二十六日～三月五日在北京召開。
〔註80〕　詳見陳永發：《中國共產革命七十年》，頁898～903。
〔註81〕　《最後雜文》，頁62。
〔註82〕　《最後雜文》，頁62。

這是他對毛澤東的嚴厲批判,也是他想給毛澤東的歷史地位。不過,就實際面而言,毛澤東的過錯,在鄧小平上臺後的一連串的改革開放政策的實施下,都可以得到慢慢的彌補。徐復觀此時既然對鄧小平多所肯定,當然也一步一步提出他更深遠的看法。他在一九七九年一月發表〈四個現代化以外的問題之一〉一文說到:「民主法制的問題,中共已經提出來了,我希望這不會是權利鬥爭的暫時手段,希望這不是對外的一種『緣飾』,而是要對法西斯下的奴隸社會所提出來的,澈底把政權的性格、社會的性格改變過來。」〔註83〕同年二月發表〈文化賣國賊〉一文中又說到:「這一年以來,凡是被毛澤東所誣衊的人都平反了。獨對於毛澤東在文化上所犯的最大罪惡,一任其流毒下去,在這種地方,也可以推見中共領導層的深淺輕重。」〔註84〕這些期待,在那個時間點上當然都是比較「理想」的想法。基本上,徐復觀是學者型的人物,論理時是對事不對人,有時當然接近天真;但是,進步是要靠時間慢慢達成的,這個道理徐復觀也很清楚。只是他有一顆「不容自已之心」,所以才處處想為中共指出一條明路,期待早日達成中國真正民主進步之境。他的這種心境難免受到質疑:他到底是「反共」還是「助共」?他在一九七九年三月,就曾在回覆這種質疑時直說:

> 他指摘我的是,認為我並非徹底反共,而是在批評中還想為他們(中共)開路,在批評中對他們還存有期待之心,這我也可以承認;但我之所以如此,乃出自自我的不容自已之心,這種不容自已之心是二千年來儒家對政治社會問題的立足點,所以我依然要保持下去。
>
> 我的政治思想是要把儒家精神,與民主政體融合為一的。〔註85〕

其實徐復觀的「反共」從來就不包括「反中國」,所以,他在放棄國民黨之後,當然把希望寄託在共產黨。更何況,他一直有社會主義的思想,只是要加上「民主」二字罷了。對鄧小平等人的改變,他理所當然地加以支持,這完全是為了中國,不是為了共產黨。共產黨若沒有正確方向,現在領導中國的是共產黨,那中國的未來是如何,不就可想而知了?所以,他在一九八○年時,曾自己承認這種想法是有一些幼稚,他說:

> 現在我以中共心目中的反動分子的身份,也常常湧起要救中國必須

〔註83〕《雜文·論中共》,頁258。
〔註84〕《雜文補編》第五冊,頁493。
〔註85〕〈保持這顆「不容自已之心」〉,《雜文·論中共》,頁260～261。

> 先救共產黨的幻覺，認爲有一個「非共產主義的堅強共產黨國家，
> 才可以變而不亂。」這大概較之我當年想救國民黨的心更爲幼稚可
> 笑了。〔註86〕

但是這幼稚的想法，在方向上是完全正確的。更何況他已入遲暮之年，再不
說出，也不曉得有多少時間可以說了。現在既看到一點曙光，想要看見全部
太陽，也是人之常情。不過，這樣當然就會引起許多爭議性的問題浮出檯面，
例如台灣與中國的統獨問題、民主問題、還有共產黨對他的統戰問題。這些
都是他晚年思考的重點，也是一九八〇年代末期以來，中、台關係與其內政
發展的重點。

在一九七九年一月一日中美正式建交後，台灣已經正式成爲列強完全放
棄的孤兒。國際關係端靠實力的現實，完全在此時此刻表現出來。中國長久
以來的併吞美夢再度興起，所以同時又發表《告台灣同胞書》〔註87〕。不過，
台灣在經過三十年的獨立之後，豈會輕易妥協？所以，在美國的善意下簽了
《台灣關係法》，正式成爲美國的附庸國〔註88〕。台灣的自主意識當然就更高
漲了，所以在當年的十二月十日發生高雄的《美麗島》事件，成爲日後民進
黨執政的重要關鍵之一。在前文第四章已經談過徐復觀對台灣獨立的立場，
所以本文不擬贅述。本節重點在於他如何看待中共對台灣進行統戰的問題。

〔註86〕 《雜文續集》，頁92。

〔註87〕 《告台灣同胞書》爲中國共產黨對台灣發表的公開信，被視爲是中共官方對
台的最早政策文件，其在中國歷史上總共發表五次。其中，以一九七九年一
月一日由中華人民共和國全國人代會發表的最爲著名，其內容主要爲商討結
束兩岸軍事對峙、並提出兩岸三通、擴大兩岸的交流。《告台灣同胞書》首次
發表於一九五〇年二月二十八日，由台灣民主自治同盟所發表，首次提出要完
成解放台灣的任務。第二次發表於一九五八年十月六日，即「八二三炮戰」
結束後翌日，其由毛澤東所撰寫，後由國防部部長彭德懷所發表，全稱爲《中
華人民共和國國防部告台灣同胞書》，其內容是要求台灣共同對付美國爲首的
帝國主義，並指「八二三」爲懲罰性質及提前通知停止炮擊金門七天。第三
次發表於一九五八年十月二十五日，即《中華人民共和國國防部再告台灣同
胞書》，其內容是向台灣提出要求團結一致，與美國一起是沒有出路，應團結
一致對外。第四次發表於一九五八年十一月一日，即《中華人民共和國國防
部三告台灣同胞書》，但在當時並無公開發表。

〔註88〕 雖然《台灣關係法》中提到，美國政府應給予中華民國台灣與其他主權國家
同等的待遇，但是沒有正式外交關係，此條形同具文。另外，它主要希望雙
方在不發生戰爭的情況下達成協議，所以美國將會幫台灣阻止中國任何形式
的武力侵犯。台灣成爲靠美國保護下的國家，也表示隨時會被出賣。

　　從一九七八年底中共的十一屆三中全會，到一九七九年底台灣的《美麗島》事件，顯然是兩國內部發展的重要時期。面對中國優勢的興起，台灣的蔣經國先是喊出「三不」原則〔註89〕，但是為了表明還不願意放棄「統一中國」的美夢，所以就喊出「三民主義統一中國」的虛幻口號〔註90〕。這是看準中共的改變而提出的口號。對於中共的改變，明眼人都看得出；但是，中共不會因為改變而主動把政權交出來的。國民黨的口號只是在自欺欺人上有用，實質上一無是處。關於這一點，徐復觀等知識分子的看法還比較實際一點：

> 我常在想這一個問題。我的想法，最悲觀的是：在大陸上沒有其他
> 的力量可以代替共產黨，所以我們想辦法是要在共產黨的架子下來
> 想辦法，來轉化她。……所以，總的說，是希望共產黨變。這個變
> 不是一下子變到我們理想上的要求，那當然困難。這個變，我認為
> 他們要放棄無產階級專政的觀念，要放棄毛澤東思想。〔註91〕

這是針對鄧小平在稍早所發表的「四個堅持」的回應〔註92〕。「四個堅持」提出的原因則是因為「魏京生事件」。魏京生（1950～）因為「洩露國家機密」被判刑十五年。其實這是鄧小平在改革開放之後第一次打壓民主運動〔註93〕。在改革開放以後，自然地人們會要求基本的民主自由而批評專制政府，魏京生等人更進而反對共產黨的領導，所以就被捉了〔註94〕。因此徐復觀等人的意見就是針對這一發展而發。

　　徐復觀在「四個堅持」提出時就認為，這對中共的改革開放而言，根本就是在走「回頭路」，他曾發表文章說：

> 從去年（一九七八）十月中旬起，以北京為首，以民主牆的大字報
> 為工具所興起的民主運動，假定是由四月六日北京工人日報及光明

〔註89〕 「三不」是：不接觸、不談判、不妥協。一九七九年四月四日由蔣經國在中常會提出。隨後，同年五月，美國總統簽署《台灣關係法》，顯然蔣經國是有恃無恐，才敢喊出此口號。

〔註90〕 這是由國民黨第十二次全國代表大會正式提出的，後來在一九八二年十月二十二日成立「三民主義統一中國大同盟」，由何應欽擔任主任委員。

〔註91〕 〈三十年來家國座談會〉，《雜文補編》第五冊，頁500。這是一九七九年十月一日發表於《中國人月刊》的資料。本座談會也是由《中國人月刊》所主辦。

〔註92〕 「四個堅持」是：堅持社會主義道路、堅持無產階級專政、堅持共產黨領導、堅持馬列主義和毛澤東思想。這是鄧小平在一九七九年三月發表。

〔註93〕 十年後的一九八九年六月四日的「六四事件」是第二次，甚至動用到裝甲部隊，造成死傷慘重。這是鄧小平晚年最大的污點。

〔註94〕 詳見陳永發：《中國共產革命七十年》，頁916～917。

> 日報的評論所提出的四項基本原則爲歸結，則不僅將使民主運動因
> 挫折而進入到另一種形態，也將使中共一步一步的退回到二十多年
> 走過的死巷中，使國家民族的命運與中共政權的命運處於生死對搏
> 的悲境。〔註95〕

魏京生所代表的是年輕一代想要求中國實現民主進步的理想者，與徐復觀的想法當然是不謀而合的。但是他們所批判的是當權的鄧小平，而鄧小平是徐復觀的殷切期盼下復出而當政的，徐復觀要如何取捨呢？鄧小平的務實作風不只在這一次魏京生事件中表現出來，更在十年後的「四六事件」中表現出來。鄧小平畢竟是革命的第一代，再如何民主，豈會乖乖葬送中共的政權？因此，批評的聲浪過份點，他就知道分寸該如何拿捏。對魏京生叛刑，爲的就就是一個警告作用，改革開放的步調還是得依鄧小平的計劃走，任何人都不能改變的。這與台灣的「雷震案」是如出一轍的故事。徐復觀當然也明白這個道理，所以他說：「我認爲在現階段攻擊鄧小平，未免失之鹵莽。」〔註96〕從此我們也可以理解，爲何十年後的「四六事件」中，鄧小平會不惜動用裝甲部隊去鎮壓大學生了。徐復觀當年的苦口婆心就顯得很迂腐，他說：「站在中共目前正陷於官僚泥淖不能自拔的立場來看，鄧爲甚麼不可以忍受這種攻擊，以鼓勵輿論對官僚的抑制？」〔註97〕他大概忽略在共產黨的鬥爭遊戲中，豈容有一絲把柄在對手的手上？況且，批評若只是針對下面的小官僚，那也是代表批評者根本沒有思考深度，不會追求問題的根源所在，那批評又能取信於誰呢？既然知道鄧小平是最高權力者，那所有的腐敗當然是由他負責，不批評他的話，又有何作用呢？這是徐復觀不希望鄧小平下臺的情況下所必然的矛盾言論，也是鄧小平在「四個堅持」的思考下，必然會做的決定。如果徐復觀有幸看到十年後的「六四事件」，他一定會對鄧小平有另一番評價的。

　　進入到八十年代，台灣問題是另一個徐復觀反共思想的重點。從一九七九年以來，中國對台灣的統戰改採和平方式，所以可以用「好話說盡」來形容。但是在徐復觀看來，這些都是「統戰技倆」，無甚誠意。所以他後來會對台獨運動寄予同情，主要原一之一就是中共不願意走民主之路。在他思想中，

〔註95〕〈中共面臨考驗〉，《雜文續集》，頁122。
〔註96〕〈響應沙卡洛夫的呼籲〉，《雜文續集》，頁197。
〔註97〕《雜文續集》，頁197。

台灣已經具有民主的雛型,中國想要跟台灣談統一,自然要向台灣看齊才對,難道要台灣向中國的專制靠攏嗎?他在胃癌發現之後,發表一篇真誠的文章,說到:

> 關於專制封建的毒害,我認識了幾十年,也思考了幾十年,結論是除了堅決地走向民主之路以外,沒有其他醫治的方法。民主不是一蹴可幾。〔註98〕

當台灣提出「三民主義統一中國」時,他更不假思索地回說,不如提出「民主主義統一中國」,他的理由是:

> 凡是違反天下為公的,即是三民主義的罪人。而天下為公的具體表現形式即是民主主義,所以我主張民主主義統一中國,實際也是主張以三民主義的基本精神統一中國,這樣才可使三民主義脫出上述的窘境,不致因權勢的假借而使它受到損害。今天國共兩黨都說自己實行了三民主義,我希望廢話少說,應先通過這一定性的檢證。
>
> 〔註99〕

這是他洞燭兩黨專制的外表下都以三民主義掩飾自己的罪行,所以要以「天下為公」加以揭穿〔註100〕。如果願意奉行「天下為公」,自然就不會以專制來進行政權保衛戰,而會以自由選舉來取得人民的支持,更會大方地承認政黨輪替的事實〔註101〕。若中國無此誠意,所有口號都是單向的「統戰陰謀」,徐復觀不贊成。所以,他認為和平地維持現狀反而比較好,當一九八一年十月葉劍英(1897~1986)提出「葉九條」時,他就這樣潑了一盆冷水:

〔註98〕〈舊封建專制與新封建專制〉,《雜文續集》,頁254。一九八〇年十一月。

〔註99〕〈臺北瑣記〉,《雜文續集》,頁97。

〔註100〕依國民黨所公佈的資料說:「中華民國政府近三十一年來在臺澎金馬復興基地,實施三民主義建設,成效大著,更為大陸人民所嚮往。在政治建設方面:基於中華民國憲法,人民有權,政府有能。地方實行自治,公職人員由公民選舉,國家政策由民意決定,國民享有憲法保障的一切權利與自由,法律之前,人人平等。……」(〈貫徹以三民主義統一中國案——中國國民黨第十二次全國代表大會通過〉,《三民主義統一中國專輯》,台北:歷史文化出版社,一九八三年八月。頁25。)這是一九八一年四月通過的案子。這一長串的政治謊話,當初已經騙不了年輕人,怎麼騙得過徐復觀等人?更何況,在美台還有外交關係下,當年(一九七七年)都發生「保釣運動」,可見國民黨連小如釣魚台都無法保護,還談什麼統一中國呢?不過是再一次自欺欺人的把戲而已。

〔註101〕這方面,台灣已在二〇〇〇年實現,而中國則至今(二〇〇九)還未實現。

　　由此可知中共所要求的是他的主義的擴張，他的無產階級專政的擴
　　張，而不是一般天眞無邪的人民所希望的國家統一。所以我認定：
　　在中共不放棄四個堅持，不實現民主政制改革以前，贊成中共所倡
　　導的和平統一，實質上不是想實現國家的統一，而只是加入到馬列
　　主義、毛澤東思想的行列。在目前不附和中共所倡導的和平統一，
　　實質上是根據三十二年國家所受的嚴酷教訓，不附和馬列主義、毛
　　澤東思想野火的蔓延，而絕不是反對國家的統一。國家被裝在黨褲
　　襠裡的情形不變，只有黨吃掉黨，那裡有國家，更何有國家的統一。
　　〔註102〕

徐復觀的理性在此又得一證明。「葉九條」雖然很好笑，一副中央對地方的嘴
臉，但是一看就知道只是官樣文章，徐復觀的不抱任何希望，是可想而知的。
這對於如今台灣許多一頭中國熱的政客與大財團不知有何啟發？後來，在一
九八二年一月，在病情已經很嚴重的情況之下，他還是發表文章提醒：

　　講老實話，大陸今天給臺北統一了，臺灣固然吃不消，臺灣今天給
　　北京統一了，除了多打爛一個攤子外，對國家也沒有多大好處，這
　　也只要想到香港的情形便容易明瞭。在某一時期內還是和平相處比
　　較實際。有了和平相處，才談得上和平統一。〔註103〕

這或許就是他人道精神的最高表現。對於徐復觀的反共思想而言，除了在港
初期以外，其實都可以看作是爲台灣而反共。早期在台灣是爲台灣的國民黨
政權說話，晚年在香港則是爲台灣人民說話，對象雖然不同，爲台灣則是一

〔註102〕〈我對葉劍英所提九點和平統一號召的若干想法〉，《最後雜文》，頁292。葉
　　　　劍英所提全名是「有關和平統一臺灣的九條方針政策」，內容是：中國國民黨
　　　　與中國共產黨兩黨可以對等談判；　雙方在通郵、通商、通航、探親、旅遊及
　　　　開展學術、文化、體育交流達成協議；　統一後的臺灣可保留軍隊，作爲特別
　　　　行政區，享有特別自治權；　臺灣社會、經濟制度、生活方式與其他外國的
　　　　經濟、文化關係不變；私人財産、房屋、土地、企業所有權、合法繼承權和
　　　　外國投資不受侵犯；　臺灣政界領袖可擔任全國性政治機構領導，參與國家管
　　　　理；臺灣地方財政有困難時，可由中央政府酌予補助；臺灣人民願回大陸定
　　　　居者，保證妥善安排、來去自如、不受歧視；　歡迎臺灣工商界人士到大陸投
　　　　資，保證合法權益與利潤；　歡迎臺灣各界人士與團體，提供統一的建議，共
　　　　商國事。（一九八一年十月一日向《新華社》所說）其後，江澤民在一九九五
　　　　年一月三十日也提過「江八點」，胡錦濤在二〇〇八年十二月三十一日提出「胡
　　　　六點」。內容與用意都大同小異。
〔註103〕〈同時結束一黨專政？──答友人書〉，《最後雜文》，頁157。

致的。改革開放之後，他對中共的期待就是民主；如果中共在中國實施民主，那對於台灣也是一個好消息。因為中、美建交以後，台灣的「統一中國」就更像神話了，未來只剩中國統一台灣的可能了。但是以中國與台灣當時的情況看，他認為：那有生活水準差的國家去統治生活水準高的國家呢？因此中國若向民主前進，統一才有可能，也才合理。事實上，若中國真的民主了，那還需要執意要併吞台灣嗎？在民主的制度下，會得到台灣人的多數同意嗎？所以他主張維持現狀，既不得罪中共，也是為台灣留一條後路，畢竟台灣已經沒有本錢與中共硬碰硬。

當他到香港定居後，中共當然也想對他實施統戰，在一九七一年時就有人找過他，不過，那時他雖然已經很痛惡台灣的政權〔註104〕，可是一點都不動心〔註105〕。經過幾次批評，可以看出，他對共產黨不是像以前為國民黨而反共時那麼勢不兩立，所以鄧小平上台以後，對他也很重視〔註106〕，甚至邀請他到北京訪問〔註107〕。可見，雖然他對中共有很多批評，但是因為鄧小平走改革開放路線，並不會很在乎海外的這類批評。更何況，徐復觀對鄧小平的支持是有目共睹的，北京當局把他列入首要統戰目標，是可想而知的。就在他猶豫要不要去北京參訪之時，卻在台北檢查出胃癌〔註108〕，整個生活全部有了很大的轉變，當然就無法考慮前往北京的事。所以，到一九八二年四

〔註104〕 在一九七〇年四月十三日的信上甚至這樣說：「台灣的政權完全是最下流的家庭政權，在勢在理都不能繼續下去。不論好或壞，願意不願意，只能由大陸的政權代表中國，中國的前途只能在大陸上演變、決定，對於此外的碌碌紛紛，只是以『臭不理』三字去應付。」（《家書集》，頁 11。）這段話等於是完全否定台灣的主權地位，由此也可以理解為何他在初期會對台灣獨立運動也不同意了。

〔註105〕 一九七一年十一月六日的家書記：「他們（此間中共）正在重新研究我，我的一舉一動他們都知道，並曾和他們中的一位重要負責人吃過一餐飯（當然是嘻嘻哈哈的飯），但我尊重他們。我不能過他們內地的生活方式。」（《家書集》，頁 123。）

〔註106〕 一九八〇年二月二十一日的家書記：「鄧小平在開政治局會議時，將我的一篇文章傳觀，爸爸所以有這點成績，只有兩個法寶，一是心目中總有學問上的問題和政治上的問題，二是不輕易浪費半小時以上的時間，除非是腦筋麻木了。」（《家書集》，頁 457。）

〔註107〕 一九八〇年二月二十一日的家書記：「中共中央已正式請我到北京訪問，和他們的高層人士談談，一切由他們招待，我還未決定去不去。」（《家書集》，頁 458。）

〔註108〕 一九八〇年八月十二日到台北開漢學會議，八月十七日到台大做健康檢查，八月二十二日進行胃部割除手術。

月一日去世前，他雖然持續提出反共文章，也沒有去中國訪問，不過，他的反共思想已經有很多因素夾在裡面。不過，他晚年最在意的還是中共的民主進程，他在養病期間的一九八一年一月，還藉由一位投書的年輕人的期望，說出自己的期望：

> 最後，他說出了他的願望。「在我（李華生）腦中，突然升起一個念頭。放棄共產主義，中國共產黨仍然可以用民主政黨的方式組成一個政治集團，仍然可以像資本主義國家的政黨一樣，為十億中國人提供服務……這樣一來，黨內便可免掉流血的路線、派系權力鬥爭，十億中國人可以放膽為國家事務思考，為自己的生活，調動一切可以調動的精力和意志」。李華生的願望，是所有愛祖國人們的共同願望。〔註109〕

或許有人不認為這些批評文章是反共思想，充其量只是像他在批評國民黨一樣，是恨鐵不成鋼的心情下所寫。這當然有一部份道理。前面談到徐復觀的思想淵源時，就討論過他的左派思想；在批評國民黨時，也可以看出他對於社會主義是情有獨衷，所以提出民主社會主義的口號來。這些都可以說明，他對社會主義或共產主義並不是持完全反對的立場。所以，對於他的反共思想，嚴格的說，不是真的是反社會主義的思想，而是反中國共產黨的思想。也就是說，他所反對的是中國共產黨的統治方式，而中國共產黨的統治方式就是暴力的階級鬥爭方式，這又與蘇共一脈相承的。因此，若由此來看，他在初期的反共與後期的反共會有很大的不同，特別是他到香港定居以後，才會成為中國積極統戰的對象。若非晚年生重病，可能會到中國訪問。這與中國在鄧小平時代的改革當然有關，更有關係的，卻是對台灣的國民黨的唾棄，所以他很可能寧願背著背叛的罪名，也想回到中國去再看看故鄉的一切。如果當初台灣的國民黨，願意在他晚年時允許他回到台灣，我想他就沒有機會再被統戰，也不會想要去中國訪問，而以他的個性而言，當然更不願意去冒此背叛台灣的危險。因此，我認為若以他晚年的心態看他反共思想的軟化，一方面不合他反共思想的本義，因為他本就不是反中國；一方面也不應該，因為這完全是台灣的國民黨先拋棄了他。基本上，早期為國民黨所寫的反共文章，宣傳的意義大於實際意義；初到香港所寫的文章，是有時間的逼迫下所寫的急就章，也不是很有深度；要到後期，他更加認識中國內部發展現況

〔註109〕〈為中共提供一種可資反省的資料〉，《最後雜文》，頁228～229。

後，文章才比較有深刻意義。甚至共產黨對他進行統戰之後，所提供的許多消息，使他寫作批判的準確度大大提高，這在他晚年時更加明顯。當然，中國在改革開放之後，資訊外露機會大增，徐復觀的接受就更廣更深，批判也更加露骨，使我們更瞭解他對共產黨的態度。

第四節　爲中國文化而反共

如果說，徐復觀一生的學術活動可以概分爲兩大部份，那一定是：爭取民主自由與維護中國文化。在台灣期間是這樣，到香港以後還是這樣。所以，他對於中共的文化大革命可以說是深惡痛絕。因爲政治上的專制可以一夕改變，文化上的破壞卻不知要多久才能復原。他在一九七九年還語重心長地說：

> 歷代有地位的文人，在他的文集中，總有一兩篇挽救時弊或補遺拾缺的奏議。只有中共取得政權後，毛澤東先盡量侮辱梁漱溟，繼之以反右，再繼之以反三家村，接著便是文革，把稍有知識良心的知識分子一掃而光。剩下的只有郭沫若，馮友蘭及四人幫下的打手，和今日尚盤據在上海的最無人格的餘孽。〔註110〕

從此可見，他對於中共與毛澤東、江青的破壞中國文化是多麼痛心。其實，不論是中國的無產階級文化大革命或是台灣的鄉土文學論戰，其中都充滿濃濃的政治味，不是表面上的名詞所代表的那麼單純。徐復觀是在政治圈搞過宣傳的人，當然很清楚這些活動的政治意圖何在，就好像他後來發現文化復興運動的真正意圖一般。這些事與他同西化派的文化爭論不同，也不是向政府直接要求民主那麼單純，應該比較接近他與《文星》的鬥爭或與文化漢奸的戰鬥。所以當他在一九六六年知道紅衛兵的事後，就曾做了這樣的比較：

> 在三年以前，台灣實際也出現了一種探測性的「紅衛兵」，收到了相當的效果。毛澤東今日敢於這樣作，很可能受到了這一探測紅衛兵的鼓勵。台灣三年前的探測性的紅衛兵，與今日大陸上的紅衛兵，在本質上沒有半絲半毫的差異。只因一是直接指揮的，一是間接指揮的，所以一個是兇悍，一個是下流。同時，台灣的環境與大陸不

〔註110〕〈文化賣國賊──看上海四人幫餘孽〉，《雜文──論中共》，頁253。

同，所以台灣的探測性紅衛兵多一層漢奸的陰影。……台灣的這支紅衛兵，表面上好像消聲匿跡了，但暗中正在摩拳勒掌，待機而動。〔註111〕

這是他從中國的無產階級文化大革命中的紅衛兵，聯想到之前由《文星》所發動的罵戰。兩者的關係是否真如徐復觀所說那樣，當然是不得而知；但是就性質而言，他則認為兩者都只是借「反傳統」之名，以行「反人性」之實，所以說：「反人性的勾當，更決不能混同於反傳統的趨向。」〔註112〕在這一點上，顯然他是肯定五四的反傳統運動，還遠比這兩者高尚許多。當他一九八〇年出版四大冊雜文集時，在〈自序〉中說到：

> 我的雜文包括的範圍相當廣泛，許多是由各個方面、各種程度的感發才寫了出來的，但以受到毛澤東文化大革命及其遺毒的震盪為最大。這一震盪直接接波及到我精神活動的各方面。〔註113〕

又說：

> 我於一九六九年秋來到香港，漸漸明瞭毛澤東所發動的文化大革命，是運用尚未成熟的紅衛兵群眾暴力，摧殘「反右」以後僅存的知識份子，否定人類長期積累的教育成規，毀滅中國幾千年的文化，隔絕人類所共有的世界文化，湧現出亙古未有的全面性的野蠻行為。當我寫文章時，要把這種「豺狼當道」的情形熟識不睹，採用避重就輕的手法，寫些不痛不養的東西，這是我良心所不能允許的。〔註114〕

因此，當他到香港之後，在《華僑日報》上的文章，以對中國共產黨的批評為大宗，特別是有關文化大革命的部份。這就如同他在台灣關心民主政治一樣，雖然是當局的大忌諱，卻因為無發安撫一顆「不能自已」的良心，所以還是甘冒此大險而批判時局。

　　中國的無產階級文化大革命始於何時？若僅以「文化」二字而言，讓人很容易聯想到五四時代的新文化運動。陳永發說：

> 毛澤東的共產主義實驗，是五四運動後期知識分子對社會主義極端崇拜的表現；毛澤東的獨特之處，是在實現社會主義理想的方法論

〔註111〕〈反傳統與反人性〉，《雜文補編》第五冊，頁206。
〔註112〕《雜文補編》第五冊，頁207。
〔註113〕《雜文‧自序》，一九七九年十一月三十日序於九龍寓所。
〔註114〕《雜文‧自序》。

方面，融馬、列、史達林主義和中國傳統政治的智慧於一爐而已。
我們不能因為最近十年來東歐共產國家的解體，便指責毛澤東改造
中國的共產主義實驗荒謬絕倫，沒有任何民意基礎，尤其不能只注
意五四新文化運動到文化大革命之間的斷裂性，而完全否認其中尚
有某種關連性存在。〔註115〕

在第三章中，就曾指出徐復觀在批評五四運動時代的知識分子時，也常常說
到他們與後來共產黨的成功有很大關係，並以之為冷嘲熱諷之資。雖然他都
在負面上立論，不過證諸客觀學者的分析，顯然也不是全是無的放矢的意氣
之言。因此若以知識分子改革中國文化的熱情來看，以五四為無產階級文化
大革命的濫觴一點也不為過。

　　所不同的是，當五四前後，知識分子以社會啓蒙者的姿態站在社會的最
高點，引領中國社會向世界的進步列車挺進，所以徐復觀說：「國民黨是知識
分子的黨。」〔註116〕當年孫中山帶領的一群知識青年，推翻滿清後，一直到
五四運動時，還是有許多人深具影響力；而共產黨也是知識分子的黨，陳永
發引歷史事實說到：

1921年7月盛暑，中共在上海法租界召開第一次全國代表大會。出
席代表共13人，代表上海、北京、長沙、武漢、濟南、廣州六個城
市和日本的黨員。這13名代表都是知識分子，多半在25歲以下。
職業有律師、雜誌主編、新聞記者和中小學教師。有幾個人還是留
學生、大學生和師範學校在校學生，其中並無工人和農民，他們所
代表的53名黨員中，也沒有工人和農民〔註117〕

所以陳永發最後說：「中國共產黨可說是一個由知識分子組成的小黨。」只是
國民黨鬥爭的對象是滿清、是軍閥、是傳統文化，而共產黨在鬥倒國民黨之
後，卻鬥到自己身上來—知識分子，這就是無產階級文化大革命的最大目標
之一〔註118〕。五四運動後來變成新文化運動，再怎麼鬥都是自己人鬥自己人，

〔註115〕陳永發：《中國共產革命七十年》，台北：聯經，一九九八年。頁479。
〔註116〕〈五十年來的中國〉，《雜文續集》，頁10。
〔註117〕《中國共產革命七十年》，頁56。
〔註118〕據陳永發指出：「在1960年代初期中蘇分裂後，毛澤東為大躍進政策辯護，
　　　　指控蘇共喪失共產主義的理想，黨內出現修正主義。在國內形勢稍微好轉後
　　　　他想展開一場社會主義教育運動好好教育以下兩類人一類人是城鄉的基層幹
　　　　部另一類人則是從事思想文化和教育宣傳的知識分子。」（《中國共產革命七
　　　　十年》，頁474。）

無關痛癢。更何況，後來因爲中、日戰爭漸近，爭鬥的聲音就更無人在意了。共產黨在無產階級文化大革命中，卻動員工人、農人、青少年鬥知識分子，特別是青少年，在階級矛盾的仇恨與血氣方剛的雙重加持下，自然是鬥得兇狠異常。雖然他們也鬥傳統文化，不過在所有知識分子都不能幸免的情況下，鬥傳統文化變成只是附屬品，這是它與五四時代很大的不同點。所以，無產階級文化大革命雖然繼承了五四的鬥爭精神，卻擴大了參與的社會階層，也改變了鬥爭的對象，主要把矛頭指向當初社會上以啓蒙者自居的人。因此，一九六五年的文化大革命，竟由《海瑞罷官》而起。這是當時北京市副市長吳晗（1909～1969）的作品。毛澤東在一九六五年十一月，假姚文元（1932～2005）之手，在上海《文匯報》發表一篇批判性很強的文章〔註119〕。因此而引發的，就是一九六六年五月「中央文革小組」的成立，全面號召文化大革命〔註120〕。

　　徐復觀對於共產黨的這般整頓知識份子，是持半贊成半反對的意見，贊成的原因是：

> 我對毛澤東所發動的知識份子的改造運動，逼使知識份子承認體力勞動的價值，揭穿知識份子的虛僞面目與地位，逼使他們向工農學習，與貧苦大眾過同樣的生活，認爲這是科舉制度實行以來，對知識份子的總報應。〔註121〕

而他反對的原因是：

> 中共的罪過，在於把學問知識的本身和墮落的知識分子，等同起來。而在文化大革命中，以各種殘暴手段剝奪知識分子的人格，使稍有志節之士，受到最大的打擊，發生反淘汰的作用。〔註122〕

不過，在這些知識分子中，唯一不必被鬥的顯然是毛澤東（1893～1976）一人。關於這一點，徐復觀在一九七九年發表〈書與人生—向有錢者進一言〉一文曾說到：

〔註119〕此後就發展成「彭羅陸楊反黨集團」的批鬥運動。彭是彭眞（1902～1997），羅是羅瑞卿（1906～1978），陸是陸定一（1906～1996），楊是楊尚昆（1907～1998）。

〔註120〕小組長是陳伯達（1904～1989），江青（1914～1991）與張春僑（1917～2005）任副小組長，康生（1898～1975）任顧問，其他成員是陶鑄（1908～1969）、王力（1922～1996）、關鋒（1919～2005）、姚文元。以上詳見陳永發：《中國共產革命七十年》，頁802～804。

〔註121〕《雜文續集》，頁13。

〔註122〕《雜文續集》，頁13。

> 大陸上在毛澤東領導之下，把民間的書可以說是搜乾毀盡了。他為
> 什麼要這樣做？因他怕人民保存有書，便會不知不覺地受到書的影
> 響，而充實了自己的人生觀，拓展了自己的人生境界，保持了自己
> 辨別是非的標準與能力，使自己像一個人的樣子，不能全心全意地
> 聽他的話。〔註123〕

這就是中國政治傳統的愚民政策。毛澤東既算是近代中國的優秀知識分子之
一，徐復觀也承認對他一度很欽佩〔註124〕，他對於中國傳統政治的權謀當然
很熟悉。但是當共產黨建國成功以來，他對共產黨內比他優秀的知識分子全
都一一鬥垮了，劉少奇應該是最後一位〔註125〕。所以，劉少奇也可以說是在
無產階級文化大革命中的第一位受害的知識分子，徐復觀曾經在一九六六年
八月發表文章〈哀劉少奇〉說：

> 這不僅毛澤東決心不把他之所謂「文化大革命」放在他的黨的組織
> 系統之下，而是要以他這次暗地所部署的群眾組織，作進一步代替
> 以劉少奇為首的現有黨的組織系統。只有如此，現時的當權派才完
> 全垮掉，而劉少奇及一切稍有知識和人格的共產幹部，屆時必澈底
> 被肅清。〔註126〕

他稱劉少奇是「稍有知識和人格的共產幹部」，顯然是承認他比毛澤東好許多
了。而劉少奇的夫人王光美（1921～2006），更是江青所遠遠不及〔註127〕。徐
復觀認為劉少奇是修正主義者，但是卻是正確的修正主義者：

〔註123〕《雜文續集》，頁41。
〔註124〕一九七八年他發表〈未嘗不嘆息痛恨於桓、靈也！〉有記：「我和毛澤東雖然政
　　　　治立場不同但在我沒有了解反右大躍進、文化大革命等一連貫事實的真相以
　　　　前，對他的才略一直保有一番自然地敬意，還時常形之夢寐。」（《雜文續集》，
　　　　頁118。）一九八一年三月接受《七十年代》訪問時說：「一直到一九六九年我
　　　　到香港以後，我對於毛先生一直保持很高的敬意，常常托夢和他在一起。我覺
　　　　得他是個了不起的人物。」（〈徐復觀談中共政局〉，《最後雜文》，頁405～406。）
〔註125〕劉少奇當時貴為國家主席，卻被軟禁到死。
〔註126〕《雜文補編》第五冊，頁195。
〔註127〕徐復觀在一九六七年發表〈保持人類正常的心理狀態〉一文說：「當毛澤東指
　　　　使下的紅衛兵，打電話騙出王光美，說王光美的女兒害了急病（案：後來證
　　　　明，是以發生車禍為由，要她到醫院簽字）因而將王光美騙到清華大學，加
　　　　以鬥爭時，他們何嘗不想逼使王光美去鬥自己的丈夫──劉少奇，以使自己
　　　　解脫？但王光美始終不顧自己的生死以保護自己的丈夫，在她身上所閃出的
　　　　這種女性的光輝，人性的光輝，不是站在天安門上向群眾招招手的架勢可比
　　　　擬於萬一。」（《雜文補編》第五冊，頁227。）

一九六七年我在香港住了半年。當時大陸上文化大革命，正鬧得如
火如荼。香港也陷入於暴亂之中，我一方面發表了幾批評文化大革
的文章，有一篇中指出林彪與江青的勢不兩立，今已不幸而言中。
另一方面，我也站在國家的前途上，認真考慮了解決國家問題的方
向。回到臺灣，把考慮的結果，寫了一封長信給過去曾經是朋友的
某位先生，認為中國問題，將由修正主義而得到解決，將由「人權」
得到保障而得到穩定。臺灣也應向這一方向努力。後來知道這封信
引起了些誤解〔註128〕，我便寫了「論修正主義」、「論民主社會主義」
的文章，刊在華僑日報上，把自己的見解公開出來。可惜這些文章，
在環宇書局為我編印文錄時，把它丟掉了。〔註129〕

又說：

把修正主義當作一個天大的罪名，這完全是共黨的語言魔術。大家
既已承認必須避免核子大戰，則在觀念與制度上，兩大對立的勢力，
勢必在和平中互相競爭。順理成章的發展，是在這種競爭中，互取
其長，互去其短，亦即是互相修正，以達到由不敢核子大戰進而為
不必核子大戰。這豈不是人類共同的幸福。互相修正，即是民主義
與社會主義的融合，恩格思晚年便有這種傾向。今後國際形勢，可
能有利於這一方向的發展。〔註130〕

其實，國民黨早就以「不安份」稱徐復觀〔註131〕，這是和「修正主義」相去
不遠的罪名。國民黨敗逃到台灣之後，痛定思痛，而有「改造委員會」之成

〔註128〕此信的大意在一九八〇年三月四日發表〈劉少奇平反與人類的良知良識〉時
　　　　有提到。收入《雜文續集》，頁219。案：「某位先生」不知是誰,但是看其語
　　　　氣,似乎已經翻臉,不再是朋友。可能是此信「誤解」之原因吧！「修正主義」
　　　　在當時的兩岸都是政治大忌諱，共產主義不容有其他的修正，而奉行三民主
　　　　義的國民黨則口說民主，以實踐三民主義為目標，實際卻是希望永遠一黨專
　　　　政，一家專政。因此，在當時，必須是絕對忠誠的黨員才能受青睞，一旦是
　　　　意志不堅或信仰不夠堅定，根本是無法進入權力核心的，這些人就會被扣上
　　　　「修正主義」的帽子。徐復觀在一九六七年四月十五日曾發表〈論中共的修
　　　　正主義〉於《華僑日報》，本文所指當是此篇。今收入《雜文‧論中共》。又
　　　　一九六八年十一月二十五日有〈略談民主社會主義〉一文發表於《華僑日報》，
　　　　本文所指當是此篇。今收入《雜文補編》第三冊。
〔註129〕〈熊十力先生之志事〉，《憶往事》，頁224。
〔註130〕〈熊十力先生之志事〉，《憶往事》，頁224。
〔註131〕詳見〈死而後巳的民主鬥士〉，《雜文補編》第六冊，頁370。

立。可是卻是有意地把國家「黨化」，不是往民主的方向走。徐復觀因為主張
民主、自由、反對專制政體，所以基本上並不同意國民黨的改造方向。由此
可知，他對兩岸的領導都不滿意，他的理論早就成為兩邊共同的「修正主義
者」了〔註132〕。從這個角度看，正可以凸出其理性的一面，也可以看出他決
心不向專制低頭。

基本上，毛澤東的鬥爭方式就是利用非知識分子鬥知識分子，再以知識
分子的身份去蠱惑非知識分子，成為他們的導師。雖是簡單的兩手策略，卻
是很有用的策略。因為在中國人大都是文盲的情況下，要能掌握住他們信服
的條件，與他們怨恨的條件，這是一種領導統御之術〔註133〕。無產階級文化
大革命就是毛澤東在此思考下的得意之作，雖然事後證明這是他一生最大敗
筆。

不過，除了知識份子遭殃，最大的損失當然還是中國傳統文化的被破壞。
依徐復觀在一九六六年的觀察認為，文化大革命之起，根本就是劉少奇等一
群受傳統文化影響的知識分子反對毛澤東思想，所以引起毛澤東的反彈，他
說：

> 最近一年來，大陸上所發生的情勢，是說明中共內部已由中國傳統
> 文化所浸透而影響到毛澤東的極權野心，及他要實現螞蟻社會的幻
> 想，逼得他不能不使用槍桿和十五、六歲的兒童，對他自己的黨發
> 動大規模的整肅運動。〔註134〕

他認為毛澤東之所以這樣做出反人性的事，當然是因共產主義源於馬克思思
想的原因。這完全是因為共產黨推崇馬克思思想的關係，一九七九年八月在
〈孔子與馬克思〉一文中，他對共產黨的推崇馬克思有如下的批評：

〔註132〕如今，大多數先進國家即可以說是「民主主義和社會主義的融合」，但是這是
融合在「自由經濟」之下，而非「民主主義」之下。在自由經濟較符合人性
需求之下，各意識型態的政治主義都低頭了。但是「核子大戰」的疑慮卻未
完全消除。也就是說，雖然如今的政治中，「修正主義」已被認同，但是經濟
「修正主義」卻未被完全認同，因此戰爭並未消除，從波斯灣戰爭，911紐
約撞機事件，美、伊戰爭，都和石油等經濟問題離不開關係。如何把經濟「修
正主義」修到大眾能接受的程度，才能使目前的戰爭疑慮消除。（筆者強調
「目前」可以，以後則不一定，因為人類戰爭的原因很多，所以持續修正是
必要的。）
〔註133〕他曾告訴徐復觀，為達最終勝利，隨時可以犧牲部下。劉少奇就缺乏他這樣
的殘忍心態。
〔註134〕〈反傳統與反人性〉，《雜文補編》第五冊，頁205。

孔子的思想影響了中國歷史兩千多年，中國歷史並沒有因此而能免
於災難。但只要是具有良知良識的人，決不能指出歷史中的那些災
難是來自孔子的一句話。馬克思思想支配了中國三十年，但中國二
十多年所遭遇的亙古未有的大黑暗、大殘酷、大破壞，稍一追尋，
便必然在馬克思思想中找到證據，只是沒有人敢找。〔註135〕

不過，在一九八二年余英時接受訪問時曾說：

蘇聯官方還有幾個人研究馬克思主義，中國恐怕沒有人認眞地研究
馬克思了。毛澤東生前就說過這類話。其實毛在一九四九以後，也
未嘗再碰過馬克思主義，至少找不出任何證據說中共仍然努力作這
一方面的工作。這本不足怪，馬克思的東西和中國情形很難眞正接
上頭。〔註136〕

毛澤東是個有思想的知識分子，當然不會一直受制於馬克思，所以與余英時
同時受訪的鄭愁予也說：

馬克思主義實在只是一種政治哲學的靈感，它本身沒有政策性。任
何人可用此靈感制定自己的政策，不幸的是，中國革命時正遇上列
寧把馬克思主義搞成了列寧政策，毛澤東就跟著列寧、斯大林走，
而沒有把馬克思主義變成自己的政策。他們用剛才余先生所說的封
建傳統中的那部分東西，去代替列寧、斯大林政策中不適合中國的
部分，而造成「毛澤東思想」打一個馬克思的牌子。〔註137〕

因此，徐復觀的說法，當然是爲了把馬克思與孔子做比較，才有這樣籠統的
說法。毛澤東才是中國近三十年來眞正支配思想的人，在無產階級文化大革
命時期更是達到巔峰，這是徐復觀早知道的。不過，在行文之間，徐復觀爲
了反馬克思，也爲了替孔子翻案，所以才使用了古文手法，加以襯托出彼此
的差異來。其實，馬克思被中國接受，也有其文化傳統上的原因，余英時說：

中國人容易接受社會主義型的思想也是有傳統的。中央集權在漢朝
興起，同時就有鹽鐵專賣，也就是大企業國有化。田制則一向有「普
天之下，莫非王土」的觀念，王田、均田都是傳統的理想。政府一
直是在同大地主爭土地和農民，這一源流長遠的傳統，使得中國近

〔註135〕《雜文續集》，頁44。
〔註136〕李怡：《知識分子與中國》，台北：遠流出版社，一九八九年八月初版。頁134。
〔註137〕《知識分子與中國》，頁134。

代人很容易爲社會主義所吸引。中國傳統社會又重農輕商，岐視商
人，因此也就自然地厭惡資本主義。〔註138〕

另外，馬克思思想所具有的「革命性」，與中國傳統文化也很契合，余英時說：

> 馬克思主義作爲一個社會批判的武器是非常有力量的，可是一落到
> 實踐層次，使它制度化時就成問題了。馬克思主義經過建制化之後，
> 就成爲一黨專政的機器，壓得人透不過氣來，所以馬克思主義只能
> 作爲一個抗議性的批判性的東西存在，這時它是有生命的有價值
> 的，它可以革命，不能建國，也就是可以「馬」上得天下，不能「馬」
> 上治天下。〔註139〕

中國傳統文化因爲革命文化早就被普遍接受，所以面對這樣有革命性的思
想，一點也不排斥；再加上西化之風正盛，所以馬克思思想成爲雀屏中選的
革命武器。從孫中山到毛澤東都可以看到他們運用的巧思，這並不是因爲馬
克思的思想眞有中國所無之處。況且，孫中山也好，毛澤東也罷，都是改造
思想的行家，這在中國古代也是有其傳統的。因此，馬克思思想不是中國災
難的原兇，運用之人的有意殘害，才是最大禍首。徐復觀因爲馬克思受共產
黨推崇，而把它認爲是原兇，恐怕是弄錯債主了。也就是說，誠如共產黨一
再標榜的農民起義，無產階級文化大革命若無中國文化中的革命文化支持，
恐怕也很難動員起來。中國歷代的改朝換代之時，所造成的文化浩劫與無辜
生靈豈會比無產階級文化大革命還少〔註140〕？只因爲這些損失在農民起義或
是知識分子革命的眼中，根本比不上更迫切的問題─生死存亡之機，所以怎
能顧慮到那些與自己生死更遠的問題？這是中國的革命文化所造成的，不是
無產階級文化大革命所獨有的。除非改變此一文化觀念，使中國人具有和平
共處的文化，不然這將是中國人與其臨國永遠揮之不去的輪迴。

〔註138〕《知識分子與中國》，頁133。
〔註139〕《知識分子與中國》，頁136。
〔註140〕此以人口比例計算來看，不以數量的多寡爲準，因爲二十世紀的中國，人口
　　　　　總數當然是空前的，戰亂時的死傷人數自然也會是比較多。但是若按人口比
　　　　　例來看則未必。

第六章　徐復觀的人文精神

　　徐復觀對國民黨的批評或是對共產黨的批評，基本上都會碰到中國傳統政治文化的問題。這問題是因為國民黨是繼承清朝而統一中國的朝代（1928～1949），共產黨則是繼承國民黨而統一中國的朝代（1949～），兩者在歷史上都算是中國的統治王朝之一，在性質上會有一定的相同性。因此，若能瞭解中國傳統王朝的共通性，對於當代的王朝的優缺點的瞭解也會有幫助。況且，在徐復觀所尊奉的「所有歷史都是現代史」的原則下，古為今用也是必然的研究趨向。這可以說就是他研究兩漢與先秦思想史的主因。事實上，這在二十世紀初左右，同時也是中國知識分子在追求中國富強之道的同時，想積極探討的問題之一。

　　不過，徐復觀的創見在於他把政治作為與人文精神合觀。為何人文精神與政治作為有關係呢？儒家自孔子以下都很推崇周公，一半的原因是因為周公為周朝打下萬世垂統的基礎，這就是周朝的封建制度。周朝的封建制度為何可以成為中國歷史上最悠久的政治制度？周公創建制度的精神何在呢？如果可以找到這精神，是否也適用於當代中國呢？如果適用，當然就是當代中國的救命靈丹；如果不適用，是否可以找出原因，以便洗刷儒家與封建文化背負千古罪人的罪名？這是一個追本溯源的工作，但是卻是一個不容易有圓滿答案的工作。徐復觀最初是很滿意的，特別是他提出的「憂患意識」的觀念。但是，後來還是發現這觀念仍是一個政治目的思考下的產物，價值不免降低許多。其實，中國的霸權思想起源甚早〔註1〕，所以才會早早發展出政治

〔註 1〕有關中國霸權思想的傳統，可以參考莊萬壽：〈中國上古霸權主義思想〉，臺灣師大國文系：《國文學報》第二十四期，頁 183～頁 192。

精華的黃、老之術〔註2〕。黃、老之術可大可小,對內對外都是一套非常完美
的政治權謀。這類思想與儒家的思想自然有許多不相容的地方,特別是宋代
理學家的儒家思想,因此,徐復觀初期會避開周初黃老之術的問題而提出以
「憂患意識」為主的人文精神,來試圖說明中國人文精神起源甚早與價值的
偉大,是可以理解的。後來因為他本身受到專制政治的迫害的深刻體驗,與
對共產黨的泯滅人性的倒行逆施政策的警醒,所以對周初的人文精神的內涵
才有了修正的詮釋。這種現實感的修正,使得他的思想價值提升很多,也使
他不致受限於理學家的窠臼,進而成為通達新儒家的代表人物之一。

第一節　革命行動與人文觀念的演進

西化派的反傳統理論中,除了科學文明,可以說主要在於中國的帝制傳
統。關於科學文明的不如人,徐復觀不敢有何異見,因為這是近代歷史中人
所共見;但是,中國的專制帝王傳統,卻不是一開始就這樣的,至少在儒家
思想理論中,堯、舜、禹是不專制的。因此西化派因此而怪罪儒家思想,想
要進而全盤否定中國傳統文化,徐復觀當然不贊同。

不過,西化派的以偏概全雖然很明顯,但是要反駁他們的理論還是要從學
術上來著手,才能使人心服口服,這就成為徐復觀研究三代人文傳統的主要動
機。其中,周初的變化更是他研究的重點,原因可能有以下幾點:儒家思想以
周、孔為宗,所以沒有不先研究周公時代的道理〔註3〕;現有文獻中,對於西
周以後的史料,臆測之言也比較少,爭議較少〔註4〕;秦、漢的專制很明顯,

〔註2〕據陳麗桂研究指出:「『黃老』其實可說是戰國秦、漢間的道家後期思想,因此
　　　漢人也稱之為『道家』。『道家』之稱和『黃老』一樣,都是漢人才開始的,先
　　　秦以前沒有。」(《戰國時期的黃老思想·序》,頁(二))又說:「戰國、秦、漢
　　　的黃老思想和東漢的黃老道,固同托名於黃老,也同為戰國中期以後發展出來
　　　的黃帝學說的一部分,同是齊學的一支。」(同上書,頁38)可見黃老之學出
　　　於齊學。因為資料有限,所以現在能夠探究的黃老思想,可靠的都僅能止於戰
　　　國。但是依《史記·齊太公世家》所記,姜太公不論在輔助文王與武王謀取天
　　　下之時,或是後來治理齊國之時,都可以看到黃老之術的影子。後世把黃老思
　　　想追溯到出於齊學,與此也有莫大關係。若是《史記·齊太公世家》所記無誤,
　　　至少在姜太公的時候,黃老之術就已經應用在實務上,一直傳到戰國、秦、漢
　　　之際而蔚為壯觀,諸子書中處處可見,可謂中國政治文化的精華。
〔註3〕儒家以孔子思想為宗,而孔子又以周禮為依歸,所以就造就漢代周、孔並稱
　　　的習慣。
〔註4〕雖然疑古派曾經大加攻擊這些古史,但是,平心而論,當初的批評多數是在

因此，他們的前一代成爲專制與否的研究重點，乃是順理成章之事〔註5〕。基於這些理由，徐復觀對於周代的人文精神提出深入的研究心得。這是他要證明儒家思想不是專制源頭的主要理論，這理論若成立，以儒家思想爲主流的中國傳統文化就不必然有專制源頭，也就不必背負專制的原罪而必須受到完全唾棄。這是徐復觀在消極的反駁西化派的以偏概全的文化理論之餘，所提供的更積極的反駁。

　　既然對於周代要有所肯定，徐復觀對於商、周之際的變化就必須提出一種可以令人信服的說法。他的辦法就是以「人文」觀念與「宗教」觀念的對立來立論，然後從其中的消長關係來肯定周初文明的價值〔註6〕。徐復觀認爲中國人文精神是起於周人，他說：「周人建立了一個由『敬』所貫注的『敬德』、『明德』的觀念世界，來照察指導自己的行爲，對自己的行爲負責，這正是中國人文精神最早的出現。」〔註7〕周人的「敬」是何意義呢？他進一步說明：

> 周初所強調的敬，是人的精神由散漫而集中，並消解自己的官能欲
> 望於自己所負的責任之前，凸顯出自己主體的積極性與理性作用。
> 敬字的原來意義，只是對於外來侵害的警戒，這是被動的直接反應
> 的心理狀態。周初所提出的敬的觀念，則是主動的反省的，因而是
> 內發的心裡狀態，這正是自覺的心裡狀態，與被動的警戒心裡有很
> 大的分別。〔註8〕

這是徐復觀以周初資料所歸納出來的結果。這種歸納使人無法反對周初就具有中國人文精神的起源特點，但是也無法完全確定周初就是中國人文精神的起源。因爲現在所能看到的資料中，周初以前的太少，所以要把這些特點就歸在周初才有，是一種冒險的作法，以後一旦有新資料出現，隨時會被推翻。

　　一些名詞與年代的枝節上，對於人與事的有無還無法眞正有很明確的答案。而後來的考古發現則證實，經書上所記的三代是確有其事的，《左傳》的可靠性也是肯定的，所以，以之爲研究周史主要根據，應當是較沒問題的。

〔註5〕一般都以周朝是封建制度稱之。但是封建與專制的關係並非那麼絕對，在徐復觀的研究中，當然想證明周朝並非與秦、漢的專制一樣，所以會看到類似「封建比專制好」的影子。

〔註6〕《中國人性論史》第二章的標題就是〈周初宗教中人文精神的躍動〉，第三章標題是〈以禮爲中心的人文世紀之出現，及宗教之人文化〉，在此二章的標題中，「宗教」和「人文」明顯是對立的觀念。

〔註7〕〈周初宗教中人文精神的躍動〉，《中國人性論史——先秦篇》，頁23。

〔註8〕〈周初宗教中人文精神的躍動〉，《中國人性論史——先秦篇》，頁22。

　　徐復觀難道不知道這個危險嗎？他憑什麼如此肯定呢？其實，這還是建立在一些舊有的資料上，主要是殷商的宗教習俗上。所以，徐復觀以周的宗教與殷商的宗教之間的轉化，來加強周的人文精神比殷商的人文精神重的理論。所以他說：「周之克殷，乃係一個有精神自覺的統治集團，克服了一個沒有精神自覺或自覺的不夠的統治集團。」〔註9〕這是關於周代推翻殷商的問題，所以要釐清徐復觀所說「周初是中國人文精神最早的出現」的問題，必要從周革殷命說起。徐復觀如何看周取代商者件事呢？他說：

> 周人革掉了殷人的命（政權），成為新地勝利者，但通過周初文獻所看出的，並不像一般民族戰勝後的趾高氣揚的氣象，而是《易傳》所說的『憂患』意識。憂患意識不同於作為原始宗教動機的恐怖、絕望。〔註10〕

他對於「憂患」觀念的提出，最早出現在發表於一九五〇年一月一日的〈文化精神與軍事精神—湘軍新論〉一文：

> 要了解湘軍精神，首先要了解中國文化精神，我的學力不夠闡發這樣一個大題目，只能把初步的了解簡單說出來。孔子說：『作《易》者其有憂患乎』這是說中國的文化是對人的憂患負責而形成發展的，所以是人本主義的文化。〔註11〕

這觀念發展到此文，則可以說成「周初文化是對人的憂患負責而形成發展的，所以是人本主義的文化。」也就成為他肯定周初文明的源頭。不過，周人的「憂患意識」是如何表現呢？主要就是表現在他們對「天命」的不同體認上。以下將稍回顧一下這段歷史，以資佐證。

　　周武王攻商成功，當然是因為文王在世時，就有積極取代商的行動，且看以下記載：

> 明年，伐犬戎。明年，伐密須。明年，敗耆國。殷之祖伊聞之，懼，以告帝紂。紂曰：「不有天命乎？是何能為！」明年，伐邘。明年，

〔註9〕〈周初宗教中人文精神的躍動〉，《中國人性論史——先秦篇》，頁20～21。
〔註10〕《中國人性論史》，頁20。
〔註11〕初刊於《民主評論》一卷十四期，後收於《學術與政治之間‧甲集》。其實，孔子只是對「作易者」而發的言論，就被他寫文章成為「中國的文化是對人的憂患負責而形成發展的」。這可以說是徐復觀早期學術的特色，還欠缺對客觀資料的充分把握，所以論斷的時候，多數以文筆氣勢在寫這類學術論文。這錢穆早就向他提起過，請參考本文第七章討論他對錢穆的批評的部份。

伐崇侯虎。而作豐邑，自岐下而徙都豐。明年，西伯崩。〔註12〕

這一連串的征戰，就是爲了消滅商的盟國，以便一步一步向商朝逼進。這樣的方式，商湯當年也做過〔註13〕。商湯革命本非多大不了之事，是一般的族群相鬥之事而已。但是到周朝，卻把它說成很偉大的事，到《易傳》中〈革〉卦就變成：

> 〈彖〉曰：革，水火相息；二女同居，其志不相得，曰革。巳日乃
> 孚，革而信之。文明以說，大亨以正，革而當，其悔乃亡。天地革
> 而四時成，湯、武革命順乎天而應乎人。革之時大矣哉！〔註14〕

「順乎天而應乎人」是把天怒人怨的戰爭合理化的最大誇飾。周人爲何如此說呢？誠如前述徐復觀所言，這是周人爲了把文、武王謀商之事合理化的說詞。如此一來，順便把商湯的事也拉在一起標榜，一來掩飾自己的罪行，二來也可以塞商朝後裔反周之口。爲何說周是找借口來文飾自己的叛變呢？我們先看《史記》記伯夷、叔齊諫武王軍隊出兵的情況：

> 西伯卒，武王載木主，號爲文王，東伐紂。伯夷、叔齊叩馬而諫曰：
> 「父死不葬，爰及干戈，可謂孝乎？以臣弒君，可謂仁乎？」左右
> 欲兵之。太公曰：「此義人也。」扶而去之。〔註15〕

太公不殺伯夷、叔齊，是以「義人」爲理由，但是，最大原因應該是對於攻商還沒有十成把握，不敢濫殺無辜而失人心。以武王攻商之急迫看來，武王在文王還在世的時候，恐怕就是主張積極攻商的代表人物。所以武王攻商只是實踐他一向的主張，才會在父喪未完之時就出兵。如今卻落得被伯夷、叔齊奚落爲「不孝不仁」之人，正是說中他最忌諱之事，所以左右才想要「兵之」。但是，武王並非不知道時機還未成熟，且看他第一次出兵的完整狀況：

> 九年，武王上祭于畢。東觀兵，至于盟津。爲文王木主，載以車，
> 中軍。武王自稱太子發，言奉文王以伐，不敢自專。乃告司馬、司
> 徒、司空、諸節：「齊栗，信哉！予無知，以先祖有德臣，小子受先
> 功，畢立賞罰，以定其功。」遂興師。師尚父號曰：「總爾眾庶，與

〔註12〕　《史記・周本紀》。《論語・泰伯》也記孔子說：「三分天下有其二，以服事殷。
　　　　周之德，可謂至德也已矣。」可見在文王時，周已經吃掉商的三分之二天下。
〔註13〕　《孟子・滕文公下》記：「湯始征，自葛載。十一征而無敵於天下。」可見湯
　　　　也是經過蠶食才向夏都進攻。
〔註14〕　《易・象傳》。
〔註15〕　《史記・伯夷列傳》。

爾舟楫，後至者斬。」武王渡河，中流，白魚躍入王舟中，武王俯
取以祭。既渡，有火自上復于下，至于王屋，流為烏，其色赤，其
聲魄云。是時，諸侯不期而會盟津者八百諸侯。諸侯皆曰：「紂可伐
矣。」武王曰：「女未知天命，未可也。」乃還師歸。〔註16〕

由此看出，本來一切就緒的軍事行動，武王最後卻又突然冒出一句：「女未知
天命，未可也。」這不是因為他不想攻擊，而是時機真的未到。為何呢？從
第二次出兵的情況可以看出：

帝紂聞武王來，亦發兵七十萬人距武王。武王使師尚父與百夫致師，
以大卒馳帝紂師。紂師雖眾，皆無戰之心，心欲武王亟入。紂師皆
倒兵以戰，以開武王。武王馳之，紂兵皆崩畔紂。〔註17〕

從「紂師雖眾」可見，這時「紂師」還是比周師多，第一次時就更不可必說
了。所以，第一次出兵時，武王也沒把握能打贏，是可以理解的。也許只是
為了測試諸侯的向心力，所以最後才說「女未知天命」以為退兵的理由。

當然，姜太公在這次戰爭中的角色是更重要的。第一次出兵時，他阻止
了濫殺伯夷、叔齊；第二次出兵時，也是因為他的堅持，才得以成功的：

居二年，紂殺王子比干，囚箕子。武王將伐紂，卜龜兆，不吉，風
雨暴至。群公盡懼，唯太公彊之勸武王，武王於是遂行。十一年，
正月甲子，誓於牧野，伐商紂。紂師敗績。〔註18〕

因為「唯太公彊之勸武王」，所以牧之戰才打成了。若與第一次出兵時的情況
一起觀察，就知道姜太公那時就是掌軍事生殺大權，而這一次又獨排眾議地
強迫武王出兵，可見他地位的崇高與重要。所以，周的積極攻商計謀與他一
直有不可分的關係〔註19〕。

因為姜太公之謀，所以攻商之事完成了。武王寧背負「不孝不仁」的罪
名，也不殺伯夷、叔齊，卻以「天命」為由放棄第一次攻擊；第二次出兵前，
本來情勢也不太好，但是卻得到紂兵反叛的支持而一戰成功。過程很離奇，

〔註16〕 《史記·周本紀》。
〔註17〕 《史記·周本紀》。
〔註18〕 《史記·齊太公世家》。
〔註19〕 《史記·齊太公世家》：「周西伯政平，及斷虞、芮之訟，而詩人稱西伯受命
曰文王。伐崇、密須、犬夷，大作豐邑。天下三分，其二歸周者，太公之謀
計居多。」這是因為文王吞併三分之二的天下，大部份的功勞也都是姜太公
的，就是司馬遷所說的：「師尚父謀居多。」

卻不難理解。因為一切都是姜太公在籌劃。不殺伯夷、叔齊，是因為太公一句「此義人也。」；第二次出兵成功，是因為「唯太公彊之勸武王，武王於是遂行」。而且對於紂師的反叛，如果武王與其他人早知道，就不會猶豫不決了；如今卻只有姜太公力主出兵，不是一副勝券在握的表現嗎？為何呢？只有理解為他知道叛軍的消息，才可能有這樣大的信心。所以，第一次出兵是為了探諸侯虛實，第二次則是有了充分掌握，這些都是出於姜太公的計謀之中。但是，出兵是成功了，殷的軍隊是大部份歸降了，但是有所不服的呢？該如何保證諸侯在戰後仍然一心支持呢？姜太公所負責的是周朝建國的前期計劃，接下來的計劃則是以周公為主。所以周公才會有一連串把文、武王謀商之事合理化的動作。兩人一文一武，實在不愧是周朝建國的兩大功臣。

　　所以，周取代商是經過一連串的處心積慮而完成的「大業」，在取得之後豈能不「憂患」？又豈能再受「天命」之說的限制，而忽略這幾十年的人為之「德」的作用？周初對於夏被商滅、商被周所滅等歷史，一定努力思考過其中的教訓〔註20〕。徐復觀認為，因為這一層思考，所以周人才產生「憂患意識」。因此，徐復觀認為：周初是神權解放的重要階段，也是人文精神的基型的奠定。但是，我認為這種說法只能算說對一半。就政治實情而言，周人講「天命靡常」是為了替自己卸責，給殷商頑民一個理論的壓制，避免被冠上以下犯上的「弒君」罪名。而要打倒殷商的統治合理性，「天命」成為第一要打倒的對象，這是對傳統神權的打擊。但是，商人當年沒想過這些問題嗎？以三代在制度上的高度相關性而言，是不大可能沒有想過的。照常理判斷，商人也期待過以更完備的封建制度控制這個權力範圍，甚至擴展這個權力範圍，怎會不從人上去思考這個問題，而還停留在只寄望「天命」呢〔註21〕？周人的「憂患意識」也好，「人文精神」也好，可以說都是建立在為「叛」謀求「合理化」的基礎上發展出來的。這造就了中國的革命文化，使得中國歷史上朝代更迭不輟，而中國人一點也不以為意，也是近代中國之所以紛亂不已的主因。一九八〇年二月，他曾在〈政

〔註20〕 《尚書・多士》記周公告戒之語有「殷革夏命」等語。徐復觀說：「周公在殷遺民前強調『殷革夏命』，以證明周革殷命之為正當。」（《中國人性論史》頁16。）這根本是周人對殷頑民的理論壓制，以免他們心生不滿而造反。

〔註21〕 就現有文獻資料看，以周人在這方面的發言為多，但是無法確定他們所說的是否從殷商繼承而來。如果以殷、周的關係之密切推論，這樣的繼承可能性應是很高的。若是如此，徐復觀的「人文精神的基型的奠定」的時間，恐怕要提早到殷商比較合理。

治野心與自由選舉〉一文中，提到對政治理想的感慨：

> 政治的理想是由「爲人民」進而成爲「人民自爲」，這一點不應有爭
> 論。但政治權力集中的最高形式，對權力的欲望是與食、色同樣的
> 出於生而即有的本能地欲望，從歷史看，由權力欲望而來的政治野
> 心常成爲政治演變的重大因素。〔註22〕

殷、周時代恐怕都沒有「爲人民」的思想；漢代以後，「爲人民」後來常常只
淪爲政治野心者的口號，而不是眞正的政治理想。所以他說：「政治野心的表
現有二：一是既得的人要求『萬世一系』；另一是未得的人則要求取而代之。」
〔註23〕前者就是中國政治一直要「專制極權」的原因，也是大一統思想的源
流；後者則是中國的革命文化，這應該是從湯、武革命到毛澤東的革命都是
此一文化的展現。徐復觀想要把周初的建國陰謀從人文精神的進展的角度去
淡化，恐怕是很大的錯誤。這兩個才是中國傳統政治文化的根源問題，以下
將先討論中國的革命文化，再討論大一統思想的問題。

第二節　革命文化在近代中國的演示

文化根源是很廣泛的，中國傳統文化更是如此。因爲深而廣的根源，所
以有心人很容易從中擷取所需，爲善或爲惡總在一念之間。革命文化可以說
是這類文化根源中，影響中國政治最大中的一個。徐復觀把這種革命文化說
成是「人文精神」的躍動，是「憂患意識」的進展，只是就其正面的意義而
言，卻忽略它的負面意義對中國政治文化影響的嚴重性。

就周初的革命理論而言，早在「周、召共和」的時代就該改朝換代了，
爲何卻沒有發生呢？這不得不歸功於周公的封建制度。在武王成功消滅紂王
之初，並不是就此高枕無憂，因爲反對的力量還是有的，且看以下記載：

> 封商紂子祿父殷之餘民。武王爲殷初定未集，乃使其弟管叔鮮、蔡
> 叔度相祿父治殷。已而命召公釋箕子之囚。命畢公釋百姓之囚，表
> 商容之閭。命南宮括散鹿臺之財，發鉅橋之粟，以振貧弱萌隸。命
> 南宮括、史佚展九鼎保玉。命閎夭封比干之墓。命宗祝享祠于軍。
>
> 〔註24〕

〔註22〕《雜文續集》，頁94。
〔註23〕《雜文續集》，頁94。
〔註24〕《史記·周本紀》。

這些措施都是爲了安撫殷遺民的戰後工作。但是其他諸侯是否全都順服周呢？武王當然也想到了，但是不知要怎麼辦，於是就和周公商量起來：

> 武王至于周，自夜不寐。周公旦即王所，曰：「曷爲不寐？」王曰：
> 「告女：維天不饗殷，自發未生，於今六十年，麋鹿在牧，蜚鴻滿
> 野。天不享殷，乃今有成。維天建殷，其登名民三百六十夫，不顯
> 亦不賓滅，以至今。我未定天保，何暇寐！」〔註25〕

也許因爲這一次商量，所以日後的建國工作便都在周公身上了，從此，周公也已經是掌握內政實權的人，因爲武王身體這時也已經不行了：

> 武王病。天下未集，群公懼，穆卜，周公乃祓齋，自爲質，欲代武
> 王，武王有瘳。後而崩，太子誦代立，是爲成王。〔註26〕

「天下未集」是當時的實際狀況，也是武王一再憂心忡忡的事，所以一旦他去世，朝廷就怕諸侯叛周。不過，他們大概不知或不清楚周公與武王商量的事，所以才會「群公懼」。武王一死，周公反而就因此把君權收爲己用，成爲「攝政」，更方便進行所要做的「定天保」的工作。而要做的第一件事就是「東征」：

> 管、蔡、武庚等果率淮夷而反。周公乃奉成王命，興師東伐，作大誥。
> 遂誅管叔，殺武庚，放蔡叔。收殷餘民，以封康叔於衛，封微子於宋，
> 以奉殷祀。寧淮夷東土，二年而畢定。諸侯咸服宗周。〔註27〕

管叔是周公之兄，所以當然不高興周公代天子之位。因此而鼓動殷人反叛是可以理解的。東征以後，因爲「諸侯咸服宗周」，此時才是周王室眞正威服天下之時，而商民大概已經完全失去反抗的實力，才被分爲衛、宋兩國之中。接著，周公的重要工作就是重新分封諸侯。

　　封建的粗略規模在夏、商時期都有，但是分封之後，所需要的是建立一套更有效的控管制度，才能使得王室的威信長長久久。周初既有此「憂患意識」，周公爲此就做了一套官制：「成王在豐，天下已安，周之官政未次序，於是周公作周官，官別其宜，作立政，以便百姓，百姓說。」〔註28〕由此可知，「封建」與「作周官」是同時進行的工作。雖然兩者是同時進行的工作，

〔註25〕《史記・周本紀》。
〔註26〕《史記・周本紀》。
〔註27〕《史記・魯周公世家》。
〔註28〕《史記・魯周公世家》。今本《周禮》雖不是周公時作品，但是可見一大概。
　　　　從《左傳》中則可以有更可靠的了解。

但是可以想像的是：前者是在大勢底定之後就要做出的決定，免得諸侯生變；後者卻要一步一步修正，以達到最完備的程度，才能發揮最佳的控管效果。最後，周建立一套以「親親」爲最高指導技術的「封建官制」，一般稱爲以「宗法」爲骨幹的「封建制度」。「親親」是爲了「尊尊」，因爲要「親親」所以要確立「宗法」。「宗法」的主要重點是「繼承順位」的問題，最後則以「嫡長子繼承制」定調。而因爲「親親」的原則，所以大部分諸侯以「同姓」爲之，異姓只能居少數，特別是最高爵位，這樣才能取得絕對的統治優勢。這樣看來，其實它就是一套「異族統治術」。周以西人入主中原，其總人數不足以與東方民族的總數想比，是可想而知的事，這情況與夏、商比較應該也相去不遠；但是，既然已居於統治地位，若想要永遠居於統治地位，除了要有一套嚴格的控制方法，還要有佔據多數統治地位的優勢。所以「貴族」與「同姓」若是幾乎劃上等號的話，統治地位的優勢應該是比較穩當的，這與後代蒙古人、滿州人入主中原的想法與作法也是一樣。這就是「禮」的統治精神。

這種「禮治」制度，徐復觀也承認：「封建政治社會的成立，是經過長期氏族社會的積累，並經過周公根據自己的理想，作政治勢力的加強控制與擴張的努力，所逐漸形成的。」〔註29〕如果承認夏、商的封建是存在的，那麼周的封建與他們最大不同處，應該就在於「禮治」的強化上。但是，「禮」的約束性其實不是很強制的，它是很「迂迴」的一套設計，相對於「硬性的」「法」來說，它可以說是「軟性的」。所以，春秋時代以來的重「法」之人，其重「法」的一大目的，就是因爲著眼於「禮」的「軟性」已經無法提供有效的國家的發展需求，當時各國之間的執政者也爲此討論過〔註30〕。孔子也看到這種情

〔註29〕〈封建政治社會的崩潰及典型專制政治的成立〉，《兩漢思想史》卷一，頁63。
〔註30〕子產鑄刑：「三月，鄭人鑄刑書，叔向使詒子產書曰：『始吾有虞於子，今則已矣，昔先王議事以制，不爲刑辟，懼民之有爭心也，猶不可禁禦，是故閑之以義，糾之以政，行之以禮，守之以信，奉之以仁，制爲祿位，以勸其從，嚴斷刑罰，以威其淫，懼其未也，故誨之以忠，聳之以行，教之以務，使之以和，臨之以敬，蒞之以彊，斷之以剛，猶求聖哲之上，明察之官，忠信之長，慈惠之師，民於是乎可任使也，而不生禍亂，民知有辟，則不忌於上，並有爭心，以徵於書，而徼幸以成之，弗可爲矣，夏有亂政而作禹刑，商有亂政而作湯刑，周有亂政而作九刑，三辟之興，皆叔世也，今吾子相鄭國，作封洫，立謗政，制參辟，鑄刑書，將以靖民，不亦難乎，詩曰：「儀式刑文王之德，日靖四方。」又曰：「儀刑文王，萬邦作孚。」如是何辟之有，民知爭端矣，將棄禮而徵於書，錐刀之末，將盡爭之，亂獄滋豐，賄賂並行，終子之世，鄭其敗乎？肸聞之：「國將亡，必多制。」其此之謂乎？』復書曰：

形，所以才會說出：「道之以政，齊之以刑，民免而無恥；道之以德，齊之以禮，有恥且格。」〔註 31〕這樣的話。這段話很可能就是有感於這種「禮法過渡期」而發。但是，這句話最大的問題就是沒有考慮到時間性，也就是效率的問題。道德的問題當然是要時間才能潛移默化，但是當初的環境卻不允許長時間的等待，所以「政」與「刑」就漸漸取代「德」與「禮」的需求。簡單的說，在你搶我奪的時代，風俗已經無法醇厚，特別是，在位的人既然「無德」、「無禮」於上，當然是不能「道」、「齊」民於下了〔註 32〕。「政」與「刑」可以說就是「法」的基礎，從它所依的部首「攴」與「刀」也可以看出其作用。但是，從最初看來，禮的「軟性」也正是它的優勢所在。東周列國紛亂數百年，也沒有像周文王、武王、周公一般把商朝消滅，正是受此「軟性」文化薰陶的關係〔註 33〕。

　　但是周有此禮樂制度，也絕非憑空而來，商或夏所遺留的相關制度，也是助成要件；因此，商、夏不會是完全沒有這樣的「憂患意識」，而是沒有建立這樣有效的「禮樂制度」罷了，「後出轉精」大約是對周的成功最合理的解釋。當然，現存資料並不足以證明夏、商二代存在過的制度全貌，但是三代的制度是互相因革的，他們應該也都有相近的「思考」才對，只是至於周而達於最完備，這在孔子的時候就看出來了。徐復觀也這麼認為：「周的文化，最初只是殷帝國文化中的一支，滅殷以後，在文化制度上的成就，乃是繼承殷文化之流而向前發展的結果。殷、周文化不應當看作是兩支平行的不同系統的文化。」〔註 34〕

　　　『若吾子之言，僑不才，不能及子孫，吾以救世也，既不承命，敢忘大惠。』」（《左傳‧昭公》六年）由叔向與子產的相反論點看，可以清楚那個新舊觀念交接的痕跡。

〔註 31〕《論語‧為政》。

〔註 32〕所以當孔子回答子路為政要以「正名」為先時，子路都說出「子之迂也」的話來；到了戰國，就更不堪，所以《史記‧孟荀列傳》記孟子的遭遇說：「適梁，梁惠王不果所言，則見以為迂遠而闊於事情。」、「天下方務於合從連衡，以攻伐為賢，而孟軻乃述唐、虞、三代之德，是以所如者不合。」孔子與孟子被笑「迂」，正是因為他們所採的都是「迂」的道德路線，此在亂世的急功近利狀態下，當然是很難被認同。

〔註 33〕此無法詳論，但是從後代法家人物改革時所受的阻礙與改革後的遭遇，可以看出兩者很大不同點。而荀子的「禮法」一體的觀念，則更是這套「軟性文化」的升級版，可以說是漢朝以後朝代的最佳典型。秦朝的重法不重禮，則進一步證明周公這一套制度的高明之處。

〔註 34〕《中國人性論史》，頁 17。

接著他舉《論語·爲政》「殷因於夏禮，所損益可知也；周因於殷禮，所損益可知也。」和《論語·八佾》：「周監於二代，郁郁乎文哉！」爲證說：「這分明是說周文化係由殷文化的繼承發展而來。」〔註35〕徐復觀之所以要推翻殷、周兩文化是「平行」之說，是因爲他認爲這樣是貶低周的文化水平，否定儒家思想尊周公的價值，所以他反對「甚至許多人把周對殷的革命，看作是歷史上野蠻民族，征服了有高度文化的民族之一例。」的看法〔註36〕。徐復觀反駁說：「由卜辭所描出的『殷人尚鬼』的生活正是這種生活。」〔註37〕這完全否定商人可能具有的「人文思考」深度所帶給周人的幫助，其實是不合常理的推論。他說「此種憂患意識的誘發原因，從《易傳》看，當係來自周文王與殷紂間的微妙而困難的處境。但此種精神地自覺，卻正是周公、召公們所繼承擴大。」〔註38〕這是徐復觀的「尊古」看法。因尊「周公」、「孔子」而把他們的成就想得太高。在有限的資料下，作這樣的推想是多餘的。周公東征，建立威望，且正式把反對勢力踩在地上，這算是完成了實施「利誘」的準備工作；接下來的新的「分封」動作，則正式把中原地區引入新的領導秩序；而制禮作樂則更是軟性的控制手段，使得「封建制度」不再是一套硬的上下關係制度。這種制度是建立在「王權如何永固」的自覺上，而按常理說，殷商是不應該沒有這種自覺的。所以周著眼於從「神權」奪取主控權，以免有人又借「天命」來鬧革命；又從「天命靡常」來強調自己革命的合理性，卻以封建與禮樂等制度來防止別人的人權伸張。這樣的政治目的，徐復觀沒有否認，卻還是只願意在所謂「人文精神」上強調周初這思想的價值，其矛盾是很難避免的。

但是，這樣的「人文精神」再如何奠基，也無法改變中國人藉「天」以言「眞命天子」的傳統。這證明「天命」觀念在爭天下的時候是很有用的「技巧」，但是，相對的，「人文」中的「人定勝天」觀念，也在「革命」的時候，

〔註35〕 其實，《論語》中這兩則的重點，是從西周建立以後來看它的制度；但是，西周建立之前，是否與殷「平行」的問題，得從西周從太王以來的發展來看才對。當初地處西岐，雖然接受殷的封建名義的羈絆，卻很難說有很大的文化關係。因此，筆者認爲，在文王以前，周自有一套不同於殷的文化系統，至少是可以獲得「三分之二」諸侯認同的文化觀念，才可能具備取代殷的條件；而武王克殷與周公東征之後，殷與周的文化才因政治制度的損益關係，而有新的融合契機。

〔註36〕 《中國人性論史》，頁 16。

〔註37〕 《中國人性論史》，頁 20。

〔註38〕 《中國人性論史》，頁 21。

成為很重要的「技巧」。不過，所不同的是，前者在統治時更有必要宣傳，以便能把帝國傳到「千秋萬世」；而後者，則是要打破別人的「千秋萬世」的「妄想」時，需要宣傳，以便建立自己的帝業。這兩套觀念是相生相剋的，從商、周以來，就是中國政權「分久必合，合久必分」的主要原因，直到孫中山與毛澤東搞革命時都還是玩這種兩面手法〔註39〕。因此把周的「人文」提升，看成只是為了從神權的解放，顯然是太小看這些政權建立者的智商。周人一方面想要建立自己奪權的合理性，另一方面也想要使別人無法得到「革命」的合理性。封建制度中的「禮（樂）」就是這樣設計出來的。裡面的階級之分的嚴密，超越前代甚多。分封只是「利誘」，而這一套「階級」設計則是威脅。以「分封」來籠絡異姓與同姓諸侯，但分封之後所受到的「禮」的有形規範，卻使得這些受封者動靜盡受天子控制，才是最大的陷阱〔註40〕。

　　就近代而言，孫中山試圖以革命黨來推翻清朝，本身就是在重蹈中國歷史的覆轍。所以，當一九四七年公告的中華民國的憲法，第一條雖然就寫：「中華民國基於三民主義，為民有、民治、民享之民主共和國。」但是，以「革命」推翻別人政權的人，如何要人家放棄「革命」？又如何讓人相信你會實施「民主」？一九四八年三月二十九日，蔣介石與李宗仁分別被選上總統後，就沒有心要以「民主」的方法與共產黨取得共識；而共產黨的奪權行動也早已經路人皆知，兩造不再有信任關係，所以日後任何和平談判都是惘然，中國人只有自相殘殺到一方倒下為止〔註41〕。徐復觀在一九七九年就直說：「中

〔註39〕孫中山的同盟會誓辭說：「驅除韃虜」建立民國以後，就喊「五族共和」；毛派宣傳者，反蔣時就說「分裂是中國的常態」把蔣趕到臺灣，得到權位後，就說「要維護中國領土的完整」。這就是中國歷史上奪權者的兩面手法，絕無誠信可言。

〔註40〕這樣的設計有點類似後來的「科舉」，也就是唐太宗所沾沾自喜的「天下英雄入吾彀中矣！」的心態，五代・王定保：《唐摭言》，卷一，載有李世民看到新科進士，就得意地說：「私幸端門，見新進士綴行而出，喜曰：『天下英雄入吾彀中矣！』」。

〔註41〕歷史上，中國人總是等到打死的人超過一定數量，才會停止戰爭，這是生物定律，不是人類文明。國民黨政府在第一屆國民大會第一次會議經由修憲程序，在一九四八年四月十八日議決通過《動員戡亂時期臨時條款》，同年五月十日由國民政府公布施行，並且優於憲法而適用，此後歷經四次修訂。《臨時條款》的內容要點為：規定總統在動員戡亂時期，得為緊急處分、設置動員戡亂機構、調整中央政府的行政機構及人事機構、訂頒辦法充實中央民意機構等，此外，並規定總統、副總統連選連任不受憲法連任一次的限制。這就是引起中國與臺灣長期對立的主因之一。當初，可以說是蔣介石憑著美國強

國二千多年的專制政體，形成國族一切災禍的總根源。要從災禍中挽救國命於不墜，必以實現民主為前提條件，這在今日，更洞若觀火。然在國民政府下，固已諱言民主，在人民政府下，更以言民主為大諱。」〔註42〕就是這樣的歷史背景，使得他為民主而獻出後半生。

國民黨因為要掌握辛亥革命以後的主導權，所以最後才出現蔣介石這樣的軍閥。他為了剷除異己，鞏固權利，才引進「德、意的法西斯」模式〔註43〕。但是，他只能鞏固權利，卻無法掌握民心，甚至連周初的「分封」都做不來，所以最後被以下層民心為導向的「無產階級專政」的口號所打敗了。當然，中國的亂不是蔣介石掌權以後才這樣的，所以這些道理徐復觀也很明白，他在一九八〇年就總結說到：

> 當新舊交替時期，所有統治者必然是反民主的，在有兩千零二十年
> 專制歷史的中國，此種現象更為嚴重。國民黨不幸於二十年代三十
> 年年代之交，接上了德、意的法西斯；共產黨則更以無產階級專政
> 來作為反民主的武器，這便把中國逼得無路可走。〔註44〕

這是間接承認，中國的革命文化就是在反掇專制，所以每一次革命都產生更加專制的政治文化來，民主政治何由而起？前文我們在探討時代背景時已說過，中國近代史再度進入外力入侵的混亂史〔註45〕，所以對外關係與對外文化認同的問題，自然就成為很重要的問題。當時的外力是指西方的帝國主義

力外援，所以執意要「消滅共匪」，「統一中國」，而不作和平談判；如今，則是中國憑著國力強，執意要「統一台灣」，不作和平談判。兩者都是強人所難，毫無民主自由可言。雖然第一屆國民大會第二次臨時會經由修憲程序，在一九九一年四月二十二日議決廢止《動員戡亂時期臨時條款》，並在同年五月一日由總統公布。同年四月三十由李登輝總統宣告，自次日，亦即5月1日起，終止動員戡亂時期。但是，時移事邊，如今是中國憑其強大國力，執意要「統一臺灣」，不作和平談判。

〔註42〕〈遠奠熊師十力〉，《雜文・憶往事》，頁229。初刊於一九七九年三月廿七日《華僑日報》。

〔註43〕此即國民黨的特務系統如藍衣社、中統、軍統等組織。與納粹的蓋世太保可以說是一個模子印出來的東西。

〔註44〕〈八十年代的中國〉，《雜文續集》，頁89。

〔註45〕這裡用「再度」一詞，是因為在中國歷史上改朝換代的發生，其實是以「外族入侵」為主，例如商被周滅，秦被漢滅，西晉被匈奴滅，五胡十六國的互相吞滅，隋以雜胡滅南陳，唐滅而入五代十國，各族吞滅之戰又起，北宋亡於女真，南宋亡於蒙古，明代亡於滿州人。滿清又因英、法、俄諸國的侵逼而弄得焦頭爛額，終被客屬漢人孫中山所推翻。

勢力而言，十九世紀中葉以後，英、法、俄、德、日相繼入侵，二十世紀的第一次世界大戰以後，英、法、德勢力漸退，美國勢力則漸強，俄、日則勢力維持穩定。這一波外力的入侵，初期就有引起中國的一些改革，就是泛稱的洋務運動，最早以自強運動爲主。但是效果並無法立竿見影，後來更有維新運動、立憲運動，可惜也都是半途而廢，所以就給了主張革命的人士有了很好的藉口，也吸收不少主張改革的有志青年。孫中山就在這樣的背景下發展他的革命事業。這與周趁商亂而革其命，幾乎是同出一轍的道理。徐復觀身爲民國人物，對孫中山一直很敬仰，他直到一九八一年都還說：

> 我說造成中國今天這種樣子，知識份子的責任最大，這跟中國知識
> 份子長期在專制政治環境裡形成的歷史性格有關。知識份子好發議
> 論而缺乏道德勇氣，何以對得起辛亥革命的先輩？何以對得起孫中
> 山先生？我至今信仰中山先生，因爲他對國家有眞正的責任感，是
> 一個「言顧行，行顧言」的偉大知識份子。〔註46〕

「五四」的反傳統儒家，當然也有一些「革命」的非理性在，所以才引起徐復觀這樣的反感。但是，這種「革命情結」是延續政治的活動而來，徐復觀在不否定「辛亥革命」的前提下〔註47〕，是不會把二者想在一起的，他在一九五四年曾經這樣說過：

> 近代一談到革命，無形中都含有若干社會革命的意味與成份，社會
> 革命是要推翻原有的社會秩序而加以重建。由於此一含義，便可以
> 慢慢的使人認爲革命即是對於既成社會的不信任，而要自力來再創
> 造一個社會，於是無形中把自己與社會對立起來，不相信社會而只
> 相信自己，一切要由自己去創造；自己的領導工作即是「萬能工廠」
> 的工作〔註48〕

這就是中國傳統的「帝王性格」。革命一旦成功就是「王」，所說的當然都是對的，下面的人只有當應聲蟲的份，整個社會也都將隨帝王的好壞而變好或變壞，這就是「有治人，無治法」的時代，當然是獨裁的。但是徐復觀對於這一傳統的革命含義不願認同，他說：

> 我應該指出，革命觀念本身的是非，此處可置之不論。我只指出，

〔註46〕〈你們應該反省──訪徐復觀先生談辛亥革命〉，《最後雜文》，頁377。
〔註47〕徐復觀有關辛亥革命的言論很多，詳見〈表十二〉。內容幾乎都是持肯定之論。
〔註48〕〈論政治領導的藝術〉，《雜文──記所思》，頁208。

> 凡是一個成功的革命，依然是以社會之力去推翻或改造一個社會，
> 而決非什麼個人的天才創作，打倒軍閥的國民黨是向廣大的社會開
> 門，從社會各個角落有志之士所集合起來的國民黨，它是社會精英
> 的集結，而不是什麼人的臨時創造。〔註49〕

所謂「革命觀念本身的是非此處可置之不論」正是避開問題的說法，試問：「以
社會之力去推翻或改造一個社會」就算是「一個成功的革命」，這革命難道不
需要有人起頭嗎？不需要有人領導嗎？這起頭或領導的人，在中國歷史上往
往就是被看成「個人的天才創作」而大書特書〔註50〕，這就是中國的英雄豪
傑的革命熱情所在。他在一九八〇年時終於承認：「由政治野心以致家破人亡
的，古今不可勝數；但和賭博賭馬一樣，希冀僥倖於萬一的人，無時無地無
之。」〔註51〕所以，到近代中國都還有這樣的革命情懷，一點也不足爲奇。
余英時就曾經提到「革命」對近代知識份子的吸引力，他說：

> 中國知識份子也都是要「革命」的，因此聽到有人恭維他能「創新」，
> 便欣然色喜，「保守」的帽子是誰也不肯沾的。而打擊敵人的最厲害
> 的武器，也莫過於贈以「保守」或「反革命」的惡諡，這是二十世
> 紀中國知識分子之間一個相當普遍的心理現象，我們無以名之，只
> 好稱之爲「革命情結」。〔註52〕

「保守」只是在共產黨還沒主政之前的帽子，後來共產黨則以「反革命」或
「反動」的帽子加在那些不願隨共產黨起舞的人身上。其實，近代中國的這
種「革命情結」與中國傳統文化是有很深關係的，也就是中國歷史上的「革
命文化」。中國人的這種自私，表現在不斷地改朝換代上。這塊土地上一直是
多民族生活的，但是一直沒有發展出和平共存的生活原則。所以軍事衝突不
斷，結果就是發展出一次又一次的「宣告主權」戲碼，也就是「改朝換代」。
但是從夏朝以來就是「有主流，無唯一」的政權模式，因爲「朝廷」的胃口
太大了，要的是無限的「天下」，不是有限的「國家」。

　　雖然辛亥革命並非刻意計劃的成功，但是長期的革命行動與宣傳活動仍
是具有不能忽略的作用。但是辛亥革命以後，一樣並未使中國的富強取得立

〔註49〕〈論政治領導的藝術〉，《雜文——記所思》，頁 208～209。
〔註50〕歷代開國國君往往被神化得最嚴重，就是明證。
〔註51〕〈政治野心與自由選舉〉，《雜文續集》，頁 94。
〔註52〕余英時：〈「創新」與「保守」〉，《中國文化與現代變遷》，頁 106。

竿見影的成果，只是建立一個空有民主之名的中華民國而已，從另一個角度看，這甚至只是使中國大陸陷入更加混亂的局面而已〔註53〕。既然民國人物以「叛亂」的「革命行動」為合理，接下來的蔣介石就更順理成章的以「國民革命軍」進行統一大業；最後，果然在張作霖被炸死之後完成名義上的統一，「革命」成功；共產黨後來實為「叛亂」的「革命行動」，當然也可以被「革命」所合理化，問題只在如何「完成大業」就好，這是因為中國的改朝換代全是在一條「成王敗寇」的原則下進行，所以韓非才那麼怕「以武犯禁」的「俠」了〔註54〕。因此，要說近代中國的災難因為共產黨而多苦多痛，是太看重共產黨了；國民黨才是始作俑者，也就是說，孫中山最先領導的革命事業才是最大禍源，也是成就共產黨「革命」事業的重要推手〔註55〕。

　　鴉片戰爭以來，西方侵略的帝國、中國扯後腿的內亂者，當然全都有分，「內憂外患」並不足以形容這時的百姓的痛苦。但是外國侵略是無法避免的，內部的分裂與扯後腿卻是可以避免的，所以，中國歷史上的「革命文化」才是最大的禍首，它只肯犧牲百姓來完成自己，所謂「一將功成萬骨枯」就是最佳寫照。所以，徐復觀對於近代中國的災難，並不曾批評過傳統的「革命文化」，但是卻要批評毛澤東的建立中華人民共和國〔註56〕，這不是很矛盾的雙重標準嗎？

　　「人文」的標誌最基本的就是「人的決定率」的提高。其中「革命」就是最有力的名詞，因為它代表的是向「命」的最大挑戰。「革命」既然成為合

〔註53〕最初孫中山因為受到國民黨與共產黨共同的推崇，所以兩黨對於辛亥革命對中國的影響，幾乎是一面倒地往正面發聲，徐復觀也不例外。這是因為中國自古就有「革命」的傳統，但是也相應的有粉飾「革命」行動的傳統，在成王敗寇的政治傳統上，這粉飾的動作在當代也沒人敢非議。但是一個以民主為號召的團體，為何要採取暴力的「革命」手段建立新政權呢？這些人並非不知道外國的相關歷史，因此，不願意採取和平方式是有很多不合理性成份的。因此，共產黨的推崇孫中山，自然是著眼於為他們的暴力革命找護身符，而國民黨也只有採取相對的暴力措施，才有可能阻止共產黨的奪權。這樣，就註定辛亥革命必需負起二十世紀中國混亂加劇的主要責任。

〔註54〕《韓非子・五蠹》。

〔註55〕這一點是深受共產黨認同的，這也是為何它們尊崇孫中山的主因之一。

〔註56〕當他移居香港之後，對於中共就不再是一味反對的批評，反而是走向戰後對國民黨的批評一般，可以說是「恨鐵不成鋼」的責備罷了，其實是承認共產黨的合法性，這是他與國民黨割袍斷義的表示。所以，此後，蔣介石與蔣經國不願他再回台灣居住，甚至到初次發現胃癌，蔣經國都還考慮要不要讓他在台灣長期治療，這些都是可以理解的行動。

理，所有「人」的所有行爲變成沒有不能被合理化的，這就是「人文精神」的最高表現。中國政治文化走到這一步，就注定它是一個高度自私的團體所創造出來的文明。以後自然就出現「溥天之下，莫非王土，率土之濱，莫非王臣。」〔註57〕的誇張「宣告主權」口號來〔註58〕。余英時曾評論說：

> 中國傳統的改朝換代有一共同之點，即在『打天下』的階段，必須以邊緣爲主體，但在進入『治天下』的階段，則必須逐漸把政治主體轉換到『士大夫』的身上。現代革命則是在中國社會結構逐步解體的情況下發生，因此，革命奪權以後，政權的繼續維持已不再有一個『士大夫』階層可依靠了，社會解體產生了大批的邊緣人，怎樣把這一大批邊緣人組織起來，佔據政治權力的中心，是中國近代革命的主要課題。〔註59〕

又說：「一九四九年才正式標誌著現代中國知識分子走到了邊緣化的盡頭。」〔註60〕又說：

> 一九四九年中共政權建立以來，知識分子在政治上的邊緣化大致可分爲兩個階段：第一個階段是誤上賊船的黨外知識分子一批批地被整肅，直到他們完全被逼到整個極權系統的最外圈爲止，一九五七年的『反右』便是這一階段發展的高潮；第二階段則是在黨外知識份子已喪盡了影響力之後，清算的矛盾轉而指向黨內的知識份子，這是十年『文革』所表現的一種歷史意義，中國知識分子的政治邊緣化，至此才全部完成。〔註61〕

所以，近代中國的革命一直到「文革」結束才算結束。從一八九四年「興中會」在檀香山成立算起，到一九七六年毛澤東去世爲止，至少有八十幾年的時間。因此，並非因爲「革命奪權以後，政權的繼續維持已不再有一個『士大夫』階層可依靠了」，而是因爲革命尚未完成，所以知識份子還無從用起；

〔註57〕《詩經‧小雅‧北山》。

〔註58〕到現在，中國對臺灣還是持一樣的態度，完全無視於理性與現實；若依他們的邏輯，現在的朝鮮半島與越南北部、以及以前蒙古大帝國所管轄的區域都應該是算他們中國的領土，這豈是合情合理的說法？他又豈敢對其他國家說出這樣的話？不過是欺負台灣罷了！

〔註59〕余英時：〈中國知識分子的邊緣化〉，《中國文化與現代變遷》，臺灣：三民，一九九五年八月，再版。頁40。

〔註60〕余英時：〈中國知識分子的邊緣化〉，《中國文化與現代變遷》，頁41。

〔註61〕余英時：〈中國知識分子的邊緣化〉，《中國文化與現代變遷》，頁44～45。

直到一九七六年以後，「知識份子」的「治天下」功用又開始起動了。但是在「專制」不變的情況下，中國的現代「知識份子」是否會重蹈覆轍，則很值得觀察。

　　就徐復觀的觀念說，近代以來，許多人把中國的「專制」傳統歸罪於「儒家」是不正確的，他說：

> 儒家思想爲中國傳統思想之主流，但五四運動以來，時賢動輒斥之爲專制政治的維護擁戴者。若此一顛倒之見不加平反，則一接觸到中國思想史的材料時，便立刻發生厭惡之情，而於不知不覺中作主觀性的惡意解釋。〔註62〕

但是，誠如余英時所說：「傳統的儒學誠然不能和傳統制度劃等號，但前者確托身於後者。」〔註63〕又說：

> 中國文化包羅甚廣，自然不限於儒學。我們說儒學瀰漫在中國人日常生活中的每一角落，並不意味中國文化整個是儒學的實現，事實上，在每一個角落中，我們也都可以找到非儒學的成分。不過，整體地看，確沒有任何其他一家的教義散佈得像儒學那樣全面。〔註64〕

就因爲儒學散佈的廣，又托身於傳統制度—專制帝王，所以近代的反對運動把儒學當頭號戰犯並非無的放矢。徐復觀想要解決這個難題，就得從「專制」的源頭探索起。

第三節　大一統思想的根源與專制

　　在中國歷史上的春秋時代，因爲長期受戰亂之苦，而有宋國大夫向戌出來提倡和平，大家引此相安了幾十年〔註65〕。這是很有意義的事。當初大家可以在公平的地位上，談論停止戰爭的問題。雖然實際上仍有霸主與附庸國的關係在，不過，這在廿一世紀的現代也仍存在，不是嗎？因此，當初可以承認彼此的國家地位，算是一大進步。但是，因爲政治傳統與英雄心作祟的

〔註62〕〈研究中國思想史的方法與態度問題〉，《中國思想史論集》，頁7。
〔註63〕〈現代儒學的困境〉，《中國文化與現代變遷》，頁97。
〔註64〕《中國文化與現代變遷》，頁96。
〔註65〕此事記在《左傳·襄公廿七年》。雖然就史書上的記載，這事是出於向戌的虛榮心而起，但是大家的厭戰也是主要原因之一，尤其是百姓與小國的期待最明顯。所以大國對此事的不敢違抗，雖有虛與委蛇的心態在，但站在與民休養的立場看，還是有其正面意義的。

原因，這塊土地終究是無法得到眞正的和平。從辛亥革命以來的爭權奪利中，因爲統一的傳統觀念，所以，也註定中國必須陷入長期紛亂的命運。

一、中國的政治問題主要出於大一統的勉強

這是世界上最大的大陸的東陲，養著世界上聚集密度最高的人口，想要在政治上實踐統一是多麼不容易的事，更不用說要長期統一而和平相處，所以，中國歷史才一直陷入「分久必合，合久必分」的輪迴之中。後來，外族也受中國政治傳統文化的影響，也就有了「一統天下」的觀念，才出現本是是遊牧民族的蒙古大帝國的縱橫歐、亞，開近代中、西爭鬥史的新序幕。這不能不說都源自於中國傳統政治文化的遺毒所害。這些中國政治文化與近代世界民主潮流之間的問題，也成爲近代中國知識份子關心的要題。

徐復觀在〈八十年代的中國〉中曾記：「大陸是中國的主體，臺灣是中國永遠不能分割的一部分。」〔註66〕這是徐復觀那一代戰後新移民的國家情感，站在他們的立場想，我們無可置喙；但是，就實際面而言，中國歷史上從來沒有所謂「永遠不能分割」的問題：中國版圖又豈有固定之時？三代以降，盛衰興亡，更迭不斷，才出現「分久必合，合久必分」這樣一句無奈的話來。其實，這種無奈的來源，最大的原因在於「巴蛇吞象」式的貪心在作祟。「溥天之下，莫非王土」一話〔註67〕，把歷代中國野心家的野心都合理化了，其禍害與革命文化的被合理化一樣。卻苦了在歐、亞大陸上一起生活的其他民族〔註68〕。這種貪心只有民主可以根治。可惜，中國的歷史趨勢，是政權集中化的趨勢〔註69〕，跟民主發展剛好是背道而馳。所以，秦的勝利得利於秦孝公以來的軍國集權制度，可是統一天下之後的失敗，還是主要因爲集權制度與統一天下的勉強。這情況同樣可以用來檢視二十世紀的中國。辛亥革命

〔註66〕《雜文續集》，頁85。

〔註67〕《詩·小雅·北山》：「溥天之下，莫非王土，率土之濱，莫非王臣。」

〔註68〕如今中國境內的民族，有多少希望獨立建國呢？至少有西藏與新疆兩地，就是所謂的「藏獨」與「疆獨」，中國卻還想著要把臺灣這個獨立國家併吞下去，完全不顧國際觀感與可能引起的國內外問題，這就是「巴舌吞象」式的貪心心態，也是「大一統」的錯誤心態。

〔註69〕余英時說：「美國也有此趨勢，聯邦政府的權力越來越大，雷根曾想把某些權力交給地方，但地方不敢要，因爲涉及責任和經費問題。中央政府權力增大是值得擔心的問題，美國一些講民主的人也擔心。」李怡 編：《知識分子與中國》，台北：遠流出版社，一九八九年八月初版。頁122～123。

本身就是很勉強的事，所以加速中國的四分五裂；到蔣介石的北伐時代，又強迫大家合在一起，卻只是名義上的苟合，所以才又打出了「中原大戰」，暫時使蔣介石得到統一的虛名；可是還是癬疥之疾的共產黨卻未服從，所以蔣介石進一步要用武力把它臣服，最後卻反而被打敗，於一九四九年逃到台灣，抑鬱以終。雖然一九四九年十月一日以來，台灣與中國就成為兩個國家，但是到二〇〇五年三月十四日，中國還在立法，試圖以「反分裂國家」之名為掩飾，以便將來對台灣發動侵略戰爭時於「法」有據，這還是在「大一統」的毒素下的「巴蛇吞象」式的貪心思想在作祟〔註70〕。

　　為什麼中國政治會這樣發展呢？有兩個主要原因：一是版圖的無限制擴大，因為版圖的無限擴大，所以只能靠愈來愈嚴密的集權來使統治者安心，這就是大一統的實際行動〔註71〕。但是，這本非長久之計，因為就個人而言，集權者要想完全掌握動態，需要個人的精力與才力的雙重配合，否則，遲早一定會有大權旁落的一天；再不然，當死亡降臨的那一天起，又怎能確定繼位者也一樣有能力維持下去？這時，也就是統治權產生變化或結束的一天。所以，集權是無法保障統治權的長久的〔註72〕。再就國家而言，這樣的集權國家既然以控管領土為理所當然，就會不斷擴大領地的控管圈，造成與其他國家的衝突與仇恨，產生互相侵犯的惡性循環。這就是中國歷史上外族入侵頻繁的主因之一。這與向戌的時代的彼此尊重的態度是完全不一樣的。

〔註70〕中國第十屆人民代表大會第三次會議，於二〇〇五年三月十四日在無人反對下，通過「反分裂國家法」。這本是一般國家的基本國策，但是民主國家是以民主程序為主，也就是全民公投的方式決定區域是否要脫離母國，而非以武力的方式。中國則認定台灣為其屬地，所以一再強調不放棄以武力犯臺的主張；如今則把武力犯臺的正當性大膽地立在法案之中，以收內外合理化之效。這樣的不合情理的行動，不是單方面的原因，而是因為台灣的蔣介石政權在一九四九年以後就一直這樣主張，總是喊出「反攻大陸」、「解救同胞」的口號，如今中國只是如法炮製而已。扣號雖然有異，卻完全都是「大一統」思想在作祟。

〔註71〕事實上，秦國的商鞅變法是將兩者結合成互為因果。秦國因為對內變法集權而達到對外擴張領土的目的，而在領土大量擴張以後，也一樣靠集權來加強對領土的控管，以便達成千秋晚世的目標。但是領土愈大，所需的集權就愈嚴格，這是與周朝的封建比較之後，所採取的不同作法。雖然其目的是一樣的，但是所採作法可以說是截然不同，也為中國政治文化引導向另一種發展高峰。漢朝以後，比較穩定的方式都是在此兩者之間取出最大平衡點來實施。

〔註72〕漢代初建，曾經修正秦的完全集權方式。但是，擴張領土的愚蠢思想，卻使得後來的執政者不得不採極權中的極權來求得一時的心安。這樣，就陷中國政治於無限輪迴之中。

　　第二個原因是地方意識的逐漸覺醒。這也是中國歷史的必然發展。中國大陸是歐、亞大陸的東陲，而歐、亞大陸是地球上最大的陸塊，上面住著最多的民族，就算是在西元前交通還不是很發達與人們不喜遷徙的情況下，中國的境內卻早有許多不同的民族與文化共存著。遠從夏、商、周的開國就可以看出彼此的差異，近從戰國時代的大大小小國家所發展出的新的地方文化，也可以看出不少差異。所以，到二十世紀時，孫中山都還說中國人最崇拜的是宗族主義〔註73〕，這是其來有自的。地方意識是造成近代軍閥割據的主因，所以孫文才會一再痛陳中國人只有「家族」與「宗族」觀念。爲何有地方意識？因爲中國統一之後，版圖太大，不論是探封建也好，或是郡縣也罷，都不能將地方風俗馬上改變，所以地方意識很容易恢復。而在歷史仇恨的推波助瀾下，它就成爲「革命」的最大導火線。地方意識不只在地方恢復，也在中央滋長，怎麼說呢？因爲自漢以來，就有用「故鄉人」的習慣〔註74〕，所以近代軍閥割地自雄，當然仍是以自家人爲主，到了統一天下後，封官加爵的豈不先找自家人？而又因爲世襲與蔭佑的關係，自然就成爲一群同鄉的特權集團，這情況到蔣介石對日作戰成功之後都沒有大改變。這種地方意識使得統治者不得不想盡辦法打破，才能達到中央所要求的向心力〔註75〕。

　　所以，每一個朝代在這兩種原因之下，自然而然會漸漸加強中央極權的力道，也就造就中國政治歷史的極權發展。簡單的說，第二個原因的產生，與第一個原因是息息相關的，所以，歸納起來，擴張領土的大一統主張，是中國政治趨向更加極權化的終極原因。徐復觀只看到重統大一統的現象，並

〔註73〕孫文說過：「中國人最崇拜的是家族主義和宗族主義，所以中國只有家族主義和宗族主義，沒有國族主義。外國旁觀的人說，中國人是一盤散沙，這個原因是在甚麼地方呢？就是一般人民祇有家族主義和宗族主義，沒有國族主義。」《三民主義》，台北：中央文物供應社，一九八五年。頁2。

〔註74〕劉邦以沛起事，所帶領的就是沛一區的人物，如蕭何、曹參，後來先後都當過宰相。

〔註75〕而在野的一群，豈會比在朝的人少？所以地方意識的聚集與對抗，成爲中國政治的惡性循環，也是勉強大一統的必然循環。因此，最初，執政者當然是以安撫爲主，最終還是要將所有權利收歸國有，所以，遠從商鞅的裁抑公族，到後來劉邦的殺功臣，近至蔣介石北伐完成後的中原大戰，中央與地方就是一直在這樣的緊張狀態之下。其實這還是古代部族意識的延續而已。如果中央向民主走又會如何呢？就不會想要擴張版圖，就會讓地方自決，中國就會是好幾個國家分立的狀況，有如蘇聯解體以後的現狀一樣。但是，地方若勢力夠大，就會有「革命」的意識產生，於是「逐鹿中原」的戲碼又會上演。

沒有看到大一統的原因，所以徐復觀在晚年都還如此說：

> 中國文化，尤其是作為中國文化主流的儒家，是非常重視國家統一
> 的。孔子修《春秋》，尊周攘夷，即為出於『大（尊重）一統』的要
> 求，這是由漢以來共同承認的『大義』，即是中國統一的精神紐帶。
> 〔註76〕

不過，這樣的看法早就有人不表贊同，余英時曾在一九八二年十月在接受訪談談時曾提到：

> 我長期以來有個看法，許多人包括徐復觀先生都不大贊成，我覺得
> 被認為是天經地義的中國政治大一統，無形中也掩沒了很多東西。
> 很早的統一、書同文、車同軌，人們歌頌的秦始皇的功業，把很多
> 地方文化、地方特性都埋沒了。〔註77〕

這是站在文化的多元價值而言。但是，統一是不是也塑造出另一種文化來呢？那是當然的，但是比起被消滅的文化的數量來，顯然是不成比例的。就算站在政治的立場，統一也是不民主的成分份居多的，余英時舉例說：

> 比如香港、大陸如何統一的問題，就不宜用全中國人民投票的辦法解
> 決，十億對五百萬還要投票嗎？香港應屬於中國人的，必須擺脫殖民
> 地的身份──從形式到實質都要擺脫得乾乾淨淨，這是不成問題的。但
> 是香港和中國已分開了一百多年，究竟應該採什麼方式和中國掛上
> 鉤，則不容易決定，但原則上總該由香港居民自己決定。如果香港有
> 三百萬人贊成回歸大陸，那才可以說是以民主的方法解決問題。〔註78〕

余英時是站在民主的立場說這樣的話，可惜香港的回歸方式並不是像余英時所期待的那樣。可以說，共產黨本來就不是民主的政黨，它怎麼會以民主的方式去談統一的問題呢？以前中國人取得政權就是講革命，所以毛澤東也講求「槍桿子出政權」，因此，中國人不以民主的方式解決香港的回歸問題是很符合中國傳統文化的方式〔註79〕。所以，余英時主張對於「統一」不能認為

〔註76〕〈我對葉劍英所提九點和平統一號召的若干想法〉，《最後雜文》，頁287。
〔註77〕李怡編：《知識分子與中國》，台北：遠流出版社，一九八九年八月初版。頁120。
〔註78〕《知識分子與中國》，頁122。
〔註79〕對香港是這樣，對台灣的情況也是一樣。共產黨到現在（二〇〇八年）都還說「不放棄武力攻台」以求「統一」，哪有半點民主氣息？台灣是一個國家，它都如此霸道，香港只是個殖民地，它當然更不放在眼裡，這是中國傳統的政治霸權文化，也是大一統觀念的文化。

－325－

是「天經地義」的事，他如此說明：

> 中國很早形成一個大一統國家，當然可以說是一大成就，但是我們
> 也應該知道，這個成就不是沒有代價的。我認爲今天對這個問題應
> 採取開放的態度加以研究，不能武斷地、不加思索地認爲統一就是
> 天經地義。必須說明，我決無意鼓吹中國分裂論，那是不可能的，
> 問題在於怎樣「統一」，比如說，如果用政治力強力來統一香港、台
> 灣，恐怕不用幾年，現在多采多姿的文化生態和生活方式便都消失
> 了。固然，多采多姿不一定都好，但是中國傳統中所謂「道一風向」
> 也需要重新檢討一番。〔註80〕

站在文化上說，中國的地方意識因爲特殊的地理與歷史條件而不易完全消
除，所以分裂也往往因此而起。所以中央要藉集權統一以消滅地方文化，就
是如余英時所說的香港與台灣的可能下場一樣；但是，余英時所說的，只是
一般在統治階層的思想，這思想所反應的，其實更應該解讀爲：因爲分裂的
時期較多所引出的疑慮與強化宣傳的期待〔註81〕。況且文化是變動的，無固
定模式可掌控的，所以隨人、時間、空間在進行多重組合，以造出無限的新
文化來〔註82〕。所以就算以武力強行統一，以集權妄想消滅不同文化，都是
徒勞無功的動作。中國古代一直犯這種錯誤，近代還是在這種錯誤中打滾，
所以戰爭就一直無法終止。關於這一點，徐復觀一直無法瞭解，所以到他在
一九七五年談到軍閥時，還是這樣說：

> 在以武力建國之初，要求軍權的統一與軍隊的裁減，以鞏固中央政
> 權的統一，並在軍權統一中要求以直屬中央政權的軍隊爲主幹，民
> 國十八年初，蔣先生在這方面所作的努力，在原則上不能說不對。
>
> 〔註83〕

這是他站在「大一統」的觀念在看問題，所以可以原諒蔣介石的「原則」。不過，
他卻不去仔細探討蔣介石對於「軍權的統一與軍隊的裁減」所採取的方法，是

〔註80〕《知識分子與中國》，頁121。

〔註81〕他所擔心的「現在」的多采多姿文化會消失，其實是太杞人憂天。因爲文化
也許因政治的強力統一而被消滅或改變，但是不論日後是統一或分裂，時間
一長，必將再發展出應時的文化來。新文化與舊文化不能相比，不論是就質
或量都是一樣的，但是，它必定是人所發展出來適合人當時所需的生活方式。

〔註82〕舊文化總在被改變之中，「復古」幾乎是不曾發生過的事，它往往只被用來當
作新創意的「口號」而已，頂多就是「精神」的恢復。

〔註83〕〈五十年來的中國〉，《雜文續集》，頁9。

不是可以服眾，所以他把當初的內戰原因，說成是軍人缺乏「國家觀念」：

> 但在國民黨內的軍人中，不少人缺乏真正的國家觀念與愛國精神，
> 在國家統一後還要保持軍隊與私人的特殊關係，要把持軍隊以佔領
> 地盤形成個人的勢力範圍。由專制封建的遺毒而來的軍閥意識，在
> 國民革命軍中有取北洋軍閥而代之之勢，於是由蔣先生所努力的裁
> 軍及統一軍權運動，引起了桂系的反抗，唐生智的反抗，馮玉祥、
> 閻錫山的反抗，陳濟棠的反抗。〔註84〕

當初桂系以李宗仁（1890～1969）、白崇禧（1893～1966）為主，唐生智（1889
～1970）是湖南人，陳濟棠（1890～1954）是廣東人，閻錫山（1883～1960）
是山西人，與蔣介石的浙江人都是不同區域的。徐復觀認為這些反對蔣介石
的人是具備「由專制封建的遺毒而來的軍閥意識」，卻沒有國家觀念，所以才
反抗蔣介石的中央集權。他並沒有說蔣介石也和這些軍閥一樣具有「由專制
封建的遺毒而來的軍閥意識」。馮玉祥曾回憶說：

> 自從蔣介石以圈點方式決定中央委員之後，他這種排除異己之事
> 更多，他用何成濬代替了白崇禧；在北平又誘了李濟琛將軍，在
> 南京扣住他；黨內外任何事情他都要獨裁，所以反對他的人更
> 多……胡漢民是國民政府委員，國民黨的常務委員，又是立法院
> 長，胡並沒有犯法的事，又沒有叛黨，就是因為胡勸蔣不要獨裁，
> 就遭了捆打，這是多麼奇怪的事……這時候，全國的軍民已開始
> 不滿蔣介石的獨裁了，許多革命的同志和軍事領袖在北平集合，
> 開擴大會議，決定了命令：第二集團軍，第三集團軍，第四集團
> 軍來討伐蔣介石。〔註85〕

蔣介石當然希望中央集權，但是地方豈能無條件釋權？再加上蔣介石走向獨
裁的作法，當然最後會引起彼此的兵戎相見。最後，蔣介石只好採取強烈的
作法。對於蔣介石的獨裁，徐復觀以前也批評過〔註86〕，但是如今卻只願意

〔註84〕 〈五十年來的中國〉，《雜文續集》，頁9～10。

〔註85〕 馮玉祥：《我所認識的蔣介石》，台北：捷幼出版社，二〇〇七年初版。頁21
　　　　～22。

〔註86〕 請參看第四章第一節與第二節。柏楊也回憶過：「到了抗戰後期，國民黨開始
　　　　腐敗，老蔣的那些帝王東西也開始發作，我也開始產生了失望……」（李怡
　　　　編：《知識分子與中國》，台北：遠流出版社，一九八九年八月初版。頁203。）
　　　　可見當北伐結束，蔣介石的志得意滿使得他的獨裁欲望表現出來，所以才要
　　　　採強迫性的收權行動。

說：「蔣先生把握的裁軍及統一軍權的原則是沒有錯的，但在實行的技術上大概有不少的問題。」〔註87〕站在「大一統」的原則，「裁軍及統一軍權的原則」永遠都是對的。但是站在地方勢力而言，誰裁誰呢？站在老百姓的立場，誰喜歡用武力解決呢？當蔣介石得到名義上的共主地位〔註88〕，卻採取強硬措失，要實施中央集權，這在號稱建立民主共和國的國家內，豈能順利如願？更不用說當初軍權還分散在各軍事將領手中的情況下，豈能如願「杯酒釋兵權」？講明了，這一內鬥，就是對外戰爭結束之後的分贓不均所引起的：中央以重整軍隊為由，行收權之實；地方則以反獨裁為由，行獨立之實。而這些都是因為中國既有的地方意識所引起，在中國歷史上的證據可以說比比皆是〔註89〕。徐復觀不能著眼於此，還是在「專制」「、封建」上打轉，所以他最後總結這些內鬥說：

> 由專制封建的遺毒而產生軍閥，軍閥的殘餘意識不僅流毒於打倒了北洋軍閥以後的國民黨中，也流毒於打倒了國民黨後的共產黨裡面，「槍桿子出政權」是軍閥意識，林彪以一吃三是軍閥行為，現在由二野壓倒四野一樣是軍閥餘習。只有把軍隊安放於黨爭政爭之外，專對國防負責，軍閥的遺毒才可以去盡。〔註90〕

這就是不知道「革命文化」在中國傳統政治文化中的影響性的原因。前文說過，他既不批判孫文的「革命」行動，如今卻又期待國民黨與共產黨要有「國家意識」，不要有「軍閥意識」，其實就是要他們放棄「革命文化」，這不是很矛盾嗎？所以根本之道應該是中央要放棄「大一統」思想，地方要放棄「革命文化」，彼此才能相安無事，不然，這一悲劇是永遠都循環不已的。他對這兩個傳統文化卻都未採取批判，也就無法真正解決中國近代紛爭的結。至於他所說的封建與專制的問題，反而是不足為道的小問題了〔註91〕。

〔註87〕〈五十年來的中國〉，《雜文續集》，頁10。
〔註88〕一九二九年五月八日蔣介石當選國民黨中央政治會議主席，正式集黨、政、軍權於一身。
〔註89〕劉邦與朱元璋的大殺功臣是最有名的。
〔註90〕〈五十年來的中國〉，《雜文續集》，頁10。
〔註91〕柏陽曾經藉在歐洲的一次旅行暗諷地說：「一件事困惑著我，一個國家為什麼一定要那麼大？人民幸福才是第一重要，國土大而人民生活貧苦，只能算是地獄。我特地買了一個望遠鏡，登上小鎮山丘，俯瞰四周，萬里青蔥全是義大利國土，這真是一個奇妙的袖珍國家。他們至少七百年沒有戰爭，也就是說從宋王朝迄今都平安的度神仙歲月。」（柏陽口述，周碧瑟執筆：《柏陽回

二、霸權思想的傳統

中國人因為有一統的觀念，所以才出現霸權政治，此大約盛行於春秋以後〔註92〕。由前文可以推知，其實霸權在中國政府的思考中是自然而然的存在。既然以天下是自家的，為了控制而採取集權的方式，乃是理所當為之事；在無法管控的範圍，就以進貢來規範這些遠方的異族，以為以後進兵要脅的根據連給姜太公的征伐權利上都說：「東至海，西至河，南至穆陵，北至無棣，五侯九伯實得征之。」〔註93〕因此，所有不受「管制」的「首領」都要興師問罪，「人」的關心自然就是主要的了。但是它的後遺症就是和外族的不斷爭戰，直到清朝結束都還是如此。〔註94〕。這些至少都是從周初就有的完整制

〔註92〕 莊萬壽在〈春秋公羊大一統與西漢政治思想〉說：「周人取代商人為天下共主，分封血親功臣，在各異族地區，因地理、民族、歷史之歧異，而建立彼此文化迥異的殖民國家。」(《紀念程旨雲先生百年誕辰學術研討會論文集》，台北：台灣書店，一九九四年五月。頁340。) 西周對於這些不同區域的管理，其實是建立在一套合情合理的「禮制」之下，特別是對異族的要求，這可以從《國語・周語》記祭公謀父諫穆王征犬戎的話看到一些。最後，因為穆王堅持去攻打犬戎的無禮行為，才造成「自是荒服者不至。」的後果。這也可以推知，為何在春秋時代的「亂世」卻沒有「統一」的積極行動，因為周的封建禮制並非「強制」的「統一」機制，而是「軟性」的「協約」機制。在下者有相當獨立的權利，在上者的權威性雖高，但那是以「德」為基礎的結果；如今穆王自毀於前，後代子孫又不思補過，自然就造成「禮崩樂壞」的後果，也就是不再「尊王」的後果。因此才會有霸主出來提倡「尊王」，以收團結向心之效。但是，所效忠的對象其實已經由周天子向霸主傾斜，有如後代「挾天子以令諸侯」的情況了。不管如何，戰國時代之前的霸主時代，並不以統一天下為目標，是可以相信的事實。

〔註93〕 《左傳・僖公四年》記：「春，齊侯以諸侯之師侵蔡。蔡潰，遂伐楚。楚子使與師言曰：『君處北海，寡人處南海，唯是風馬牛不相及也，不虞君之涉吾地也，何故？』管仲對曰：『昔召康公命我先君大公曰：「五侯九伯，女實征之，以夾輔周室！」賜我先君履，東至于海，西至于河，南至于穆陵，北至于無棣。爾貢苞①茅不入，王祭不共，無以縮酒，寡人是徵。昭王南征而不復，寡人是問。』對曰：『貢之不入，寡君之罪也，敢不共給？昭王之不復，君其問諸水濱！』師進，次于陘。」管仲在此引召康公的話，先堵住楚國被侵略的上訴權；再以周所制定的禮，逼楚不得不承認「進貢」的必要性。這是外交詞令的攻防戰。但是時代已經不同，歷史豈能不變？更何況，召康公的話本就是不通之論，若要以此為據，周朝正是軍國的侵略主義國家，地球上的哪一個地方能夠免於它的侵略的？

〔註94〕 當年管仲帶兵攻打楚國，主要原因的其中之一就是「包茅不貢」。楚國在兵臨城下的威脅之下，只好允諾再度恢復進貢，等於是承認它是中國的附庸國。「包茅」只是地方土產，楚國不是出不起；但是長期不貢的原因，當然是因為周

〔（憶錄》。臺北：遠流出版公司，一九九六。頁 375。）

度，所以，春秋時代竟然以「尊王」、「攘夷」為霸業而相標榜，就是因為周王朝已經無法抵抗外族的反擊，必須靠強大的諸侯來支持〔註 95〕。不過，天子也好，諸侯也好，這種自然而然的霸權思想是沒有斷過的，所以後來秦的與六國爭先統一天下，都是這種內在思想的實際行動。而秦、漢時代的對外擴張，更是這種思想的進一步展現〔註 96〕。

徐復觀曾在〈儒家政治思想的構造及其轉進〉一文中說：「中國政治思想，很少著重於國家觀念的建立，而特著重於確定以民為政治的惟一對象。」〔註 97〕但是，中國政權因為一向沒有疆域觀念，何來國家觀念？只有「天下」觀念，怎會有疆域觀念？所以就歷史而言，至少在周朝擴大統治領域之後，就覺得不該局限在一塊領土上，所謂「率士之濱，莫非王臣」正是最佳解釋；另外，除了「民」的對象確立，如何「取得」民也是一大文化，使得想推翻政權的貴族，無不使盡渾身解數，最發展出一套又套的「陰謀之術」，以姜太公為鼻祖，而集大成於秦、漢之際的「黃老之術」。徐復觀說到秦統一之路的形成時說：「由封建中親親精神失墜後的相互不斷的戰爭形勢，便已清楚指出：分裂的天下於理於勢非要求一個大一統的出現不可。」〔註 98〕這是徐復觀受到時代限制所發之言，不該怪他此言的輕率。中國的帝王至少從秦孝公前後的幾任就有「統一」的概念，不然不會有取代周的作為〔註 99〕；但

朝已經失去強勢，楚國不願再低頭忍辱當附庸，重點正是藉此行動以宣示主權。如今在形勢不利下，被迫要宣示放棄主權，其實對其國家而言已是莫大恥辱。所以，就算後來被秦國消滅，卻也只有它敢於喊出「楚雖三户，亡秦必楚」的口號。可見楚國一直不是甘心以周的附庸國自居的。其他更遠的國家，心中的不甘就更加可想而知了。

〔註 95〕不過，這只是一時的團結假相，套一句孔子後來所說的，中國的問題主要的早就不是外部的問題，而是「蕭牆之內」的問題（《論語・季氏》），這是因為他自身就有一個「革命文化」的傳統在，所以周的「命」既然已經走到當年的商的「命」一般了，其他人豈能不想取而代之呢？霸主的輪番而起，全都是在發揚中國的「革命文化」罷了。

〔註 96〕秦、漢以後的朝代，在這塊歐、亞大陸上的版圖，就這樣隨著國力的強弱而消長。筆者相信，這種霸權思想也在長期散佈之下，對異族產生不良影響，才會有日後的蒙古大帝國的出現。

〔註 97〕《政治與學術之間・甲集》，頁 44。

〔註 98〕〈封建政治社會的崩潰及典型專制政治的成立〉，《兩漢思想史》卷一，頁 70。

〔註 99〕雖然從夏的對外戰爭開始，就有一些是基於歷史上的族群仇恨，所以在一再勝利之後，也難保不會蘊釀出類似「溥天之下，莫非王土，率土之濱，莫非王臣。」的霸權思想來。這方面有待日後新的考古資料出土才能證明。

是，可以肯定的是，遠從商的取代夏，周的取代商，都是一種「吞食天地」的「統一」內在思想在作祟，試問：當初可有「由封建中親親精神失墜後的相互不斷的戰爭形勢」？當然沒有。近在戰國時代以前，春秋五霸之中，不論是同姓諸侯的晉的「求隧」，或異族的楚的「問鼎」，也都是「統一」的思想，何必等到「相互不斷的戰爭形勢」的戰國時代？所以。在東亞大陸東陲的這塊土地上，早就被賦予不成文的規定：「統一」。這雖是一種霸權思想，但是在中國古代裡，不認為那是不對的，反而對「霸」有相當推崇的見解，那就是：「以力假仁者霸。」〔註100〕這也就是黃、老思想的精髓，也是後來所謂的：「逆取而以順守之，文武並用。」的開國原則〔註101〕。所以不是苦於戰亂，才會有「統一」的需求，而是有「統一」的文化，就有戰爭的不斷發生，而癥結就在於這種霸權思想在作祟。

有了老祖宗的話當護身符，爭戰隨時會發生，全看自我的實力如何而定。所以當統一東亞大陸了，仍然要秉持「溥天之下，莫非王土，率土之濱，莫非王臣。」的思想繼續奮鬥，而奮鬥的契機一樣要以自我的實力而定，所以秦始皇不以消滅六國為滿足，對北戰匈奴，對南戰百越；而漢高祖也不以消滅項羽為滿足，對內消滅功臣，對外挑戰匈奴。這些戰爭，豈是「統一」所能阻止？全是慾望放縱的霸權思想罷了，不是徐復觀所標榜的「統一」所能解釋得通的。

第四節　革命文化對大一統思想的潛在破壞性

革命與統一是相對立的思想，強調統一的重要性就不會給革命者有合理解釋的空間；相對的，主張革命的合理性，對統一的要求就會不屑一顧，不然就是陽奉陰違。但是對於中國歷代開國皇帝而言，這兩個對立觀念是可以交互運用的法寶，這是黃老思想的精髓之一，也是周初以來極力要說服群眾的觀念。但是這種「此一時，彼一時」的矛盾，在成者為王的時代當然無人敢公開反對，但是當王者氣勢已墜，自然就成為被批判的把柄，也間接促成

〔註100〕孟子就說過曰：「以力假仁者霸，霸必有大國；以德行仁者王，王不待大，湯以七十里，文王以百里。以力服人者，非心服也，力不贍也；以德服人者，中心悅而誠服也，如七十子之服孔子也。」《孟子・公孫丑上》

〔註101〕《史記・酈生陸賈列傳》：「陸生曰：『居馬上得之，寧可以馬上治之乎？且湯、武逆取而以順守之，文、武並用，長久之術也。昔者吳王夫差、智伯極武而亡；秦任刑法不變，卒滅趙氏。鄉使秦已并天下，行仁義，法先聖，陛下安得而有之？』」

革命行動的合理性。

　　徐復觀對於周初的人文精神給予高度肯定，但是卻忽略這是由周人對於革命行動所賦予的掩飾動機。「革命」是革「天」之命，為何要把「天」給推開？當然是為了讓人有更大的自主性，這觀念後來被孔子、孟子、荀子給繼承下來，演變成儒家思想中很重要的人文思想〔註102〕，徐復觀看到這一價值，所重視的儒家思想也偏於這一部份。

　　但是天人之間畢竟還是不能完全割斷關係，所以周公就提出「德」的觀念。這其實是一種「隱性的民主思想」，為什麼呢？因為就當初周初的「德」的觀念，是對人民施「德」以得到「天命」，也就是「天命靡常，惟德是依」的說法。這樣，統治者就需要靠「修德」以續「天命」。如何「修德」呢？文王就是最好的榜樣，其實就是對人民照顧，提供人民所需就是了，用現在的話說就是「收買人心」〔註103〕。所以「德」也是「得」的意思〔註104〕，因此，周人最晚自文王開始就大量「施德於民」，所以才能「有所得於己」，造成三分天下有其二的局面。這當然是辛勤的人為的後果，不再是天命所規定的〔註105〕。

〔註102〕所以後來孔子講德、講行，不但不言「怪、力、亂、神」（《論語・述而》），甚至連弟子都說出他「罕言利與天與命」（《論語・子罕》），大大減少命的強調；而孟子更是革命思想的理論家，大膽說出「聞誅一夫紂矣，未聞弒君」（《孟子・梁惠王下》）的理論，但是也強調統治者要有不忍人之心，行仁政等，都是站在「德」上在立論；荀子的〈天論〉則把天命推得更遠，人為的因素更強，所以他也是推尊周公、孔子，而且他強調仁義之兵的重要，依然保有施德於民的重視。不過，比起孔、孟來，已經大大不及，從他的「性惡」說就可以看出。因為性既從惡看，「刁民」所需要的是「教化」，所以他強調「學」，就是學禮讀詩，這雖然也是孔子所重視，卻不是那麼大的份量，這當然也標示著時代的改變，所以緊接著荀子的法家人物，非但不再講天命，也把德給丟棄，而專言管理的法、術、勢運用，「刁民」在他們眼中是沒有教化空間的，只有學規矩與奉行規矩的能力而已。這已遠非先秦儒家思想的範圍了。

〔註103〕《史記・鄭世家》：「定公元年，楚公子棄疾弒其君靈王，而自立為平王。欲行德諸侯，歸靈王所侵鄭地于鄭。」「歸地」是為了討好鄭國，這裡的「行德」與「歸地」相對，顯然是說「行德」就是一種討好的行為。

〔註104〕本是「惪」字，《說文・心部》：「惪，外得於人，內得於己也。」就是很明白的說法。

〔註105〕史稱文王在位約五十年，仍然不能在他手中完成取代殷商的計劃，可見文王付出的代價有多高，以及殷商所打下的「德基」有多深了。漢初婁敬曾勸劉邦定都關中，引史實說到：「陛下取天下與周室異。周之先自后稷，堯封之邰，積德累善十有餘世。公劉避桀居豳。太王以狄伐故，去豳，杖馬箠居岐，國人爭隨之。及文王為西伯，斷虞、芮之訟，始受命，呂望、伯夷自海濱來歸之。武王伐紂，不期而會孟津之上八百諸侯，皆曰紂可伐矣，遂滅殷。」此

　　回到周公時代來說，他以天人合德來爲革命的合理性立了新里程，但是革命與統一的矛盾依然存在，他只是把它的過程延長與複雜化，所以春秋戰國時代才會拖了那麼久的時間。怎麼說呢？既然德是取決於人，所以以文王的時間來算，也要到武王這第二代才完成天命的取代，他在把文王的作爲神化，成爲幾乎高不可攀的樣子，那麼誰有自信能跟文王一樣呢？再來，封建制度的完備是另一利器，他使得天子之位沒有人敢隨便窺伺，就算楚莊王也只敢問鼎而已，怕的就是會受到群情激憤的攻擊，以楚國的國力不可能受得了全天下的攻擊的〔註106〕，所以，這一套保障周天子的封建，後來被大大推崇的主因就在這裡。但是還是會有人認爲周是得天命所歸才能夠取代商，不過，這就是周公聰明的地方。他若是同意這樣的說法，那麼將來誰會取代周呢？還是天命啊。如何是好？因爲天命是隨便人家說的，所以他大膽向天命挑戰，把天命與人德接上關係，以增加日後革命的困難度，也爲自己的革命找到很完美的藉口，而且把周人的革命向人爲的意願上推，不就更能得到人民的支持與推崇嗎？這就是人民革命的始祖，也是「隱性的民主思想」的發萌。

　　不過，革命終於是合理的，有實力還是可以取代周天子的，所以，在諸侯中首先發生大夫的革命，從春秋到戰國，不絕如縷。這也表示：遲早周的天命會被革。其中還可以看到許多家族是用周天子的方法來收買人心，例如田齊的取代姜齊，晉的六卿取代晉侯，這樣的方式可以得到比較穩定的政權轉移，但是局勢不一樣了，愈來愈多人想「革命」，卻不想等太久，「成功不必在我」已經是不實際的要求，況且有更多例子顯示，你無心取代別人，別人也不放心看你坐大，所以「先發制人」變得很重要〔註107〕，這時革命與統一的矛盾再次全面暴露出來。周公的天人合德理論也成爲迂腐的鞏固統治權力的理論而已，冠冕堂皇的「天命靡常，惟德是依」的觀念已經完全被利用在奪權陰謀之上，其實也只是周文王以來的居心重現罷了。所以周公以後以大一統理論盛行於世的，就是秦、漢之際，但是以革命理論盛行於世的，也是秦、漢之際，只是加上「五德終始說」的相生相剋虛玄之理來解釋武力革命的合理性罷了。這比周公時代的天人合德說還落伍。這是因爲陰陽學盛行

雖簡略而言，卻道出周直到文王的「受命」，已經過后稷、公劉、太王等的苦心經營「德政」十幾世了。

〔註106〕連變法以後的秦國都受不了六國的聯合對抗，更何況是春秋時代的楚國。

〔註107〕《史記‧商君列傳》上所記商鞅說秦孝公變法的故事就是最明顯的例子。秦孝公對於商鞅所說的帝道、霸道的不奈，全是時代的眞實反映。

的關係。再加上施德於民的觀念不受重視，所以在求速成的情況之下，「變種」的「天命」取代了「惟德是依」的「天命」，所以秦、漢時代都還很盛行這樣的學說。而徐復觀則貶低這樣的說法，進一步肯定董仲舒的「天人合德」說，就是因爲這樣才和周公、孔子、孟子、荀子的思想相合，一脈相承。

　　不過，在此要強調的，還是革命與大一統的矛盾。這樣的矛盾不論是用「天人合德」或「五德終始」都不能有效消除，只是延緩革命發生的時間，或者說增長朝代更迭的週期而已，所以「分久必合，合久必分」成爲中國歷史的鐵律。因爲這裡的「久」並沒有定義，而分合必定更迭，就建立在革命與大一統的角力上，在下位者想要得大位，革命是最快的方法，也是必然的手段；當得到大位以後，強調大一統以防止革命的發生，就成爲最重要的理論工作之一，這樣的矛盾徐復觀其實也知道，他在一九八○年發表〈伊朗巴列維與科米尼的比較觀〉中說到：

> 孔子推重周公的原因之一，是因爲周公幫助武王取代商朝的政權後，據詩書上可信的紀錄，他一直把人民當作政治上的最高指導者，一直以戒愼恐懼之心誠誥成王，勉勵自己，並且要從夏、殷兩代學取好的與壞的教訓。〔註108〕

「把人民當作政治上的最高指導者」正是徐復觀認爲國民黨之所缺，且所以輸的主要原因之一，所以他會強調這一點是很合理的。從前文可以知道，徐復觀最早提出的國民黨改造案開始，就是想要以此爲主軸；到了台灣後，直接說出要民主也是「把人民當作政治上的最高指導者」的意思，所以當他看到周公的「把人民當作政治上的最高指導者」時，當然就心有戚戚焉，古爲今用的史學觀點在此又發酵了。至於周公在政治上的文飾用意，徐復觀可以輕輕帶過，不願多加苛責。一九八一年十月他在接受《新土雜誌》的訪問中更回憶說到：

> 我記得民國卅五年或卅六年大公報發表一篇王芸生的文章，他的文章主要是說：中國實際統一的時間少，分峙的時間多，統一不是常態。他引了王船山的話來證明中國分成幾個政權是很正常，很尋常的事情。他那時寫這篇文章是幫共產黨講話，我寫了一篇文章反駁他的說法。從表面上看，我是站在國民黨的立場，但我自己的一個根本信念是，認爲國民黨無論如何要統一的，所以關於統一的基本信念我沒有放棄。不過，在目前的情況下怎麼統一法呢？不要把它

〔註108〕《雜文續集》頁310。

　　當作嚴重問題，暫時相安下去，和平共存。〔註109〕

徐復觀發表於一九四六年十二月二十六日的那篇文章是〈一統與國防—為讀王芸生之〈一統與均權〉而作〉〔註110〕。誠如他所說，其中當然是站在「統一」上立論，因為當時共產黨是拒絕「被統一」的；而一九八一年的共產黨則反過來要求「統一」國民黨，而國民黨則變成拒絕「被統一」的。所以徐復觀才會在受訪時說出這樣的話來。這就是前面所說的，中國歷代開國皇帝的兩大法寶。問題不在於「統一」或「革命」的觀念上，完全是在於對象上。被統一者與統一者的心情怎會一樣呢？革命者與被革命者又怎會一樣呢？這問題如何回答都無法同時令兩邊滿意的，因為有根本利害的衝突性存在。但是若無法消除自私想法，兩方的歷史仇恨將會無窮無盡，這就是中國歷代一直改朝換代的主因之一。

　　從徐復觀所遭遇的這個矛盾看，就可以理解他對於周公以來的「革命」與「大一統」的矛盾為何一直無法有很適當的解釋。在他的思想中，其實並無法跳出這樣的矛盾，例如他對辛亥革命當然是推崇的，但是當他在國民黨當官時，對於共產黨的革命就無法認同；他對於國民黨從北伐以來的統一行動是肯定的，但是對於如今中共要統一台灣卻不同意。另一方面，共產黨既然標榜革命有理，那麼別人革他的命也自然成理，他將來有何理由要阻止別人革他的命？中國的統一豈有日期？徐復觀說：「不要把它當作嚴重問題，暫時相安下去，和平共存。」其實就實際面而言，就是沒有「統一」的必要，但是他卻又贊成國民黨的統一，因為它畢竟比共產黨「民主」，具備統治中國的條件。但是，統一後的國民黨又該如何阻止別人「革」它的命？若是阻止，那它現在應該也沒有理由去統一中國吧？徐復觀的民主思想就一直有這個盲點，用一句話說，就是欠缺「住民自決」的精神。因為欠缺「住民自決」的精神，所以只好仍然抱持「大一統」傳統；但是又不忍類似台灣的進步區域，被中國整體拖垮，所以只好把現狀當成「大一統」的過渡期，卻忽略此過渡期所帶來的負面效應〔註111〕。他曾經讚美過英國王室在戰後對殖民地的寬大

〔註109〕《最後雜文》，頁399～400。

〔註110〕《雜文補編》第五冊，頁53～64。據徐復觀的文章所示，〈一統與均權〉原刊於一九四六年十二月三、四日的上海《大公報》。

〔註111〕這就像要一個二八年華的小姐為遠行而不知歸期的男子守活寡一樣，當年晉文公就曾如此要求季隗，據《左傳・僖公二十三年》記：「（案：文公）將適齊，謂季隗曰：『待我二十五年，不來而後嫁。』對曰：『我二十五年矣，又如是而嫁，則就木焉。請待子。』處狄十二年而行。」

措施，是一個值得欽佩的民主風範〔註112〕，卻一時無法體會台灣若還與中國維持殖民地關係，對台灣是多麼不公平的事。

徐復觀當然認為現在應該要實施民主，這樣也就不會有革命的事情發生。可是他總是站在統一的立場在看中國，就無法贊成透過民主程序所可能產生的獨立發生。因為完全民主的中國，必定要面對現有民族的獨立選擇，徐復觀最初總是以外國勢力要分裂中國為觀點來看臺獨問題，就是這樣的盲點在作祟，後來能夠說出「不要把它當作嚴重問題，暫時相安下去，和平共存」的話以及同情台灣人民的選擇權利，已經是很大的改變。但是，其它中國境內的獨立問題，在民主之後一定會風起雲湧的，中國能夠像大英帝國與蘇聯一樣放開心胸嗎？徐復觀來不及看到這個現象，但是以今年發生的鎮壓西藏事件看來，至少目前是看不出中國有那個心胸的〔註113〕。

因此，革命思想雖然起於周公，但是大一統思想卻非起於周公。不過周公的天人合德思想就是為了鞏固統治權而設，卻無法完全消除革命對中國統一的威脅，更成為日後中國專制政治加強的助力。徐復觀在稱許周公之餘，根本無法認同周公或周初的這套人文精神有此缺失。而這個傳統，對於近代中國與台灣的政治都有很大影響。台灣因為在戰後承受大量中國化的改造運動，所以在既有的漢化基礎上，有樂更深與更直接的文化接觸。接觸得愈深，所受的啟發當然也愈多，台灣意識的興起與此也有莫大關係。

第五節　論徐復觀的宗教觀

前文探討他離開東海大學的原因時，曾引徐復觀自認與教會學校有先天矛盾，所以離開是遲早的事。這或許與他的宗教觀有很大關係。他並非反宗教主義者，但是對於教會的不合理制度與態度，則一向認為應該持理性批判

〔註112〕他在一九五一年三月十六日所發表的〈中國政治問題之兩個層次〉一文中曾說到：「英國王室鑑於大勢所趨，遂把自己超越於政治是非得失之上，而成為聯合王國團結的象徵，以與民主政治相適應，因而共成為英國政治的不動的常數。」(《甲集》，頁39。)

〔註113〕二〇〇八年三月十四日，西藏的拉薩發生抗議行動，中國發動軍隊鎮壓，波旁及周邊甘肅、四川各省與臨近尼泊爾、印度諸國。中國一口認定是達賴喇嘛所鼓動，達賴喇嘛完全否認，希望與中國當局對談；有人則指出是中國武警喬裝西藏喇嘛而刻意引起，目的是要先行打壓，以防北京奧運時發生事端。目前為止（三月二十六日），事件尚未平息。

立場。這當然會被教會人士視爲異教徒。而他的這種思想，與近代中國受教會影響與西化理論的出現也息息相關。

　　近代中國的西化潮流中，西方宗教本來就是扮演先鋒的腳色，所以徐復觀在探討中西文化問題時，對於這一根本問題不可能忽略而過。他的說法的最大的特點，就是把宗教與人文一分爲二。他試圖把中國儒家的人文精神，接上中國傳統宗教的轉變關鍵上，來證明中國的精神文明早就脫離迷信的階段，以此表示中國人文精神比近代西方的基督教與天主教龐大影響力進步。

　　由前面的敘述可以知道，在徐復觀的觀念中，中國的宗教觀念早在西周初年就進化出比西方更有人文氣息的模式。但是，那是因爲周初就把政治力強化，達到取代天命力的地步。這是一種君權的人文化，既有降低宗教迷信的作用，又有加強專制君權的功效。可是，是否與近代的「人文」觀念相同，卻又是另外一個問題。所以，討論徐復觀的宗教觀，其實與他的政治思想是息息相關的。這也是爲何把本節放在本章討論的原因。本節要探討的，是比較他對於西方的宗教與對中國的宗教的瞭解與看法。

一、中國宗教的起源

　　徐復觀對於宗教與人文的關係，可以從他的著作中明顯看出。在《中國人性論史》第二章的標題就是〈周初宗教中人文精神的躍動〉，第三章標題是〈以禮爲中心的人文世紀之出現，及宗教之人文化〉，在此二章的標題中，「宗教」和「人文」是對立的觀念。後來在一九七七年發表的〈原史──由宗教通向人文的史學的成立〉一文中，從題目也可以看出是如此的對立關係〔註114〕；而在晚年作品《先漢經學的形成》一文中，更在一開頭就說：「周公是由『殷人尊神率民以事神，先鬼而後禮』的宗教性很濃厚的文化，轉向『周人尊禮尚施，事鬼敬神而遠之，近人而忠焉』的人文性很濃厚的文化的關鍵性人物。」〔註115〕「宗教性」與「人文性」依然是對立的說法。這種對立性的說法當然有他的用意在，他認爲周朝建立以後，是宗教觀念轉向的開始，他說：

> 周人在宗教方面雖然是屬於殷的系統，但在周人的領導人物中，卻
> 可以看出有了一種新精神的躍動。因爲有了這種新精神的躍動，才
> 使傳統的宗教有了新地轉向，也即是使古代整個地文化有了新地發

〔註114〕《兩漢思想史》卷三，頁234。
〔註115〕《先漢經學的形成》，頁1。句中所引是《禮記‧表記》中的記載。

展。〔註116〕

這種轉向也就是前文探討過的周初天命觀念的改變。這種改變使得周初成爲中國人文發展的關鍵期,他在〈原史〉一文中有記到:

> 從宗教轉向人文,只是捨棄宗教中非合理的部分,轉向於人文合理基礎之上;但宗教精神,則係發自人性不容自己的要求,所以在轉化中,不知不覺地織入於人文精神之中,進而與其融爲一體,以充實人文精神的力量。於是中國人文精神中含有宗教精神的特色。〔註117〕

由此可以看出,他要用中國人文精神統攝宗教精神的用意。若然,周初的文明也就是超越宗教的文明,雖然還未成熟,卻是個方向,爲春秋時代的人文精神新史頁做了先鋒,徐復觀在一九八〇年接受訪問時曾說:

> 這篇宣言是由唐先生起稿,寄給張、牟兩位先生,他們兩人並沒表示其他意見就簽署了,寄給我時我作了兩點修正:
>
> (一)關於政治方面,我認爲要將中國文化精神中可以與民主政治相通的疏導出來,推動中國的民主政治,這一點唐先生講得不夠,所以我就改了一部分。
>
> (二)由於唐先生的宗教意識很濃厚,所以在『宣言』中也就強調了中國文化中的宗教意義。我則認爲中國文化原亦有宗教性,也不反宗教,然從春秋時代起,就逐漸從宗教中脫出,在人的生命中紮根,不必回頭走,便把唐先生這部分也改了。
>
> 改了之後,寄還給唐先生,唐先生接納了我的第一項意見,第二項則未接受,這倒無所謂,就這樣發表了。〔註118〕

從「逐漸從宗教中脫出,在人的生命中紮根,不必回頭走」一段話看,可以想見早在一九五八年以前,他就反對中國人走西方宗教路線,因爲那在他看來是退化的回頭路。

徐復觀把周初的「天命」觀念的變化,看成是周和殷的宗教差異的重要

〔註116〕《中國人性論史》,頁20。
〔註117〕(《兩漢思想史》卷三,頁234。)由此可以看出,他要把中國人文精神統攝宗教精神的用意。
〔註118〕〈擎起這把香火——當代思想的俯視〉,一九八〇《中國時報》,林振國、廖仁義、高大鵬聯合採訪,《雜文續集》附錄二,頁408。這是說明他們當年發表宣言的原由。

轉變，他說：

> 天命既以自身之德爲依據，則天命對於統治者的支持乃是附有很嚴
> 格地條件的；這與過去認爲天命是無條件地支持一個統治者大異其
> 趣，所以便由此而感到「天命不易」的觀念。〔註119〕

「天命不易」的觀念和「與過去認爲天命是無條件地支持一個統治者」是一
樣的。但是「天命既以自身之德爲依據」，那「德」的內容又是什麼呢？徐復
觀據〈康誥〉這段話說明文王之行爲可當依據：

> 王若曰：「孟侯，朕其弟，小子封。惟乃丕顯考文王，克明德慎罰，
> 不敢侮鰥寡，庸庸、祇祇、威威、顯民。用肇造我區夏；越我一二
> 邦，以修我西土。惟時怙，冒聞于上帝，帝休。天乃大命文王，殪
> 戎殷，誕受厥命。越厥邦厥民，惟時敘。乃寡兄勖，肆汝小子封，
> 在茲東土。」〔註120〕

這段話的重點，當然是文王如何在收買人心之後，取代殷成爲共主。這些行
爲，若是當作「天命」的取得條件，不如當作是發動叛逆的條件。如前文所
述，文王在位前後，已經處心積慮要取代殷；成功之後，這些歌頌文王的詩
篇，正是周公要用來改變「天命」觀念的文飾。且看徐復觀接著如何說：

> 觀乎夏、商，殷、周之際一有失德，天命即轉向他人，於是而有「天
> 命靡常」的觀念；更以合理之精神，投射於天命之上，而又有天命
> 不可知、不可信賴的思想。天命不可知、不可信，是說離開了自己
> 的行爲而僅靠天命，則天是不易把握，是無從信賴的天命，既無從
> 信賴，則惟有返而求之於人的自身，這便漸漸從宗教神的倚賴性中
> 解脫出來了。〔註121〕

「天命靡常」是爲了說明前代「天命不易」的錯誤〔註122〕；而「天不可信」
正是延此而來的觀念〔註123〕。這些批判「天」或「天命」都有一個簡單的

〔註119〕〈周初宗教中人文精神的躍動〉，《中國人性論史》，頁 25。從前後文看徐復
　　　　觀之意，這裡文句改成「這與過去認爲天命是無條件地支持一個統治者，所
　　　　以便由此而感到『天命不易』的觀念大異其趣。」似會比較通順。

〔註120〕《尚書・康誥》。

〔註121〕《中國人性論史》，頁25～26。

〔註122〕《詩經・大雅・文王》：「商之孫子，其麗不億。上帝既命，侯于周服。侯服
　　　　于周，天命靡常。殷士膚敏，祼將于京。」

〔註123〕徐復觀舉《尚書・周書・君奭》爲例：「天不可信，我道惟寧王德延，天不庸
　　　　釋于文王受命。」關於「命不可知」，徐復觀舉《左傳・襄公・卅一年》爲例。

目標：替文王的「逆天」找臺階下。因此周公等人一再強調文武革命是「正當」的，爲的就是要修改以往的「天命方程式」，把政權的取得權利再增加一點人爲性，而徐復觀則認爲這是「從宗教神的倚賴性中解脫出來」。這樣的說法，只能說對一半而已。實際上，周的宗教活動還是很盛，至於跟殷的比較如何，因爲資料有限，所以目前無法得知。但是，可以肯定的，從此以後，這套「奪權方程式」被中國人奉爲經典，才有「湯、武革命，順乎天而應乎人。革之時大矣哉！」〔註124〕的說法。所以，就政權取得來說，中國從此脫離「天命」的羈絆；但是對於生活而言，「宗教性」還是很強。徐復觀也承認這一點，所以他接著說：「但人類要從宗教中完全解脫出來，這在周初尙爲時過早，於是，周初的宗教思想發生了第二個轉化，即是通過文王以把握天命的轉化。」〔註125〕這又回到前引〈康誥〉中的描述上。這些對文王的推崇，當然已經有神化文王的色彩，不然，文王如何可以「逆天」而行呢？徐復觀說：「且一般宗教中之教主，其精神是向著天上，而文王之精神則完全眷顧於現世，在現世中解決現世之問題。」〔註126〕要取得政權怎能不向人民討好呢？但是徐復觀把這種精神說成「文王在周人心目中的地位，實際是象徵宗教中的人文精神的覺醒，成爲周初宗教大異於殷代宗教的特徵之一。」〔註127〕這些歌頌的詩篇到底能不能代表周人的心，是另一問題。但是，我確定的是，它代表當時貴族的心，至少是周公的心。這種「覺醒」，不是宗教與人文的問題，實在是政權取得的問題。有了這一層「覺醒」，文王的行爲不但可以完全合理化，也有必要合理化，他的地位也就因此變得幾乎與「天」一樣高〔註128〕。這根本不算是「人文精神」的覺醒，而是「上古競於道德，中世逐於智謀，當今爭於氣力。」的進化過程的註腳。

那是記子產在晉所說的話：「今銅鞮之宮數里，而諸侯舍於隸人，門不容車，而不可踰越；盜賊公行，而天厲不戒。賓見無時，命不可知。若又勿壞，是無所藏幣以重罪也。敢請執事：將何所命之？雖君之有魯喪，亦敝邑之憂也。若獲薦幣，修垣而行，君之惠也，敢憚勤勞！」從前後文看這裡的「賓見無時，命不可知」是指「生命」或「命令」，不會是「天命」。

〔註124〕《易傳·革卦》·〈象傳〉。

〔註125〕《中國人性論史》，頁26。

〔註126〕《中國人性論史》，頁28。

〔註127〕《中國人性論史》，頁28。

〔註128〕或許這是周人建「太廟」的主因。推而廣之，則是「天子七廟，諸侯五，大夫三，士一」的制度的建立（《禮記·禮器》）。如此將周的封建，以「文王」爲「親親」的最高聯繫，達到「尊尊」的最高目的。

二、對近代西方宗教的批判

他在〈對蔣總統的悲懷〉中曾記道：

> 下午從晚報上看到遺囑上有：『無時不以耶穌基督與總理信徒自居』
> 一語，立刻使我萬分悵惘，遺囑完全是政治性的，近代基督教與政治
> 沒有關係，中山先生是基督徒，但在他的言論中，從來沒有以耶穌基
> 督相標榜，因他是『黃炎子孫』，不屬《舊約》中所敘世紀的血統，
> 他講民族主義，繼承的是文、武、周公、孔子的道統，在文化上自然
> 以道統爲主體，去融合基督教。以基督爲主體，再配上一點中國文化，
> 在一般教徒無所謂，作爲中國的政治領袖，假定有承先繼後的責任
> 感，是斷乎不可以的。利用蔣總統生命最微弱的時候寫出這樣『承命
> 受記』的人，可以說是對蔣總統對國民黨的出賣。〔註129〕

孫中山、蔣介石、蔣經國都是基督徒。徐復觀在此刻意標榜孫中山的「民族
主義」、「以道統爲主體，去融合基督教」。其實，孫中山標榜「民族主義」豈
無特殊原因？爲了推翻滿清的政權，爲了號召漢人反對滿族的異族統治，當
然要提倡「民族主義」；當革命成功之後，也馬上改口說「五族共和」，不就
是怕其他族群也以「民族主義」推翻漢人政權嗎？共產黨除了拉攏工農階級
也拉攏少數民族，用的就是「民族自治」的口號，欺騙少數民族，以爲眞能
脫離漢族統治而自治。孫中山學西醫、信基督都是洋化的表現，爲的就是利
用西洋人來推翻滿清，哪裡像徐復觀所講的「在文化上自然以道統爲主體，
去融合基督教」一般呢！蔣介石的情況又何嘗有所差別？這與徐復觀批評董
顯光的情況，也只是五十步笑百步的差別而已〔註130〕。

他之所以如此厭惡近代宗教對中國的不良影響，在〈中國文化復興的若
干觀念問題〉一文中已說得很清楚：

> 西方的宗教進入到中國來，不斷受到知識分子的抵抗，而西方的科
> 學、民主進入到中國來，最低限度並沒有受到知識分子的抵抗。以
> 傳教爲主要目的，卻批著西方文化外衣的大量傳教工作，阻滯了中
> 國的科學進步，這是一種不幸的事情。〔註131〕

〔註129〕《補編》第二冊，頁520。〈遺囑〉是出於秦孝儀之手。
〔註130〕詳見一九五八年他在〈作爲一個中國人的感慨〉一文中所說。《雜文補編》第
　　　　六冊，頁226～228。
〔註131〕《文存》，頁175～176。

他說的「傳教工作」，顯然是著眼於「迷信」的成份，才會說「阻滯了中國的科學進步」。其實，這是顯而易見的雙手策略，非但見於西方宗教的傳教士，在周初的開國人物中，不也是如此地進行文化工作嗎？而孫中山的革命、兩蔣的統治權謀，也無一不是如此。就政治的實際面而言，這是很靈活而有效的方法，徐復觀在此希望以道德原則予以譴責，顯然是弄錯方向。

在他的時代，因為共產黨的得勢，所以他也認為天主教的「苦難意識」已經漸漸消失，才使得共產黨在西方可以得勢，他說：

> 就意大利的天主教現狀而言，信仰的熱忱正在不斷地消退……政治上，與天主教勢不兩立的共產黨，事實上已壓倒了天主教的政黨，掌握了龐大的地方勢力；要追溯他的根本原因，只能說是來自天主教徒們因苦難意識的消失而宗教成為沒有精神的軀殼。假定說這不算是天主教所面對的危機，也應算是天主教所面對的考驗。〔註132〕

其實，這情況好像孔子對於禮的精神的重視大於儀式一樣〔註133〕，若非形式已經淹沒精神，就不會提出精神的重振。為何精神會不振呢？這與政權的消長也一樣，過度膨脹之後，終會有失控的一天，而最初的精神就會喪失。但是這樣的情況，我認為不必解釋為「危機」或「考驗」，因為它是一種必然性。人口數擴增所帶來的失控狀態，不也是這樣的情況嗎？其中的矛盾與必然性已經很清楚，所以不論是中國的古禮也好，天主教的「苦難意識」也好，都一樣會因為尊行與參與的人愈多，而愈不能保證每一個人都很虔敬。因此，失控之後的墮落現象，乃必然的結果。

徐復觀為何要拿共產黨與天主教做比較呢？因為他認為波蘭的宗教信仰還有一定的「苦難意識」，所以才能比意大利更禁得起共產黨的迫害，而他最終的目的，還是在為中國文化講話，他說：

> 中國文化的基本精神，是易傳所說的「吉凶與民同患」的精神。而波蘭的天主教正實踐著這種精神，這是偉大地宗教與崇高道德的共同立足點。新教宗係由充滿這種精神中選出，則對天主教來說，由此而激發出原始基督教的擔當苦難的救世精神，因而超剋目前的窘

〔註132〕《雜文續集》，頁17。

〔註133〕孔子說：「禮云，禮云，玉帛云乎哉？樂云，樂云，鐘鼓云乎哉？」(《論語‧陽貨》)就已經說出他所重視的不是禮樂的形式。而在《論語》中多次出現的討論「禮」的篇章，則更可以看出他所針對的是在「精神」層面居多，如與宰我論三年之喪章、與子貢論告朔之餼羊章等，此不贅舉。

境，不是沒有可能的。〔註134〕

把波蘭天主教的行動說成實踐《易傳》的精神，雖然表面看起來似乎是言之成理，卻不能不讓人有附會的想法。文化是一個整體的表現，基本精神是否能以《易傳》的一句話就概括，是很值得商榷的問題。本文的目標，原本只是針對波蘭籍的教宗即位的新聞，經過徐復觀的古文手法，就成爲理學家的衛道文章了。他對於中國的前途依然是寄予最殷切的期盼，而這期盼在此由他一向批判的外國宗教而來加以說明：

> 就目前自由國家的思想混亂、精神墮落的現象而言，由「苦難意識」的重現基督的原始教義，可能在人們生命中增加力量，以浮雕出人類應當前進的大道坦途。這對自由世界而言，也會有重大的意義。歡迎新教宗的意大利人，其盛況較之過去有加無減，這已證明他們的宗教精神超赳了由國族而來的方隅之見，也應看作是好的開始。或許我的見解太天眞了，但現代也未嘗不需要這種天眞的見解。〔註135〕

雖然他自嘲是「天眞的見解」，但是這見解在日後卻證明是眞理。不過，更接近事實的說法，應該是人的基本權利的爭取，最終還是會戰勝專制的。共產黨禁止太多人心的自由，如信仰權、財產權、行動權等等，與它最初的理想口號幾乎是截然不同的，所以它可以騙得了一時，卻騙不了一世。波共的垮臺、蘇聯的解體、中共的開放，都是建立於人權的基本需求上，不是各別的國家的文化精神一類的話所能包含的。也不需要硬把以前的受苦受難經驗，拿來當作翻身的圖騰，因爲會要求基本權利的人，不見得都是熟悉過去歷史的人。因此，徐復觀有感而發的說明，對於西方宗教還是持批判態度的。所以他在一九六七年發表〈論中共的修正主義〉一文中仍不免說到：「設計共產主義的依然是人，將此一設計移之於實行，而引起流血最多的，只有基督教可以和它相比。」〔註136〕更在一九七九年發表〈孔子與馬克思〉一文中說：「台灣有的反馬克思，有的不反馬克思，但今日假定能找到一位「非基督徒」當祭孔時的「陪祭官」，已非常僥倖，這能和「聖誕節」的光輝相比嗎？」〔註137〕不過他也瞭解，不同地區的教會，對於中國文化也有不同

〔註134〕《雜文續集》頁19。
〔註135〕《雜文續集》，頁19。
〔註136〕《雜文‧論中共》，頁10。
〔註137〕《雜文續集》，頁44。

的態度〔註138〕，不能一概而論。

在徐復觀的觀念中，西方宗教與中國文化有先天不相容之處，他說：

> 在台灣勢力最大的是基督教，香港基督教的勢力也很大。基督教和
> 中國文化有不能相容的地方，如中國文化主張性善，而基督教說原
> 罪。然而中國文化中有宗教精神，這個道德精神或宗教精神是可以
> 相通的。但是中國文化不能承認那天堂、上帝。如要承認這些，便
> 要證明上帝的存在，歐洲中世紀花了幾百年來證明上帝的存在，都
> 不能成功。基督教的「愛」的精神，和中國「仁」的精神是可以相
> 通的，但是中國文化中愛的精神是從家庭開始，慢慢地擴大，基督
> 教則似乎不承認家庭的意義。中國文化是不排斥的、是和平的，基
> 督教則有鬥爭性、有排斥性。所以在這方面，有相通的，也有不相
> 容的。〔註139〕

其實，無原因的「迷」與有條件的「迷」只有動機上的差別，所表現出的外顯行為有很大部份是沒區別的。「迷」耶穌與「迷」孔子，不論原因如何，離真理都還有一大步，這方面我認為新儒家想要批評宗教的「迷信」，只是五十步笑百步而已，這是理性的迷信，也往往會引出「良知的傲慢」。宋代儒學以闢佛、老為己任，當徐復觀等新儒家起，則以反西化為己任，所以在他的宗教觀裡，其實主要是針對西方基督神學而發，所以才把中國傳統宗教與人文對立起來，而希望由反中國的宗教達到反西方宗教的目的。

徐復觀不認為人脫離宗教的迷信後，還會有理性的迷信，他說：「隨人類知識的進步，對於迷信的否定勢將成為對於原始宗教的否定。人類知識的活動一定是從原始宗教的否定開始。」〔註140〕這是因為他把原始宗教當作迷信的大本營。但是，反對原始宗教，原始宗教並沒有因此而消失，為甚麼呢？徐復觀解釋說，是宗教自己的「從迷信中脫皮出來」，他說：

> 但是宗教的本質應當在於迷信中有其超迷信的意義，某種宗教的沒
> 落或伸長，完全看它遇著人類知識的抵抗時能否從迷信中脫皮出
> 來，以發展超迷信的意義。而周初以天命為中心的宗教轉化，正是

〔註138〕他曾在給女兒的信上說：「美國教會和歐洲教會對我們的態度完全不同，歐洲
　　　　教會承認中國有高度文化，美國則認為我們是很原始性的，對中國存有一種
　　　　教化的心理。」《家書集》，頁217。一九七二年十二月十三日。

〔註139〕〈徐復觀先生談中國文化〉，《雜文・記所思》，頁102。

〔註140〕《中國人性論史》，頁36。

從迷信中脫皮出來的轉化。〔註141〕

而甚麼是「超迷信的意義」呢？他說：

> 所謂超迷信的意義，應當是對於現實生活中的人文的肯定，尤其是
> 對於人生價值的肯定、鼓勵與保障，因而給與人生價值以最後的根
> 據與保障，同時也即是以人生價值重新作為宗教的最後根據。〔註142〕

這當然是建立在他所認識的儒家思想的價值上。但是，是不是每一種宗教都
願意如他所說那般去「脫皮」呢？顯然不會，他也承認，所以說：

> 這固為古今中外的僧侶階級所不喜，而一切宗教總表現為超現世的
> 要求，但若完全超現世，則人文的世界不能成立，人的現實生活亦
> 勢必遭受抑壓而趨於萎縮淘汰。〔註143〕

所謂「完全超現世」的宗教，我想自古以來就沒有過。宗教若沒能為人們的
現世生活有所服務，哪怕只是一點生活慰藉，是無法得到多數人的信服的。
所以雖有「迷信」很深的宗教，但是它仍然是建立在使「迷信」的人們有所
安頓之下，而不是徐復觀所說的「完全超現世」。這裡徐復觀是試圖為宗教的
動員力量找到不合理的成份，以便提高儒家思想的沒落價值，這是他自信太
過的缺點，所以他在最後說：

> 宗教與人生價值的結合，與道德價值的結合，亦即是宗教與人文的
> 結合，信仰的神與人的主體性的結合，這是最高級宗教的必然形
> 態，也是宗教自身今後必然地進路。這正是周初宗教的特色特性。
> 〔註144〕

他認為「是宗教自身今後必然地進路」，這顯然指的是外國宗教，不然中國已
經在「周初宗教」就具有此「特色、特性」，萬不能到如今還在「進路」的階
段吧？但是事實又如何？以中國為例，經過道教與佛教的演化，甚至儒家的
人文化成，共產黨起來，甚至變成「無神論」，不是「脫皮」殆盡嗎？沒有「迷
信」到極點了吧？但是它帶給中國的啟示是甚麼呢？文化豈是能夠如徐復觀
所言般有順利的「進路」可言，這可能是基於「進化」觀念的文化觀。中國
一向是政治導向的文化，所以周初的宗教與人文的消長，一樣要考慮政治的

〔註141〕《中國人性論史》，頁36。
〔註142〕《中國人性論史》，頁36～37。
〔註143〕《中國人性論史》，頁37。
〔註144〕《中國人性論史》，頁37。

作用，不是眞是一個甚麼進步的思想，或超過西方的宗教轉化。他肯定周初宗教的轉化價值，爲的就是要替儒家思想的淵源找最高價值，因爲他們的價值是來自周初時代，特別是周公的制禮作樂。這是徐復觀身在東海大學，對於教會的感慨，以及中國儒家思想受外國教會勢力的衝擊，所帶來的思考。他希望藉此抑壓西方宗教的力量，提升傳統儒家的思想文化價值，在我看來是多此一舉。這與秦的焚書、阬儒，毛的文化大革命一樣，都是一時之氣，無法長久改變風俗的。儒家思想居於中國文化的主流，全因爲經學的解釋權被掌握；而朝廷自漢以來有以經師、經生爲主要取人標準，科舉之後更不用說，所以經學之盛造成儒學之盛，而經學之盛則肇因於政府的標榜與推動。如今政府既不以經學爲取人標準，經書比以前更乏人問津是理所當然的事；而「五四」到「文革」的過度批儒與批孔，純是「革命噱頭」，一時的口號罷了，豈能當眞？徐復觀性情急，又感時日不長，急於有所表現是情有可原的，這在他學術初期與學術後期的成就是看得出來的。所以他這裡所論的主要目的，其實是心中那一份對儒家思想的熾熱信仰，因此造成他立論的感性成分大於理性成分，從另一角度看，這也是一種「迷信」。

第七章　徐復觀對台灣知識分子的批判

　　徐復觀對民主政治的支持是無庸置疑的。但是在戰後台灣的政治發展中，他不得不向文化議題方面轉進，徐復觀曾在一九六三年回憶說：

> 《民主評論》在政治方面的願望，大概在民國四十一、二年之間已告破滅，此後只談文化問題，今日正由唐君毅、牟宗三先生以忍辱波羅密的精神苦苦撐持，想爲中國文化保留一個講話的園地。[註1]

這是因爲一九五二年六月時，《民主評論》就曾因爲國民黨高層的不滿而不再支持，導致停刊的命運。後來，雖然在一九五二年十二月復刊，但是，誠如徐復觀所言，它已經從政治的議題轉到文化的議題上去了，《民主評論》的「民主」之名可以說是名存而實亡了。這樣的改變，或許使他避免了過早受到政治鬥爭的波及，不過，以中國的文化與政治的糾結而論，他日後發表的文章與教學活動，都是被迫退休與離台的原因之一。可見，他只是延長被鬥爭的時間，並不能完全避免這場歷史悲劇，這是中國知識份子的悲哀，徐復觀對此雖早瞭然於胸，卻也難全無感慨。台灣已經走上自由民主之路，還原歷史是學術的當務之急，也是重責大任，不過卻不是爲此來翻舊帳、搞鬥爭。而在於前事不忘，才能成爲後事之師。如果台灣的知識分子不能記取徐復觀所給予的教訓，不珍惜民主自由的成果，對共產黨有不實際的幻想，不免要重蹈當初中國失敗的覆轍。

　　徐復觀一再強調克羅齊（Benedetto Croce 1866～1952）的「眞正的歷史都

〔註 1〕〈在非常變局下中國知識份子的悲劇命運〉，《中國思想史論集》，頁 276。

是現代史」的觀念〔註2〕，因此在還沒發表有關中國思想史的研究之前，就對於當代的人事物都曾不避諱地加以批評，這些文章主要收在他的《學術與政治之間‧甲集》中。對他而言，對中國歷史的研究主要就是為了「古為今用」，他自承無法做一些「無關痛癢」的學問〔註3〕。所以，他對知識分子的批判就是秉持此一信念，希望為台灣學術界提供一針砭之效，不再受中國不良傳統所影響，特別是近代中國的知識分子的錯誤所影響。他所批判的近代中國知識分子，當然是以乾、嘉以來的考據派學者為主。中國自五四以來，又以此派所轉化成的自由主義者為主，也就是到台灣以後的胡適派學人，這在前一章已經探討過。本章所重是針對他研究中國古代知識分子的結果，加以印證他在與當代學者論戰時的態度。在他一生中，論戰的對象很多，範圍也很廣，文學、史學、哲學、藝術、考古、社會、政治都有。其中所論的是非，誠如徐復觀晚年所曾說過的：「三十年之著作，可能有錯誤而絕無矯誣，常不免於一時意氣之言，要其基本動心乃湧出於感世傷時之念，此則反躬自問，可公言之天下，而無所愧怍者。」〔註4〕本章擬選出他批判比較激烈的三人為代表，錢穆、殷海光、胡適，來加以討論與比較。錢穆所代表的是傳統派學者，與徐復觀治學方向較近似，所以本文將之列於首位討論對象；殷海光代表西化派的第二代，受西方文化影響比較深，受傳統文化影響比較少；胡適則是西化派的第一代，既受傳統文化的薰陶，卻首先反對傳統文化，提倡西化。

第一節　中國傳統知識分子與政治的關係

　　徐復觀認為，中國最早的知識分子是貴族沒落以後所形成的士大夫階層，他在一九五四年就說過：

> 中國由貴族沒落而開始形成的士大夫階層，亦即是此處之所謂知識份子，第一，在社會上無物質生活的根基，除政治外亦無自由活動的天地，在戰國時代所出現的「遊士」與「養士」兩個名詞，正說明了中國知識份子的特性：「遊」是證明它在社會上沒有根，「養」是證明它只有當食客才是生存之道。〔註5〕

〔註2〕　〈懷古與開來〉，《甲集》，頁71。
〔註3〕　詳見《文存‧自序》。
〔註4〕　〈中國思想論集續篇‧自序〉。
〔註5〕　〈中國知識份子的歷史性格及其歷史的命運〉，《甲集》，頁139～140。

這裡所說的「特性」其實是大有問題。首先，所謂「在社會上無物質生活的根基」，與中國以農立國的根本特性就不合。再怎樣沒有物質條件，過著耕讀生活是不成問題的，所以蘇秦因為不願在家種田而要外出求功名，被家人取笑〔註6〕；劉邦的老爸也常常罵他不學學哥哥，好好種田，增加收入〔註7〕。這些都表示，在生活上若願意，靠耕作來維持「物質生活的根基」是不成問題的。另外，在亂世之中，特別是「貴族沒落」的時代，本來就是一般人，或是說下層階級的人的翻身機會，稍有才能與志氣的人，都不願雌伏的，所以孔子周遊列國，豈是因為「在社會上無物質生活的根基」？他是大夫之後，又當過大夫，怎會是「在社會上無物質生活的根基」的人？他是不願意在自己故鄉被冷落，所以才出遊各國去尋找機會。後來，也的確有幾次機會找上他，但是運氣終是不好，不能有結果。這就是開「遊士」之風的主因，並非如徐復觀所言的「在社會上沒有根」。機會既是開放的，人才就是流動的，這在當今是這樣，在古代中國大陸這塊土地上，也一直是這樣的。所以，先秦、三國，到魏晉南北朝，雖然是戰亂之世，人才濟濟的情況，卻也是公認的。

其次，所謂「養」，正是另一種開放的象徵，不是知識分子唯一的生存之道。天子既已無威權，封建禮儀全都無約束力了，力量大的，說話就算。而人才的多寡就是力量大小的決定因素，所以有志氣、有能力的貴族豈不以「養士」為務？不必說戰國，就算春秋五霸之首的齊桓公，都可以為了要稱霸而解除與管仲的生死恩怨，這不就是重視人才的最佳證明嗎？最後，最會收買人才的秦國與齊國成就最大，在戰國首先稱帝；楚國則是因為地理條件好，本就人才眾多，所以才敢在被秦滅國以後說出「楚雖三戶，亡秦必楚」的話來，這不就是人才力量的展現嗎？不是知識分子的故意寄食在先，是有野心的諸侯收攬在前。到後來，連雞鳴狗盜都可以側身入列，以備不時之需，人才的需求到這種地步，怎能說是因為知識分子「在社會上沒有根」與「只有當食客才是生存之道」的錯呢？當初徐復觀的傳食各地，恐怕也和傳統知識份子的「周遊列國」多少有一些相同之處吧。所以他對這樣的特性的批判，並不是很恰當的。

不過，他所說的「除政治外亦無自由活動的天地」是正確的。這是因為中國的政治，在周代建立一套更完備的封建制度之後，社會上所有的人都被納入嚴密的控管之列。就算貴族沒落之後，這一套制度的基本運作還是沒有

〔註6〕詳見《史記·蘇秦張儀列傳》。
〔註7〕詳見《史記·高祖本紀》。

太大的改變，只是它不在以全天下為範圍在運作，而是以國為範圍在運作。
另外，階級的變動方式不太一樣，也愈來愈頻繁。各階級的生活規範與特色，
還是保留住原先的模式，更不必說政治對社會運作的影響。政治既然掌控全
民生活，所以，知識分子想要得到翻身的機會，從政是最直接的方式；更何
況，「養士」之風已大開，等於是從政之門大開，所以「布衣卿相」的情況此
起彼落，自然對後起之士有很大鼓勵作用。但是，若因此而說：「中國的知識
份子一開始便是政治的寄生蟲，便是統治集團的乞丐。」〔註8〕就有些過份了。
中國的知識分子既以政治知識為主要修為，在人才開放的時代向統治集團求
仕進是必然的。徐復觀為了和希臘時代的知識分子做對照，因而過份貶低了
中國古代知識分子依附於統治集團的價值。周代的封建形態既然已經建立嚴
密的政治制度，那麼想要對社會有所影響，就只能在此制度內去實行。這套
制度的影響有多大，從秦、漢統一天下之後，都還在討論就可以看出〔註9〕。
因此，除了一部份知識分子甘心隱居以外，其他要有所作為的知識分子，最
好的方式就是往政治上去求發展了。

關於傳統中國的知識分子與政治的關係，徐復觀還曾進一步分析：

> 中國古代沒有獨立性的僧侶階級，以及此一階段的迅速沒落，這在
> 文化發展上雖然可使理性的光輝容易得到發揮，但另一方面，卻更
> 把知識份子與政治的關係緊緊地束縛在一起。〔註10〕

這種現象起於周代把知識分子綁在封建體系的貴族之中。貴族生活當然是離
不開政治，所以徐復觀所認定的「知識份子對政治依附的趨勢」，除了肯定「可
使理性的光輝容易得到發揮」外，都是貶低的意義。在貴族掌控的時代，從
封建的下層上升的機會很小，這是政治力的現實限制。在封建崩潰時，平民
可以透過受教育讀書而成為知識分子，也有機會從布衣變卿相，這也是需要
從政治著手。所以，知識分子與政治關係的緊密關係，不會因為制度的改變
而改變。但是政治與知識分子的關係既然如此緊密，徐復觀為何在此要對這
樣的關係用「依附」來嘲諷呢？主要原因就在於中國的專制政治的強化，及
他對知識分子的定義上。他認為：

> 有自覺的知識份子，縱然他生活上依賴了政治，有如黃山谷所說的

〔註8〕《甲集》，頁140。
〔註9〕詳見《史記·秦始皇本紀》。
〔註10〕《中國思想史論集》，頁264。

「食貧自以官爲業」，但有些人只想在事功上建立人生價值，決無人
承認「官」的本身乃至朝廷的賞罰能代表人生的價值，更不會有人
想把自己的權勢變成自己的學問。〔註11〕

這樣的觀點就影響他在一九六八年對所謂「知識份子」的定義。所以，他肯
定孔子、孟子、宋明理學諸大儒，但是就政治事功來說，這些人都是沒有成
就的人。徐復觀的標準，顯然是在政治道德上立說。這就牽涉到另一個問題，
專制政治下的政治道德問題。

　　中國歷史上最自由的時候，都是所謂的「亂世」，知識分子可以各展才能，
人主也以收攬人才爲主，期待有一番事業。這時，非但才能可以自由發揮，
政治道德也不必太高。但是，一旦進入統一的時代，知識分子的才能就必須
有所節制，因爲天下已定，若是不知好歹，在大一統的專制威權之下，知識
分子是沒有好下場的。這樣，一些有所堅持的知識分子，特別是徐復觀所定
義下，道德標準比較高的知識分子，從秦的焚書阬儒開始，到清的文字獄爲
止，都可以看到悽慘的下場。再加上徐復觀這時剛目睹的「雷震案」，都是昭
然若揭的證明。所以，專制政治之下的知識分子，豈能用太高的政治道德來
要求。而徐復觀所標榜的知識分子，則多半是生活在亂世的人，如孔子、孟
子；或是宋代的儒者。眾所周知，宋代對知識分子的優待，在中國歷史上，
可以說是最合現在民主標準的特例。所以，用這些知識分子來和其它時代不
同性質的知識分子做比較，顯然是不合理的。因此，徐復觀對叔孫通一直不
能認同，主要就是這個原因〔註12〕。但是，劉漢的天下，若非陳平能從呂氏
的手中奪回來嗎？基於此，所以徐復觀曾經以知識分子的由剛變柔的演化，
簡略說明中國歷史上知識份子的各階段的特性：

中國歷史上的知識份子出現於春秋末期，至戰國而大盛。秦始皇末
年開始對知識份子加以鎮壓，進入西漢，知識份子感到大一統專制
的壓迫，常常想到可以自由馳騁的戰國時代。到東漢爲止，則在反
外戚宦官的黑暗政治之下，主持清議特以節義見稱。簡單地總結一
句，到東漢爲止，知識份子中還有許多追求人生社會政治的理想，
不爲黑暗勢力所屈之士。〔註13〕

〔註11〕《中國思想史論集》，頁264。
〔註12〕其它類似陳平這種「盜嫂受金」的人，可以想像是更不能被他認同了。
〔註13〕〈五十年來的中國〉，《雜文續集》，頁10～11。

這是就東漢以前的情況而言，可以說是第一階段。接下去，到玄學之起則是第二階段，他說：

> 接著出現了黨錮之禍，「善類少有全者」；再接著，便是劉、曹之爭，曹氏與司馬之爭，又緊接著來一個「八王之亂」。在上述三次政治大鬥爭中，每一次都要犧牲比較佼佼者知識份子，把一般知識份子的骨頭都殺軟了，於是祇好借玄學以逃避現實。爲保存性命之計，這是知識份子的性格由剛變柔的一大關鍵。〔註14〕

這個階段，因爲是戰亂，所以知識分子所面對的是兩面性的局面：一方面可以擇賢主而輔，來大展長才，一方面卻也要面對專制君權的濫殺危機。後者是迥異於戰國時代的變局，所以徐復觀才有如此深的感慨。不過，相對於第二階段的強硬措施，第三階段的軟性禁錮使徐復觀更不以爲然，他說：

> 及隋、唐以科舉取士，由詩賦制義八股，一直延續千餘年之久，歪曲了知識份子求知的方向，局限了知識份子立身出世的範圍，揉碎、揉化了知識份子的骨氣與志氣。於是，科名得意的知識份子等於是專制者餐桌上的酥香雞，科名失意的則恰是魯迅所描寫的孔乙己，在長期磨折之下，除了少數以聖賢自期的名臣和理學家，及眞能岩棲澗飲的隱士外，都成爲以詩云、子曰掩護淪肌入髓的自私自利的無恥的動物。〔註15〕

這樣的批評根據，主要是由他研究中國的專制政治而來。所謂「以詩云子曰掩護淪肌入髓的自私自利的無恥的動物」，當然是苛刻些，因爲就一般人而言，生存與平常生活就是最重要的事，「聖賢」與「隱士」都是特出之人，與他們何干？在承認特權的前提下，「聖賢」又怎能算「聖賢」呢？而「隱士」的作用等於「零」，與那些苟且偷生的「自私自利的無恥的動物」的作用比起來，哪一個好些呢？徐復觀的評論主要是針對乾、嘉學者而發，以及延續乾、嘉學風而來的西化派學者而言，因爲他所目睹的國民黨的知識份子在近代的作爲，就如他所評的情況差不多，所以他對於毛澤東的迫害知識份子的所作所爲，才會有「因果報應」的看法〔註16〕。毛澤東的行爲當然是不能使人苟同，但是徐復觀在感嘆知識份子的「自私自利」之餘，對於歷史能夠給予報

〔註14〕　〈五十年來的中國〉，《雜文續集》，頁11。
〔註15〕　〈五十年來的中國〉，《雜文續集》，頁11。
〔註16〕　〈五十年來的中國〉，《雜文續集》，頁13。

應也只好贊時苟同一下。不過，他當然也不忘批判毛澤東的過份之處：「中共的罪過，在於把學問知識的本身和墮落的知識份子等同起來。」〔註17〕其實，站在統治者的立場，使人民無知是最好管控的方法，所以，打擊知識分子就是使人民無知的第一步。但是，這一代知識分子被殺盡了還會有第二代、第三代知識分子，怎麼辦呢？釜底抽薪的辦法就是否定知識、消除文化之根，這樣才能避免人民重新獲得知識之火種，而以之為日後反叛之資。因此，毛澤東的思考很明顯，作為也很單純：只能我有知識，你們只要聽我的。他可不會真為中國著想，更不可能為中國文化著想，也不是為了替天行道而來整治知識分子，所以沒有「罪過」或「不罪過」的問題〔註18〕。

另外，徐復觀相信「天下為公」的理想，是大多數中國傳統知識份子所認同的。他說：「儒、道兩家『為人民而政治』的政治理想，由此一思想所建立的政治主權的理想其歸結必然是『天下為公』。」〔註19〕所以，王莽的受禪即是此一思想的延續，他說：

> 稟承儒家思想的人，在西漢兩百零五年間，一直還以各種形態守住「天下為公」的大原則。後來許多人上書擁護王莽做皇帝，並不是如後人所說的，這是出於他們的「無恥」，乃是他們認為漢德既衰，在道理上便應當把天下讓給有德者去作。而王莽當時之謙恭下士，及通過「周官」所表現的政治理想，大家認為是可以做皇帝的。天下為公的政治理想，以班彪的「王命論」為大轉換點。〔註20〕

〔註17〕〈五十年來的中國〉，《雜文續集》，頁 13。

〔註18〕余英時說：「國民黨對知識份子還保留了一些傳統做法，尊重士大夫階級有學問的人，請他們講學，有些像『經筵講座』的樣子。但毛澤東不同，他一方面看不起知識分子，另一方面在知識分子面前又有自悲感，知識分子的命運就慘了。」（李怡：《知識分子與中國》，台北：遠流出版社，一九八九年八月初版。頁 148。）國民黨的行為或許可以從徐復觀的一段回憶得到印證，他在〈悼念孫立人將軍〉中說：「從南京末期到遷台初期，比較特出的將領有約請學術界人士談政治問題的風氣，孫也不例外。」（一九八〇年四月一日，《華僑日報》。收入《雜文補編》第六冊，頁 553。）如果「比較特出的將領」都有此風氣，那一直是軍事將領帶頭的國民黨，自然是一股「尊重士大夫階級有學問的人」的風氣。而毛澤東的個性若真如余英時所言，那他整知識分子當然不是如徐復觀所說的，真的要懲罰不好的知識分子，而是要報復所有令他自卑的知識分子。

〔註19〕《思想史論集》，頁 264。

〔註20〕《思想史論集》，頁 264～265。

他認為王莽是「謙恭下士」，但是算不算「偽善」呢？算不算「篡位」呢？知
識分子的上書，其實有其思想背景在的。當初的五德終始思想盛行，因為事
先已經有王莽具有「天命」的說法出現〔註21〕，所以知識分子的上書也就隨
著這個而行動。所謂「漢德既衰，在道理上便應當把天下讓給有德者去作。」
主要就是根據這個道理。假如說五德終始說也算是天下為公，那麼，秦與漢
也都是強調自己是天命所歸而來繼承前朝，那他們的武裝革命不就可以很簡
單地被合理化了嗎？這也算天下為公嗎？班彪的〈王命論〉其實是為王莽之
後的劉氏政權找合理的革命藉口，重點是再次強調：劉邦得天下是天命所歸，
是普通人難以取代的，所以劉家天下豈能輕易被取代〔註22〕？這和五德終始
說的天命思想可以說相去不遠，為何徐復觀標榜「漢德既衰，在道理上便應
當把天下讓給有德者去作。」的上書漢儒，而貶低寫〈王命論〉的班彪呢？

─────────────

〔註21〕《漢書・王莽傳上》：「是歲廣饒侯劉京、車騎將軍千人扈雲、大保屬臧鴻奏符
命。京言齊郡新井，雲言巴郡石牛，鴻言扶風雍石，莽皆迎受。十一月甲子，
莽上奏太后曰：『陛下至聖，遭家不造，遇漢十二世三七之阨，承天威命，詔
臣莽居攝，受孺子之託，任天下之寄。臣莽兢兢業業，懼於不稱。宗室廣饒侯
劉京上書言：「七月中，齊郡臨淄縣昌興亭長辛當一暮數夢，曰：「吾，天公使
也。天公使我告亭長曰：『攝皇帝當為真。』即不信我，此亭中當有新井。」
亭長晨起視亭中，誠有新井，入地且百尺。十一月壬子，直建冬至，巴郡石牛，
戊午，雍石文，皆到于未央宮之前殿。臣與太保安陽侯舜等視，天風起，塵冥，
風止，得銅符帛圖於石前，文曰：「天告帝符，獻者封侯。承天命，用神令。」
騎都尉崔發等視說。』」後來才由哀章假造事件，《漢書・王莽傳上》：「梓潼人
哀章學問長安，素無行，好為大言。見莽居攝，即作銅匱，為兩檢，署其一曰
「天帝行璽金匱圖」，其一署曰「赤帝行璽某傳予黃帝金策書」。某者，高皇帝
名也。書言王莽為真天子，皇太后如天命。圖書皆書莽大臣八人，又取令名王
興、王盛，章因自竄姓名，凡為十一人，皆署官爵，為輔佐。章聞齊井、石牛
事下，即日昏時，衣黃衣，持匱至高廟，以付僕射。僕射以聞。」所以王莽就
順水推舟地登基下書曰：「予以不德，託于皇初祖考黃帝之後，皇始祖考虞帝
之苗裔，而太皇太后之末屬。皇天上帝隆顯大佑，成命統序，符契圖文，金匱
策書，神明詔告，屬予以天下兆民。赤帝漢氏高皇帝之靈，承天命，傳國金策
之書，予甚祗畏，敢不欽受！以戊辰直定，御王冠，即真天子位，定有天下之
號曰新。其改正朔，易服色，變犧牲，殊徽幟，異器制。以十二月朔癸酉為建
國元年正月之朔，以雞鳴為時。服色配德上黃，犧牲應正用白，使節之旄旛皆
純黃，其署曰『新使五威節』，以承皇天上帝威命也。」

〔註22〕班彪：〈王命論〉說：「不知神器有命，不可以智力求也。悲夫！此世之所以
多亂臣賊子者也。……蓋在高祖，其興也有五：一曰帝堯之苗裔；二曰體貌
多奇異；三曰神武有徵應；四曰寬明而仁恕；五曰知人善任。」（嚴可均：《全
上古三代秦漢三國六朝文・後漢文》卷二十三，頁9。台北：世界書局，一九
八二年二月四版。）

其實班彪也不過是在向王莽的支持者示威，其中的內容，比劉邦自己當年所說的理由還幼稚，卻是五德終始說下的天命思想主軸，與西漢以來的流行沒有甚麼大差別的。若說班彪放棄天下為公的理想，倒不如說，五德終始說的天命思想，都是馬後炮，對於有了權勢的人就說是有了天命，對於失敗的人就說失去天命，那有天下為公的思想在？班彪的為劉氏講話，與那些為王氏講話的人，其實目的都一樣罷了！

徐復觀所贊成的西漢知識分子「以各種形態守住『天下為公』的大原則」，其實是以董仲舒的天人思想為主。董仲舒以為天的賞罰是依君王之德的有無為準據，以此而成就他的天人合德的思想體系。這一套思想本就是儒家思想的主軸，可以追溯到周公告誡成王的歷史。但是，後來西漢武帝卻把天對君王的賞罰移到大臣身上，所以受到誅殺的大臣無數，連宰相都難幸免。如此可知，統一天下的專制帝王，根本已經無後顧之憂，所以豈會愛惜人才？無緣無故都要為皇帝背黑鍋，知識分子若還堅持政治道德，不就是等於找死嗎？還能說什麼天下為公的道理嗎？這仍是迂腐的書生之論而已，最後，董仲舒也只能落得和孔子、孟子一樣，無法有何事功成就可言。

徐復觀當然知道專制政治對知識份子的壓迫與扭曲，但是他不放棄為「有自覺的知識份子」說話，他覺得：「在長久的專制的歷史大流中，中國稍有自覺的知識份子，在政治上一直還堅持三個比較低的原則，不稍放鬆。」〔註23〕這三個原則只是一種批判標準，卻沒有達到行動標準，所以仍是書生之論。簡單地說，它可以用來決定知識份子的賢與不肖，可以用來批評皇帝的賢與否，但是對於不賢的君與臣又能如何？這比起孟子所言的「聞誅一夫」的話當然是無力得多了，實在不值得提出來標榜。

徐復觀為何提這些迂腐之論呢？他真的是這樣迂腐的人嗎？當然不是，實在是因為他親眼看到雷震案前後的君臣之相，而與中國傳統的君臣有了很高度的比照，因此拿來與古代知識份子的思想做反思。這時他剛寫完《中國人性論史—先秦篇》，已經開始要寫《兩漢思想史》，對於專制政治的形成的研究，剛好與現代史的專制實情有了很好的印證，所以才對古今知識份子的異同有此認識。因此，提出這樣的歷史，當然有以古諷今的作用，但是對於實際的局勢其實是沒有扭轉的空間的，這就是他說的「在非常變局下中國知識份子的悲劇命運」的意義。因為蔣介石所採的還是中國傳統政治的專制方

〔註23〕《中國思想史論集》，頁265。

式，根本不在乎自己如何被歷史批判，只有如何鞏固政權，與傳給兒子繼承的想法而已。徐復觀與雷震都待過高層，如今一被關，一成驚弓之鳥，就算在高層還有朋友，卻又「誰肯相爲言」？感慨之深，是不言可喻的。

　　徐復觀認爲，古代知識份子就算因爲專制而有理想堅持與否的差別，但是，到科舉產生以後，知識份子全部「不復知有社會國家」，這是傳統知識份子的另一特性，他說：

> 在上述的現實與理想面的歷史條件中，一般知識份子多是在二者之間
> 搖擺不定，即是有的爲了現實而拋棄理想，亦有的因理想而犧牲現
> 實，或者想改變現實。不過，自隋唐科舉制度出現後，知識份子集團
> 的由現實中下墜，直下墮到只知有個人的功名利祿，不復知有人格，
> 不復知有學問，不復知有社會國家的「人欲的深淵」裡去了。〔註24〕

這裡可以看到他爲宋明理學說情，他說：

> 從另一個角度講，宋明理學是由反科舉而反知識份子墮落的運動。
> 他們希望從講學方面另開出一條與政治保持一種距離的知識份子的
> 活路，清代考據是順著科舉精神所發出的反宋明理學的一種畸形的
> 學術活動。〔註25〕

單純地把宋明理學一概講成一體就是很大的錯誤。北宋與南宋的理學家，講學的目的就不會一樣，宋代與明代也不會完全一樣。況且以「講學」與「考據」相對比，也就更難以比較。徐復觀在此所要強調的，只是宋明的知識份子比清代的考據學者更不受科舉羈絆，但是這在前面已經說過，宋代對知識份子的優禮超過明、清兩代，所以這樣的比較並不合情理。另外，他所要批判的，當然是科舉制度對知識份子的戕害，以及乾、嘉之學的不如宋明理學的地方。所以他認爲，清代因爲外國力量的入侵而引起的改革者，就會因此把矛頭指向科舉制度，其中孫中山是他最崇拜的知識份子，他說：

> 鴉片戰爭以後所引起的知識份子的自救活動，在學術上必修正乾、
> 嘉時代餖飣考據的學風，在制度上必反科舉、反八股，而集結此一
> 自救運動之大成的是孫中山先生。他在「上李鴻章書」中主張了學
> 校制度，在民族主義中重新提出了中國的道統，在民權主義中接受
> 了民主主義（考試在今日只能成爲行政中的一種技術，中山先生卻

〔註24〕《中國思想史論集》，頁267。
〔註25〕《中國思想史論集》，頁268。

把它提高爲五權之一，是不必要的。）在民生主義中接受了社會主義。我可以這樣說，中山先生的三民主義，僅從政治社會方面來說，他實際繼承並發展了中國傳統知識份子的理想，而開出了以世界爲規模的中庸之道。〔註26〕

但是，只靠孫中山是沒有辦法馬上改變中國的知識份子傳統觀念的，他舉出科舉的遺毒說：

科舉的遺毒深中於中國知識份子的心髓，其最顯著的形態是：（一）不擇手段以爭取個人的升官發財的私利，而毫不顧惜公是公非。口頭上可以講各種學說，但在私人利害上決不相信任何學說。（二）除個人家庭享受外，對文化政治經濟等等，只有破壞而無半絲半毫的建設性，這種「遺毒」於不知不覺之中，傳播上了以三民主義爲號召的國民黨中的許多黨員，使其在主義與遺毒之間不斷的搖擺不定，而發生不斷的鬥爭、分裂〔註27〕

這樣的批評有簡化的問題，就像前面講宋、明理學與清代考據學者一樣。辛亥革命以後的中國是混亂的，也就是傳統的所謂「亂世」。誠如前面所說，在亂世之中，知識份子的政治道德是不能提得太高的；而且因爲自由選擇度很高，所以這時的「不擇手段」、「破壞」，都是辛亥革命以來的延續影響，知識份子之所以會這樣，在中國歷史上還算是常態而已。所以，可以這樣說，一九一一年的辛亥革命，其實到一九四九年才完成軍事的紛亂，但是內部的社會秩序則要到一九七六年毛澤東死後才比較上軌道，前後經過大約近七十年的時間，在中國歷史上根本不算長，只是因爲徐復觀身歷其境，所以才感覺悲憤異常罷了。這樣的特性與近代知識份子接上了關係，其中則與西方文化的接觸有很大關聯。

在一九七九年他發表〈一個政治家的王陽明〉一文，對於王陽明有新的評價〔註28〕，也提出傳統政治家的兩種不同類型：

現實政治家這一類型的人物，在儒家的傳統中與聖賢事業的理想政治家有決然的分別。第一、現實政治家其動機多在於滿足一己的權

〔註26〕《中國思想史論集》，頁268。
〔註27〕《中國思想史論集》，頁268。
〔註28〕他在最早的作品〈象山學述〉一文，也曾批評過王陽明，但是在本文前言他坦承：「二十年前我在『象山學述』一文中曾談到王陽明，後來深悔立論的粗率。」《雜文續集》，頁24。

力欲望，而聖賢事業其動機則係出於仁義之心的所不容自已。第二、
現實政治家以達到自己之功名爲目的，以其政治上之施爲爲手段，
聖賢事業則以對人民之解懸救溺爲目的，而自身並無所謂功名；極
其至，如孔子之所謂「堯舜之有天下而不與焉。」（論語）所以聖賢
的出處與施爲，一以仁義爲依歸；而現實政治家則常揣時度勢，求
其能出而不甘於處；求其能成就功名而不一定問其是否合於仁義，
所以爲儒家傳統所賤。〔註29〕

這一大段話雖然是講政治家，其實也可以看作是講傳統知識分子。仁義爲心
的知識分子自然是以聖賢事業自期，其他不以聖賢事業爲意的，一意追求功
成名就，徐復觀不認爲這些人足以稱爲理想的政治家。爲何他不以事功爲標
準呢？他說：

政治事功的發揮，在帝王專制時代，主要決定於一個人的際遇；而
一個人的際遇，又決定於皇帝的昏明和政治學術的風氣。中國秦始
皇所開始的專制之局，到明代發展到高峰，由黑暗進入到野蠻的程
度。〔註30〕

當然的情況是，專制的時代沒有可能給人有自由發揮的機會，但是中國的專
制是否都一直沒有鬆弛過呢？如果有，那就是可以自由發揮的機會了；如果
沒有，那改朝換代總是專制被推翻的時候吧，它又是如何發生的呢？如果沒
有人抓住機會去運作，難道改朝換代會自然發生嗎？要抓住機會，難免要「揣
時度勢，求其能出而不甘於處；求其能成就功名，而不一定問其是否合於仁
義」，這是通理，絕無法以迂腐之心論其道德之層次的。所以徐復觀一直不能
體諒叔孫通，大概就相當於當時一部份魯生之不能認同叔孫通一樣，這從徐
復觀這篇晚年文字可以得到定論。

徐復觀對中國的專制研究花了很大功夫，也有許多成績。但是他的成績
主要是在秦、漢之際的轉變上，東漢以後的研究因爲天不假年而成遺憾。所
以對於以後的變化，有許多未眞正掌握到的東西。專制之所以爲禍還是因人
而異的且比他所知的王陽明爲例他說到：

一般推許陽明的事功，輒首推他於正德十四年（一五一九）平定寧
王宸豪的叛變，他也因此封新建伯……其集兵之速、用兵的機敏果

〔註29〕《雜文續集》，頁24。
〔註30〕《雜文續集》，頁29～30。

斷，遂得於兩月零七天中平定大難，這當然是很突出的成功，但這
是一位良將可以做到的。〔註31〕

他不覺得王陽明的事功有何特別了不起，所以他接著說：

當在危疑震撼之中，見理之明，斷事之果，及成功後避嫌遠害，險
夷不滯於胸中，視功名如草芥，這便不是一位良將所能做到的。他
之得以成功，還是在贛南開府時的各種設施所奠定的基礎。〔註32〕

為何王陽明「在危疑震撼之中，見理之明，斷事之果，及成功後避嫌遠害，
險夷不滯於胸中」被徐復觀贊許，這種心思與「揣時度勢」有何差別嗎？反
過來說，一個人若不能有「揣時度勢」的心思，又怎能「在危疑震撼之中，
見理之明，斷事之果，及成功後避嫌遠害，險夷不滯於胸中」呢？

　　王陽明為何要「在危疑震撼之中，見理之明，斷事之果，及成功後避嫌
遠害，險夷不滯於胸中」呢？因為功高震主，也是同僚猜忌，所以徐復觀接
著說：「他立了擒宸濠的大功以後，反而招致皇帝的猜忌，幾陷於不測。連江
西有功將士，亦抑置不與賞賜。一度內召，又為輔臣所阻。」〔註33〕這裡不
在探討他所舉的史實是否正確，只是想藉他所舉之事，討論王陽明的自處之
道。這樣的功臣與這樣的遭遇，在中國歷史上並不少見，明初的大殺功臣就
是最明顯的例子。明朝的專制，表現在對大臣的不信任，特別是對功臣，這
似乎是建國以來的傳統。所以，以王陽明而言，若不能「揣時度勢」，如何能
「成功後避嫌遠害」呢？更重要的，他必須使朝廷確認他並無挾功以謀權之
舉，這些若不能「揣時度勢」，又如何可能呢？況且，此時明朝大權多在宦官，
最忌憚功臣的也莫過於宦官；王陽明要保命，當然就要知道應付宦官的方法，
而應付宦官是否能夠「一以仁義為依歸」呢？那徐復觀所說的明代是「由黑
暗進入到野蠻的程度」的說法不是言過其實了嗎？

　　總之，徐復觀對於傳統知識分子的分法，太過於強調「仁義」之有否並
不恰當，因為傳統的中國知識分子都是要往政治圖發展的，所以對於現實政
治已有很深的「揣時度勢」的傳統，而不是「聖賢事業」的傳統。因為能夠
「揣時度勢」，所以才能適應專制與否的政治變化，也才能有一番事業可言，
孟子也以「聖之時者」稱讚孔子，難道還不足以說明被徐復觀奉為儒學正傳

〔註31〕《雜文續集》，頁35。
〔註32〕《雜文續集》，頁35。
〔註33〕《雜文續集》，頁35。

的孟子，其所重視的政治智慧之所在嗎？

雖然他對近代中國知識分子的批判不遺餘力，但是對於熊十力的批評就相對含蓄許多，他曾回憶熊十力說：「他斥附和專制者為『奴儒』，若以此指謫漢儒，誠未免不深知漢儒：但即此可以了解他疾憤專制之深。」〔註34〕徐復觀在〈熊十力先生之志事〉一文中又說：

> 熊先生的大著《原儒》，我看過好多次，都不能看完。因為其中有不少曲說。尤以貶黜孟子，一反他平生論學的宗旨，使我感到難過。
>
> 友人牟宗三先生（熊先生的學生）告訴我，熊先生此書，用意希望在委曲之中，想影響共產黨，使他作和平的演變。〔註35〕

牟宗三此說不知何據，但是孟子說：「枉己者，未有能直人者也」（〈滕文公下〉），把「曲說」當作一時「委曲」可能太小看共產黨的頭頭；而「枉己」卻想「直人」顯然又是太失新儒家立場；牟宗三硬要為熊十力出脫，站在師生情誼上，本是情有可原，但是這正是中國學術界的陋習之一，站在學術上是不可取的態度。其實，熊氏因為沒有離開中國，屈從於共黨專制之下，頗不受徐復觀所同情，翟志成所公開的徐復觀和熊十力的往來書信中，就曾有過責備〔註36〕，因此，他對熊十力的《原儒》有意見是可以理解的。而徐復觀此文雖稱熊十力疾憤專制，但是身陷中國，卻不願離開，此是徐復觀所親見，在此若只是因為熊十力之疾憤專制而稱道他，顯然也是不顧事實。這和他一再批判錢穆否認中國歷史上有專制政治比起來，真是不可相提並論，以下就討論他與錢穆之間的主要論戰。

第二節　徐復觀與錢穆的論戰

學術分家往往是身後追隨者或是學術史家所加上，意在敘述時容易概括，以簡馭繁，有時也有推尊的用意。不過，也因此容易給人意識形態的觀

〔註34〕〈遠奠熊師十力〉，《雜文・憶往事》，頁229。。原刊於一九七九年三月廿七日的《華僑日報》。

〔註35〕《雜文——憶往事》，頁221。

〔註36〕有關熊十力的轉變，與其信件中所透露出的思想，詳見翟志成：《當代新儒學史論》，台北：允晨出版社，一九九三年七月一版二刷。其中〈熊十力佚書九十六封〉、〈論熊十力思想在一九四九年後的轉變〉二文有很多新資料，足以說明熊十力的人格問題。不過這事在徐復觀的公開著作中都沒有看到他提過。此中對《原儒》的批判已算最露骨的了。

念。有了意識形態就容易黨同伐異，對於學術問題的探討就先失了客觀的前提。錢穆生前主張所謂先秦「六家」或「九流十家」之說不該再使用，筆者深表贊同。此舉不但可以在研究上避免分類的困擾，也可以還原大思想家本就具有的獨特性。把具有獨特性的思想家，妄想以一條或數條「通則」貫串，實在是「創意有餘，理性不足」的愚見。如果真是跟他人有那麼多共同點，我不認為他們會再是偉大的思想家；若隔了幾百年或數千年，還是有那麼多共同點，我也認為那是脫離現實的迂腐學者；當然，隨聲附和者，連學者都談不上，更不必說是屬於哪一家。中國古代學者，因為時代背景所繫，所以「托古」或「尊祖師」的精神較盛，遂成一風氣。但是在如今的臺灣，筆者認為沒有必要再墨守成規，那非但無益，徒增困擾。近代新儒家的形成，正是當今值得探討的問題。本文想要從徐復觀的批評中，去瞭解錢穆堅持不被列入新儒家的理由；也想要以此繼續探究，當今學術界仍然在分派分流的不必要性。希望學術的求真精神，能夠盡量超出情感之外，以達到「針對問題談問題」的境界，才真能為國家人民有所貢獻。

一、論戰的經過

　　余英時在一九九一年曾經發表一篇〈錢穆與新儒家〉的文章〔註37〕，以說明錢穆的治學精神與新儒家之間的差異所在；錢胡美琦也在一九九五年在香港「錢賓四先生百齡紀念會」上講演〈也談新儒家〉一文〔註38〕，再次提出錢穆生前不願被歸為新儒家的一些原因。在這兩篇文章中，主要在釐清錢穆與新儒家之間的差異，並為錢穆生前不願被歸為新儒家作辨明。所謂新儒家，與錢穆同輩的代表人物是指唐君毅、牟宗三、徐復觀等三人。余英時與錢胡美琦在文章中，對於錢穆的治學特點、新儒家的治學特點等都有概括的說明。筆者在讀過這兩篇文章後，對於錢穆的治學精神與新儒家的特徵有了比較深的認識，因而認為此一論題值得更加完整而深入的做一客觀的比較研究。因此，筆者關於這個主題的研究動機，絕大部份可以說是因為這兩篇文章而來；另外，則是對於二十世紀的臺灣學術史想要有所深入探究而引發的。

　　徐復觀與其它二位新儒家代表人物不同之處，在於他的學問方向是偏學

〔註37〕余英時：〈錢穆與新儒家〉，《猶記風吹水上鱗──錢穆與現代中國學術》（台北，三民書局，一九九五年再版），頁31～98。

〔註38〕錢胡美琦：〈也談新儒家〉，《錢穆先生紀念館館刊》年刊第五期，一九九七年十二月，頁125～132。

術史，不在於建構哲學體系。就這一方面而言，筆者認為與錢穆是較近似的。本文所要探究的，是從徐復觀在學術上公開對錢穆的批評中，去看看有多少非合理性？這些非合理性之所以產生的可能原因是什麼？在錢穆與新儒家的許多異質性中，這些非合理性又居於什麼地位？而在他的批評中，所牽涉到的學術觀點的合理差異，筆者認為無關本文主旨的部份，則暫不去涉及，以免模糊問題焦點。

經過初步探究，筆者認為，錢穆與徐復觀在個性與學術態度上有基本上的差異，而這些差異是導致徐復觀對錢穆提出一系列批評的主因。本文從徐復觀對錢穆的著作的批評著手，分析其中的是非曲折；再配合兩人書信中所涉及較不為人知的部份，以探究兩人從摯友到交惡的原因。因此，本文從徐復觀對錢穆的批評中，選擇最具代表性的四篇批評文章為主要探討對象，分別是：

（1）〈《中庸》的地位問題—謹就正于錢賓四先生〉，原刊於一九五六年三月一日，七卷五期的《民主評論》。後收入《中國思想史論集》，有一九五九年中央書局版及一九六七年學生書局版。本文所引以《中國思想史論集》為據。這是針對錢穆的《中庸新義》而發。

（2）〈有關思想史的若干問題—讀錢賓四先生〈《老子》書晚出補證〉及《莊老通辨・自序》書後〉，原刊於一九五七年十一月十六日及十二月二日，一六九期及一七〇期的《人生》。後收入《中國思想史論集》。本文所引以《中國思想史論集》為據。這是針對錢穆的莊子與老子先後問題而發，其中也有一部分延續《中庸》的成書時間問題。

（3）〈明代內閣制度與張江陵（居正）的權、奸問題〉，原刊於一九六六年八月，十七卷八期的《民主評論》。後收入《中國思想史論集》附錄四。本文所引以《中國思想史論集》為據。這是針對錢穆在《中國歷代政治得失》中有關明代制度的部分的批評。

（4）〈良知的迷惘—錢穆先生的史學〉，一九七八年十二月十六日～二十日的《華僑日報》。後收入蕭欣義編《儒家政治思想與民主自由人權》，有一九七九年《八〇年代》版與一九八八年學生書局版。本文所引以學生書局版為據。這是針對錢穆在一九七八年訪問香港時，接受《明報月刊》專訪時談到中國歷史上有無專制的問題所提出的批評。

這四篇文章在題目上都是針對錢穆而來，比較沒有模糊的空間；就內容

而言，前兩篇主要針對錢穆的諸子學中最有創見的《莊子》學與《老子》學而發，其中也牽涉到《中庸》的成書時間問題；第三篇則是針對張居正的歷史地位而言；第四篇則是就錢穆的史學中關於中國政治是否有「專制」一題的批評。在題材上，都是針對錢穆的重要創見而發，應具相當代表性，所以本文以此四篇為主要探討對象。

在一九六二年，徐復觀發表〈三千美金的風波—為《民主評論》事答復張其昀、錢穆兩先生〉一文，曾寫到與錢穆交惡的經過，以及對他的學術提出批評的主要原因：

> 錢先生對我的咬牙切齒，是因為我批評了他對中國文化的幾種基本看法。我的態度是：（一）在學術上無足輕重的問題我不會批評，例如錢先生罵張居正是權臣，有位湖北前輩先生要我寫一文辨正，我便把明代內閣制度發展的經過，錢先生的立論，都擺了出來，以證明他的錯誤，寄給他看。這種顯明的歷史事實，錢先生在答文中說得很牽強，並謂他和我的爭論有點像陳同甫和朱元晦的爭論一樣，他是處於不利的地位。我看到他的答文後，便把我的文章擱下不發表。〔註39〕（二）出於無心的錯誤，我可以私人商量討論，也不會寫文章去批評。所以我在寫文章批評錢先生以前，都經過長期通信的商討規勸。（三）本來可以作若干不同解釋或說法的，乃至為一般人所能瞭解的錯誤，我也不批評，所以我從來不批評錢先生所說的民主政治這一類理論。〔註40〕

在這三個態度中，（一）已經在一九六六年發表〈明代內閣制度與張江陵（居正）的權、奸問題〉一文時打破；關於（二），是在說明他之前所發表的二篇批評文章，都是因為對錢穆「長期通信的商討規勸」無效才發表，可是徐復觀的觀點是否就一定完全正確呢？另外在一九六二年以後發表的兩篇文章，可就沒有經過這樣的程序了；關於（三），在一九七八年發表〈良知的迷惘—錢穆先生的史學〉一文時也已打破。可見一九六二年時所說的批評態度，真正符合事實的地

〔註39〕當時兩人尚未交惡，且徐復觀在學術上尚無建樹，可能因而有所顧慮。此文後來經修改，於一九六六年八月的《民主評論》十七卷八期發表。因為此刻兩人分道已久，當初的所謂「無足輕重」，如今卻成為攻訐工具了。

〔註40〕徐復觀著，李明輝，黎漢基編：《徐復觀雜文補編》（台北：中央研究院文哲所籌備處，二〇〇一年十二月），第二冊，頁185～186。此文原發表於一九六二年四月二十三至二十五日的《自立晚報》。

方是非常少的。如果就批評的內容來看呢？且看徐復觀自己的說法：

> 我批評錢先生的有兩點：一是他以一個人「能自有好惡」來解《論
> 語》的「仁」，即認為《論語》上所說的「仁」乃是一個人能澈底發
> 揮自己的好惡，而不受輿論的束縛。……二是錢先生堅持《中庸》、
> 《大學》是出於《老子》，而《老子》是出於《莊子》。〔註41〕……
> 在開始兩篇批評文章，我儘量說得客氣，生怕有傷錢先生的尊嚴，
> 以後經過多次通信而了解他的心理因素時，便在〈有關思想史的若
> 干問題〉一文中，用「以考據對考據」的方法加以不甚客氣的批評，
> 錢先生由此而咬牙切齒這是情有可原的。〔註42〕

若依前引徐復觀之文所說，一九六二年以前的這幾篇文章的發表，應該是在
錢穆已經無法「商量討論」的情況之下，徐復觀才公開批評的，也就是他這
裡所說的「了解他的心理因素」。在「商討規勸」無效之下，徐復觀就以公開
發表的方式表達，特別是最後一篇，是「以考據對考據」達到「錢先生由此
而咬牙切齒」。在此，徐復觀所要說明的，是錢穆因被「以考據對考據」的批
評而造成惱羞成怒，來顯示錢穆的心虛。其實，看了批評的原文之後，筆者
認為「不甚客氣的批評」內容，恐怕才是主因；至於為何會出現這樣「不甚
客氣的批評」，與徐復觀對錢穆早有一些不滿有關，他回憶說：

> 我偶然混到東海大學教書，當時文教上的權威人物，兩次長途電話
> 要東海大學解我的聘，在這種情況下，錢先生面都不願和我見；寫
> 到台北歡迎他的信，也忙得無法回；《民主評論》求錢先生一篇文章
> 而不可得，請他當編委會的召集人，連理也不理。此時，我縱使有
> 勇氣再把當年的芋頭烤給錢先生吃，錢先生恐怕也食不下咽，而我
> 也未免太不通人情吧！〔註43〕

〔註41〕 這是指錢穆先生的〈中庸新義〉與《莊老通辨》中的觀點。徐復觀先後以〈中
庸的地位問題——謹就正于錢賓四先生〉（刊於《民主評論》七卷五期，一九
五六年三月一日）與〈有關思想史的若干問題——讀錢賓四先生老子書晚出
補證及莊老通辨自序書後〉（刊於《人生》一六九期，一九五七年十一月十六
日，及一九五七年十二月二日《人生》一七〇期）兩文就教於錢穆。

〔註42〕 《雜文補編》第二冊，頁186。

〔註43〕 徐復觀：〈三千美金的風波——為《民主評論》事答復張其昀、錢穆兩先生〉，
《雜文補編》第二冊，頁184。根據一九六七年十二月發表的〈反共與反漢奸〉
一文指出：「我對張其昀先生不作學術上的批評，他當教育部長時曾以電話要
東海大學解我的聘，我從來不把此事放在心上。」，詳見《雜文補編》第二冊，

徐復觀於一九五五年到東海中文系任教兼系主任。徐復觀這裡所說的事，應當是一九五五年以後的事。就在這一年，徐復觀在信中與錢穆、唐君毅都討論過《中庸》的問題。如果當年徐復觀是在這些不滿之下，而對錢穆的《中庸》觀點提出不同意見，理性的成份當然是不夠的，才會發出「不甚客氣的批評」。以他當時與錢穆的交情，卻鬧到「咬牙切齒」，絕非只是學術上的「不甚客氣的批評」就能夠解釋的，例如，關於「《論語》的『仁』」的批評，錢穆有專文回應，但是兩方此時都還很心平氣和〔註44〕。如果錢穆因為批評者的「不甚客氣」而「咬牙切齒」，顯然就顯示自己沒有接受批評的雅量；而以兩人當初的交情，論難時為何還需要分「客氣」或「不甚客氣」呢？更何況是在經過「多次通信」以後〔註45〕？一九五五年以後，徐復觀因為批評轉為「不甚客氣」，以至於一九五七年以後兩人已沒有甚麼書信來往，可知交惡的情況是很嚴重。而在一九六二年之後，徐復觀的兩篇批評得更激烈的文章，更是全不顧當年所宣示的批評三態度，可見其「咬牙切齒」的心情恐怕是不輸錢穆對他的態度。而從以下這封在一九六七年給女兒的信，則更可以想像他兩人的針鋒相對：

　　　　為了向研究院的研究員作一次正式講演，我花四、五天準備，因為

[分隔線]

　　　頁345。徐復觀對於要解聘他的張部長「從來不把此事放在心上」，卻對老友錢穆的「面都不願和我見」因而耿耿於懷，此中親疏之別與氣憤之深淺，真令人無法理解。
〔註44〕這是指錢穆的《四書釋義》中〈論語要略〉的論點。徐復觀曾發表〈儒家在修己與治人上的區別及其意義〉（一九五五年六月十六日《民主評論》第六卷第十二期。後收入《儒家政治思想與民主自由人權》與《中國思想史論集續篇》）一文批評。後來錢穆回應以《心與性情與好惡》一文（一九五五年六月十六日《民主評論》第六卷第十二期。後收入《錢賓四先生全集》18冊的《中國學術思想史論叢（二）》）。徐復觀的文章主要並非針對錢穆的觀點，批評只是其中的一小段而已；錢穆的回應也很含蓄，並沒有指名道姓與針鋒相對。這時兩方都表現出學者的理性思辯水準，只針對問題在談問題。
〔註45〕如果我們仔細看看下節所引徐復觀在〈有關思想史的若干問題〉一文中是多麼不客氣，以及在錢穆所給他的回信上所透露的訊息，就可以發現其中的原因並非如徐復觀所言那般。在此要點出的是，這事也許誠如徐復觀所認為，是兩人交惡的主要關鍵，但是他卻未把真實原因完全說出，且有誤導外人之嫌。徐復觀在此說：「錢先生由此而咬牙切齒這是情有可原的。」就是在暗示錢穆因為被他說中「要害」而惱羞成怒。其實，卻是徐復觀在文中失去學者該有的理智在先，以意氣之爭的語句攻訐錢穆。況且，早在〈中庸的地位問題——謹就正于錢賓四先生〉於一九五六年發表時就已經顯露出來。其中原委將在以下的章節作較詳細說明。

錢賓四見人就罵我，所以我特別講『中國史學精神—史記之一探測』，這是錢賓四的看家本領，我偏偏要針對他的本領講問題。昨天一口氣講了兩個鐘頭，講得十分成功，沒批評任何人一句，但他們聽了才曉得中國史學是怎麼一回事，不是錢賓四們所能摸得到邊的。〔註46〕

從這個語氣看來，就不難了解為何一九六六年要發表那篇本來自認為「在學術上無足輕重的問題」的文章，為何在一九七八年要發表那篇批評錢穆關於「民主政治」的觀點的文章。總之，在這四篇批評文章中，除了學術上的爭論，所夾雜的其他爭論原因，含有許多不理智的成份，這樣都減低批評的客觀性與可信度。以下將仔細將這些因素提出討論。

二、批評的缺失

本章所要探討的重點是四篇批評中的缺失。筆者認為這些缺失有些是刻意的，有些是無心的，但是兩種都對錢穆造成傷害。這顯示的是，徐復觀個性的衝動，與他學術趨向的意識型態過強，與錢穆是完全不同的兩種人，而這可能是錢穆所持「道不同不相為謀」的主因。

（一）私人恩怨

這四篇文章都是在一九五五年以後所發表，在時間上是在徐復觀到東海中文系任教以後的事。前面提到，徐復觀在這一年前後累積了許多對錢穆的不滿，有一些是私人的、有一些是因為政治上的；不論如何，徐復觀卻全算到錢穆的身上，認為是他不顧情誼。徐復觀與錢穆有何情誼，才惹得現今徐復觀如此生氣？在徐復觀的自述中，提到他對錢穆與新亞的幫助〔註47〕，那錢穆對徐復觀的照顧呢？徐復觀在一九四六年退役時，就一心想往學術界發展，所以辦了《學原》雜誌，開始大量接觸學術界的人物。當徐復觀在一九四九年五月遷徙到臺灣定居，初時工作頗不穩定，除了香港的《民主評論》的工作外，就無固定的工作。而至一九四九年六月，香港的《民主評論》開辦，因地利之便，與錢穆的交往就日漸密切。當時錢穆則在香港辦新亞書院，

〔註46〕徐復觀著，曹永洋，黎漢基編：《徐復觀家書精選》，（台北，中央研究院中國文哲研究所，中國文哲專刊 23，）頁 209。這是徐復觀在一九六七春到香港講學半年，在五月十日給女兒的信中所說到的。

〔註47〕詳見〈三千美金的風波——為《民主評論》事答復張其昀、錢穆兩先生〉所記。

雖然苦力支撐，仍然是在學術界默默耕耘。兩人初時的交誼，可以從《民主評論》在一九五一年第一次停刊前後看出。當時徐復觀因某些原因而心灰意冷，錢穆曾寫信勸慰，多方鼓勵：

> 至《民評》社事更為複雜，兄若滯東瀛不返，難怪臺方多所猜防。……弟意兄長期留東瀛終非得計，此後盼仍往返港、臺，能一心一意專辦《民主評論》，對多方貢獻已屬甚大。……至《民評》已費許多心血，似不宜即此放棄，而關鍵則在兄之出處。若長期留東瀛，竊恐《民評》前途必有變化。……如以弟言為然，即速函臺方，聲明即歸，據弟揣測，似不致有多大問題也。〔註48〕

這時徐復觀在日本，而《民主評論》遭遇挫折，致使他有意放棄經營，移居日本，所以錢穆才以此信相勸。錢穆的勸告，一則動之以情，希望徐復觀以中國文化的傳續為念；一則說之以理，不願徐復觀因衝動而遭遇高層誤解，那後果將更不堪設想。後來，《民主評論》果然在一九五一年六月十六日出第二卷第二十四期後，第一次停刊，當時徐復觀還在日本。錢穆此時已深知徐復觀個性的缺點，他曾在信上說：

> 兄此年來似多憤激，此固外面刺戟使然；然如能養得此心安恬，則牢騷憤鬱之情自然消散。……猶憶去年此時，兄在蕪湖街亦為《民評》事灰心，弟曾力勸勉力打破難關，至今又歷一年，弟勸兄勿小視此事，能忍則忍、能耐則耐、能遷就則遷就、能委屈則委屈。若心中真看得起此一事業，能真為此事業前途犧牲，則此刻斷非山窮水盡之時。縱謂是山窮水盡，兄返臺一行，亦是為此一事業盡了最後之努力。〔註49〕

徐復觀此時必定是受了莫大委屈，但是錢穆明白徐復觀的個性「憤激」，因此才會與高層鬧僵了。希望他稍稍抑制一下個性的缺陷，以大局為重。最後，徐復觀在當年年底前回臺灣，《民主評論》也在停刊半年後，於一九五一年十二月十六日復刊。就這事前後看來，錢穆的正面影響是很明顯的。錢穆雖然無法給徐復觀物質上的幫助，但是從這些信看起來，錢穆在精神上的鼓舞與安撫作用應該不小，兩人的情誼應該也是建立在這方面的。比起徐復觀所

〔註48〕錢穆：〈致徐復觀書〉，《素書樓餘瀋》（《錢賓四先生全集》，臺北：聯經出版社，1998 年）第 54 冊，頁 315，，一九五一年五月十六日信。

〔註49〕同前注，頁 316。

抱怨的「文教上的權威人物，兩次長途電話要東海大學解我的聘，在這種情況下，錢先生面都不願和我見；寫到台北歡迎他的信，也忙得無法回；《民主評論》求錢先生一篇文章而不可得，請他當編委會的召集人，連理也不理。」等事，兩者顯然是不能等同看待的。徐復觀刻意忽略錢穆對他精神上的支持，而在錢穆無法幫忙的事情上抱怨〔註50〕，進而發洩在學術研究上，這樣建立在私人恩怨上的學術，當然是不可能有太大的客觀性。所以，所表現出來的，就是意氣之爭的處處顯露。以下就針對他在批評中所顯示的意氣之爭作探討。

（二）意氣之爭

徐復觀前二篇文章提出的問題主要是在《中庸》的成書時間上。雖然徐復觀自認為對於第一篇的批評是「我儘量說得客氣，生怕有傷錢先生的尊嚴」，可是從內容來看，恐怕不是這樣，且看徐復觀在本文最後一節所寫：

> 錢先生此文，因將人附屬於自然上去說，自然本身無所謂理性、道
> 德、善惡、人格高下等，故反投在人的身上，也不承認有理性、道
> 德、善惡、人格高下等，而只承認一「感情衝動的自然調節」，於是
> 主張「不遠禽獸以為道」，……錢先生的此一思想，可以在現代庸俗
> 的唯物主義、自然主義中尋找其根據，可以在莊子思想的下半截中
> 尋找其根據，但絕難在儒家中尋找其根據。錢先生以此來說明自己
> 的思想，這可以增加思想的多彩性，但以此來加在古人身上，作思
> 想史的說明，則幾無一而不引起混亂。〔註51〕

這段話把錢穆的理論與「現代庸俗的唯物主義、自然主義」並列，又說這樣僅止於「莊子思想的下半截」，似乎貶抑過低；再加上後面「引起混亂」之說，文章的理性則已經消失，難怪連唐君毅看了後，都在信中勸徐復觀：「錢先生答兄一文，弟昨日乃看到。兄前文最後段，在態度上不免激切；錢先生此文，在態度上更欠大方。」〔註52〕若是針對問題談問題，何必用此「激切」之語

〔註50〕以張其昀要東海解聘徐復觀為例，其實可能是蔣經國的意思，因為徐復觀在一九五二年因為在《自由中國》發表〈青年反共救國團的健全發展的商榷〉一文，而與蔣經國有很深的裂痕。詳見薛化元：《《自由中國》與民主憲政——1950年代臺灣思想史的一個考察》，臺北，稻香出版社，一九九六年七月。頁280～283。

〔註51〕徐復觀：〈中庸的地位問題——謹就正于錢賓四先生〉，《中國思想史論集》（台北，學生書局，一九五九年初版。），頁88。

〔註52〕唐君毅：〈書簡——致徐復觀廿五〉，《唐君毅全集》（台北，學生書局，一九

呢？若無此「激切」之語在，又怎會引來錢穆「欠大方」之語在後呢？所以，本文雖然徐復觀自認是「說得客氣」，可惜就內容看來，連他的同道好友是都不認同的。

　　「說得客氣」的文章都有「激切」之語，以後「不甚客氣」的文章就更不用說，請看第二篇中的言語：

> 我讀錢先生的〈老子書晚出補證〉（民主評論八卷九期收入莊老通辨以後簡稱補證）及〈莊老通辨自序〉（以後簡稱自序）後，頗少契合。
> 然覺前輩先生每於其學成名立後，常喜自抒胸臆，不落恆蹊，橫說豎說皆無所謂，不必多所異同。〔註53〕

「前輩先生每於其學成名立後，常喜自抒胸臆，不落恆蹊，橫說豎說皆無所謂。」這幾句話是對前輩學者的嘲諷之語，等於把「學成名立」後的學者都看成隨便胡說的自大狂。如此武斷的說法，恐怕不只錢穆一人看了之後會「欠大方」。又說錢穆反宋明理學：

> 當錢先生寫這篇自序時，既將義理之學的自身，及後人對義理之學作思想史的研究，混而不分；復擎著清代考據家反宋、明學的口號，（……）而自謂超出於漢、宋門戶之爭以外，這是不公平的。時移世易，誰也張不了漢、宋的門戶，所以今日無所謂漢、宋之爭。所爭的乃是中國假使有文化，則中國文化的精神到底是甚麼的問題。
> 〔註54〕

這段話如果配合以下這段話來看，會更容易瞭解徐復觀批評的心態：

> 乾、嘉學派所講的漢學，是講的兩漢學術中最沒有出息的一方面的東西，所以他們是完全沒有思想的學派；再加以他們為了張大自己的門戶，便無條件地反對宋學，而實際則與今人相同，只是以此掩護自己生活中的瘡疤，預防由自己良心發現而來的不安的感覺……這一悠久的傳統文化，其中心乃在追求人之所以為人的道理，包括人與人之間如何可以諧和共處在裡面，並加以躬行實踐……但這一文化傳統在乾嘉學派手上完全被否定了，這還有什麼中國文化可

　　九○），卷二十六，頁103。錢穆的文章是指〈關於〈中庸新義〉之再申辯〉，刊於《民主評論》一九五六年三月，收入《錢賓四先生全集》18冊。

〔註53〕徐復觀：〈有關思想史的若干問題——讀錢賓四先生〈老子書晚出補證〉及〈莊老通辨・自序〉書後〉，《中國思想史論集》，頁89。

〔註54〕《中國思想史論集》，頁93。

言。但今日高踞學術壇坫的人，依然是以能作乾嘉學派的餘孽而自豪、自喜，這還有甚麼學術可言呢？〔註55〕

在徐復觀的思想中一直有「儒家思想為中國傳統思想之主流」的觀念〔註56〕，而且認為「中國文化的精神，亦即儒家的精神」〔註57〕。因此他對於乾嘉學派或所謂考據學派的攻擊是不遺餘力的，此從上引二段文字就可以看出。而在批評錢穆的文章中，顯然也是把錢穆打入乾嘉學派的「餘孽」，所以才會說他「擎著清代考據家反宋明學的口號，而自謂超出於漢、宋門戶之爭以外」。錢穆是否反對宋明學，可以從他最初給剛剛到大學教書的徐復觀的建議信上看出，他說：

> 吾兄有意向中國文化上追求，此斷然是時代需要，盼勿為一時風尚搖惑。惟四十以後人做學問，方法應與四十以前人不同，因精力究不如四十以前，不得不看準路向，一意專精，切忌泛濫。弟意兄應妥善用所長，善盡所能，一面從日文進窺西方，一面在本國儒學中，只一意孔、孟、易、庸、程、朱、陸、王幾個重要點鑽研，以兄之銳入，不到五年必可有一把柄在手，所爭者在志趣正，立定後不搖惑，潛心赴之，他無奇巧也。〔註58〕

這是一九五二年的信，以此信的內容來看，一位反宋明學的人會勸人「一意孔、孟、易、庸、程、朱、陸、王幾個重要點鑽研」嗎？還是短短幾年之內，錢穆已經從「鑽研宋明學」的人變成「反宋明學」的人呢？這兩種推測，對深明錢穆的徐復觀來說都是難以理解的事，更何況是別人。如今卻發生在徐復觀身上，恐怕只能用前面的「私人恩怨」來解釋。隨著「私人恩怨」而來的，就是這些不明不白的意氣之爭。而在一九六六年的〈明代內閣制度與張江陵（居正）的權、奸問題〉一文的發表，本在它「死而復生」的動機中就充滿不合理性，內容中當然也就免不了意氣之語，且看以下這段文字：

> 假使歷史上的權臣、奸臣皆如江陵張氏，何至亡國坢族相次呢？我

〔註55〕徐復觀：〈中國歷史運命的挫折〉，《中國思想史論集》，頁261。
〔註56〕徐復觀：〈研究中國思想史的方法與態度問題〉，《中國思想史論集》，頁7。
〔註57〕徐復觀著〈儒家精神之基本性格及其限定與新生〉，蕭欣義編：《儒家政治思想與民主自由人權》（台北，學生書局，一九八八年），頁65。
〔註58〕錢穆：〈致徐復觀書〉，《素書樓餘瀋》，頁323。這是錢穆在一九五二年給剛到台中農學院教書的徐復觀的信，（筆者案：此信未標月日）。不料，此信寫就五年後，在一九五七年，徐復觀的學術成就日有所成時，卻與錢穆書信斷絕，友誼決裂，豈錢穆當初所意料得到。

國專制政治到明代而發展到高峰，錢先生的高論實質上是認爲明代
的專制還不夠，然則中國的歷史到底要走向何處？〔註59〕

又在一九七八年的〈良知的迷惘—錢穆先生的史學〉一文開頭就說：

《明報》月刊一九七八年十二月號，刊出了「錢穆伉儷訪問記」，紀
錄了錢先生對史學的見解，這是他一貫的見解，但此時此地他又加
強地重複出來，使我的良知感到萬分迷惘。……錢先生依然發表假
史學之名，以期達到維護專制之實的言論。對在生死邊緣掙扎的十
億人民所發出的沉痛的呼聲，潑上一盆冷水，這未免太不應當了，
所以我再不能把我良知上的迷惘沉默下去。〔註60〕

其中的「認爲明代的專制還不夠」以及「假史學之名，以期達到維護專制之
實的言論」都離事實很遠。錢穆對於中國歷代政治有無專制的看法，一直是
很不能讓人接受，但是卻絕非如徐復觀所說的「認爲明代的專制還不夠」以
及「假史學之名，以期達到維護專制之實的言論」。近人李筱峰有一段比較客
觀的分析：

如果我們一口咬定錢穆反對民主政治，這是不公允的。他之所以不
願承認中國傳統政治是專制的，而硬說是民主政治，正因爲在他的
價值觀念中，『專制』一詞是屬於負面價值的，而『民主』則富有正
面的意義。〔註61〕

從這裡可以看出，李筱峰是深入錢穆的心裡層面在看這個問題，而徐復觀的
批評只是就表面的文字，而隨意加在錢穆身上以「反民主」的罪名罷了。若
非心中先有成見，以徐復觀的理智，怎會隨意扣人以此大帽呢？徐復觀對民
主自由的支持與付出，我們不該抹煞，但是對於溫和派的學者隨便扣上「反
民主」的大帽，卻是我們不敢苟同的事。這全是因爲徐復觀夾雜私人恩怨之
下的意氣之爭，並非是客觀的學術爭論。從這些人身攻擊的言語看來，就知
道徐復觀與錢穆兩人漸行漸遠的情況，而造成這個情況的另一主因則是徐復
觀的門戶之見，這在他的批評中也處處可見。

〔註59〕徐復觀：〈明代內閣制度與張江陵（居正）的權、奸問題〉，《中國思想史論集》，
　　　　頁290。

〔註60〕徐復觀：《儒家政治思想與民主自由人權》，頁178。《明報月刊》一九七八年
　　　　十二月號，刊出了《錢穆伉儷訪問記》。

〔註61〕李筱峰：〈「溫情與敬意」的民主？〉，《進出歷史》，臺灣：稻香出版社，1992
　　　　年。頁21。

（三）門戶之見

余英時說：「今天『新儒家』的門戶便是從一九五八年這篇〈宣言〉引發出來的。」〔註62〕其實，早在這〈宣言〉發表之前，錢穆與牟宗三、唐君毅、徐復觀三人的相互之間，隱然就是一股對外作戰的傳統保衛戰士，但是一九五八年錢穆並未參與此〈宣言〉的簽署，雖然張君勱與徐復觀都曾寫信邀請。錢穆拒絕的主要原因，就在於他認爲此舉有設地自限的疑慮，對於文化復興與推廣不但無利反而有害〔註63〕。錢穆一向主張「學者不可無宗主，而必不可有門戶」〔註64〕，也曾在信中向徐復觀提出過這樣的看法：

> 弟意今日講宋學最好能避免『教主氣』，……弟因不喜教主氣，因此亦不喜『門戶傳統』，……弟去年在臺北與兄爭論朱、陸異同，亦覺兄似乎因主張象山而陷入門戶舊套之故。……弟所不滿於宗三者，惟覺其總多少帶有宋儒教主氣，弟前所不喜於十力先生者亦正在此，此乃各人性氣不同，別人常說我要當教主，弟心中決不爾，則深自知之也。〔註65〕

從這段話中的「覺兄似乎因主張象山而陷入門戶舊套之故」之語，已可見兩人爭執之中的學術態度之差異。而關於所謂「教主氣」，勞思光曾有一段生動的描寫：

> 人一自命爲教主，便無條件假定別人應該受他的訓斥。照一般宗教的習慣，「教主」的「訓斥」大抵是可以看作一種「教化」的，所以

〔註62〕余英時：〈錢穆與新儒家〉，《猶記風吹水上鱗》，頁67。此〈宣言〉全名是〈中國文化與世界——我們對中國學術研究及中國文化與世界文化前途之共同認識〉，同時發表於一九五八年元月的《民主評論》與《再生》。

〔註63〕錢穆在一九五八年五月三十日有〈復張君勱論儒家哲學復興方案書〉一文，曾發表在香港《再生》一卷二十二期，一九五八年七月，收入《錢賓四先生全集》23冊，頁251～252。徐復觀之前應該已先有信給錢穆，所以錢穆在給徐復觀的信中曾提到：「君勱先生意欲對中國文化態度發一宣言，私意此事似無意義。學術研究貴在沉潛縝密，又貴相互間各有專精，數十年來學風積敗已極，今日極而思反正，貴主持風氣者導一正路，此決不在文字口說上，向一般群眾聳視聽而興波瀾，又恐引起門戶壁壘耳。」《素書樓餘瀋》，頁365，一九五七年八月一日。

〔註64〕余英時在〈錢穆與新儒家〉中也說：「章學誠論『浙東學術』曾說過一句名言：『學者不可無宗主，而必不可有門戶。』錢賓四師一生治學，大體上都遵守這一精神。」《猶記風吹水上鱗》，頁31。

〔註65〕《素書樓餘瀋》，頁338～340，一九五五年六月二日。

　　自居為教主的人，每每訓斥別人，自己還以為是他對別人加以青眼。
　　可是當教主所面對的並非他的徒眾時，則人家自然有些受不了；於
　　是，縱使是頗有理據的議論，一旦通過教主的訓斥方式來表達，也
　　就成為不能被接受的了。〔註66〕

從勞思光這一段描寫當然無法確認誰是教主，他在文章中也一直沒有明確指
出；但是，從他指出的特性看，新儒家代表人物中確有多人是很接近的〔註67〕。
至於錢穆的信，則是一九五五年寫的，接著，隔年徐復觀就發表〈中庸的地位
問題〉一文，向錢穆的學術主張提出強烈挑戰，這和兩人對「門戶」看法的差
異不無關係。錢穆依《莊子》談《中庸》，本意是「就《中庸》論《中庸》，僅
當作思想史看，並非討論儒、道兩家得失。」〔註68〕還說：「先秦家派本不該
嚴格劃分，此乃劉歆《七略》本〈六家要旨〉如此云云耳，此後即不擬再照此
分別。」〔註69〕徐復觀則一再強調《中庸》一書在儒家思想系統中佔有一重要
地位，他說：「《中庸》一書，在儒家思想系統中所以佔一重要地位，就我所了
解，當不出於下列數端，都發生著承先啟後的作用。」〔註70〕接著並詳加說明
原因，約可歸為以下三點：

　　1、儒家思想以道德為中心，而《中庸》指出了道德的內在而超越的性格，
因而確立了道德的基礎。

　　2、《論語》主要是就下學而上達的下學方面立教，故最為切實，而《中
庸》則提出道德的最高境界與標準，指出人類可由其德性之成就，以與其所
居住之宇宙相調和，並進而有所致力。

　　3、尤其重要的是，《中庸》提出了道德價值、人格價值的最高標準，以
為人道立極，使人生成為一上達的無限向上的人生，同時更為走向此最高標

〔註66〕勞思光：〈中國知識份子之幻想〉，《歷史之懲罰》，台北：風雲出版社，一九
　　　　九三年十一月。頁110。
〔註67〕熊十力「訓斥」人，與徐復觀「訓斥」人都是很有名的，這從他們故舊門生
　　　　的相關回憶都可以看出，此不贅引。而關於牟宗三，徐復觀曾經回憶說道，
　　　　他因為不知不覺中把殷海光當學生看，而引起殷海光的生氣與疏離。詳見徐
　　　　復觀：〈對殷海光先生的憶念〉，《徐復觀雜文——憶往事》（台北，時報出版
　　　　公司，1980年），頁175。這樣看來，錢穆說牟宗三有「教主氣」，也非無的
　　　　放矢。由徐復觀對錢穆批評中的「激切」態度，更是讓人不能不有「教主氣」
　　　　的聯想。
〔註68〕《素書樓餘瀋》，頁357，一九五五年九月廿三日信。
〔註69〕《素書樓餘瀋》，頁360，一九五五年十月十一日信。
〔註70〕《中國思想史論集》，頁78。以下所歸類，詳見該書中頁78～86。

準而提供了一條大路。

　　這些原因使得徐復觀必然要堅守《中庸》在《孟子》之前的說法。也因為這些原因，所以徐復觀對於錢穆要把《中庸》說成「會通儒、道」的說法，就看做是要把《中庸》在儒家思想系統的地位過繼給道家；而站在新儒家的立場，他自然是不願依順的。在他的思考裡，只要《中庸》不歸屬於道家，錢穆所論「會通」之說當然就無法沾上邊。而這些門戶所限的看法，大大阻礙徐復觀對錢穆的瞭解。其實，錢穆已在信上表明過：「決不曾謂《中庸》乃道家義，只是匯通道家言，以為儒說另開一新面，此在《中國思想史》已抉發其大要。」〔註71〕但是徐復觀仍無意接受「匯通」之說，仍要發文批評，爭一主流地位。唐君毅曾在信中對他客觀分析過錢穆的思想趨向，說道：

> 彼有歷史慧解，生活上喜道家，故在歷史上善觀變。但其思想實自來不是孟子、中庸至宋、明理學之心學、道學一路……目前一般青年心中，已漸不視錢先生為真正之理學家、真儒者，而只視之為一國學大師、史學家，乃一對彼較好之現象，可免被責為偽儒，故其所為文他人亦不必如何重視，則兄所慮者亦不如是嚴重矣。〔註72〕

從這裡可看出幾個問題，以確認兩方存在的不同看法：一是徐復觀因為擔心以錢穆的地位，會因其不正確之論而對青年產生影響，這將是對儒學的傷害，所以寫文反駁錢穆；二是唐君毅雖然引一般人的看法，但是，他自己也根本不認為錢穆還是儒者，在他眼中，錢穆已經從「偽儒」變成「國學大師」、「史學家」；三是在唐君毅的想法中，「真儒者」、「理學家」與所謂「國學大師」、「史學家」是不相容的。至於「其思想實自來不是孟子、中庸至宋、明理學之心學、道學一路」則在錢穆給徐復觀的信中已提到：「平常講學喜愛陽明，而生活則內羨晦翁。若真照陽明精神，在事上磨練，不得不在學問上放棄，王學末流便成空疏。弟沉浸於清儒經學中甚深，私心實慕晦翁之博聞。」〔註73〕從此就已經看出錢穆是走朱熹「道問學」的路子。因此，一是「心學、道學一路」，一是「博聞」的史學、國學之路，兩方學問之宗主各異，實已經很明顯；再加上一些私人怨恨，所以徐復觀提出文章來「激切」地批評錢穆，自然是無所顧忌了，也是合情合理的發展。隔年（一九五七年），在〈有關思想史的若干問題—讀錢

〔註71〕《素書樓餘瀋》，頁362～363，一九五六年二月廿四日。
〔註72〕《唐君毅全集》卷二十六，頁98。
〔註73〕《素書樓餘瀋》，頁360，一九五五年八月十七日信。

賓四先生老子書晚出補證及莊老通辨自序書後〉一文中，徐復觀除了繼續《中庸》的問題的批判外，對於錢穆所主張的「老子書晚出」一事，更是不計情份地批評，所以徐復觀才承認此文是他「用『以考據對考據』的方法加以不甚客氣的批評」而導致錢穆「由此而咬牙切齒。」〔註74〕在文章最後，徐復觀更歸納錢穆的「宏願」說：

> 我讀錢先生這幾年的著作，似乎錢先生抱有一個宏願，即是要建立一個莊學的道統。錢先生認莊子為道家之祖，不僅老子由此出，《易傳》、《中庸》、《大學》及有思想性之小戴《記》等亦皆認為出自老、莊，宋、明理學若僅從文獻上的根源說，則《中庸》、《大學》、《易傳》實為其不祧之宗，至此而亦成為老、莊思想的轉手，生於莊子以前之孔子，在錢先生「能實有其好惡謂之仁」的新異解釋之下，也變成為具體而微的莊子，此說如能成立，誠為研究中國思想史上的一大革命，但由錢先生新考據方法所得之結論，千百年後所不敢知，當前是很難取信的。〔註75〕

「道統」之說是新儒家最喜歡的名詞，這時卻拿來給錢穆當「帽子」戴。從之前兩人通信內容看來，顯然徐復觀並非不知錢穆「不立門戶」的一貫主張；而說孔子是「具體而微的莊子」，以及「此說如能成立，誠為研究中國思想史上的一大革命」二話，又是嘲諷多於辯證。錢穆的不願再對此有所回應，我們是可以理解的。從這裡我們才知道，一位以傳承儒家「道統」自居的人，與一位「不立門戶」的人，在論爭儒、道思想淵源的問題上，是很難有理性的交集的。再加上學歷史的錢穆強調了「新考據」，也就引起一向反對「乾嘉考據學」的新儒家的反擊心，凡此都是徐復觀提出「不甚客氣的批評」的主

〔註74〕《雜文補編》第二冊，頁186。關於錢穆的〈老子書晚出〉一說，是針對今本老子而言。在一九七三年長沙馬王堆出土的《帛書老子》甲、乙本，與一九九三年荊門郭店的《竹簡老子》甲、乙、丙組出土，雖然證明《老子》一書最慢在戰國中期以前就有（詳見《文物》一九九七年第七期的相關討論），但是他們和今本《老子》在編排與文字上，卻已有許多關鍵差異，這是在以今本《老子》判斷年代時易發生的混淆，由此看來，錢穆所主張《莊子》內篇早於今本《老子》的看法，也並非全沒道理。因為從《竹簡老子》中的文句證明，早期老學一派並不是激烈的反禮樂仁義者，也就是說《莊子》外雜篇中批評孔子的一些記載，與今本《老子》或《帛書老子》是相近的，卻是不同於《竹簡老子》的。因此，若由此推論今本《老子》晚於《莊子》內七篇，是很合理的推論。

〔註75〕《中國思想史論集》，頁117。

因之一。在這個主因之下，所提出的學術論辯，再如何想要針對問題談問題都是枉然，讀者只會被不時雜出的不相關抨擊言論弄得更加不忍卒讀而已，於學術問題的解決似乎無大助。而最大的門戶分野，當屬一九五八年初〈文化宣言〉一文的發表。當然，這個舉動也可以看成錢穆正式與徐復觀等人劃清界限的表白，而這表白的背後，與前述的論爭的過程應該也有一些關係，而不單是錢穆所說的避免豎立門戶的問題。其後，因為錢穆的這一表白，徐復觀對他的批評自然就更「不甚客氣」了。錢穆不再像之前一般對徐復觀抱有規勸的希望，則可以從他不再回信看出；另外，僅在一九五八年初給學生的信上抱怨到：

> 徐君混身黨務多年，心習未淨，徒知掉弄筆墨，並意氣不平，甚難於學問之途有深入之望。南來數年，於徐君頗加獎掖，不知彼驟博時譽，遂忘故吾。穆向之持論，常謂學問深淺一視其德性修養為判，故必誠學者潛心宋學，因經此一番磨練，始於學問有最高境界可窺也。〔註76〕

這是錢穆的失望之語，雖有怨徐復觀忘恩負義之意，但是卻沒有在公開文章上說；尤其對於徐復觀當初進入學術界的「頗加獎掖」之功，也沒在此信細說。凡此都可見錢穆對徐復觀的失望之情，但是，卻看不到徐復觀所謂的「咬牙切齒」。

三、從批評中探錢穆與徐復觀治學趨向的差異

治學趨向應該要從整個學術成就來看，但是，這裡所能做的只是針對這四篇批評而發，所以只能說是初步的探索。不過，雖然是針對很有限的資料，卻是針鋒相對的明確意見，從中可以清楚看出兩方治學趨向的差異所在。

（一）史學與哲學的差異

從一九五六年徐復觀第一篇批評的內容看來，徐復觀當初的學問是以義理為主，對於歷史證據的掌握還不夠成熟。因此，雖然有意爭《中庸》的成書時間先後，所提的證據卻不夠，連他自己後來都承認這一點疏略，他在一九六七年時說：

> 〈中庸的地位問題〉一文中的第二節，提出了五點論證以證明《中庸》乃出現在《孟子》之前，現在看起來只有將《論語》、《中庸》

〔註76〕錢穆：〈致余英時書〉，《素書樓餘瀋》，頁410，一九五八年一月廿六日信。

之知仁勇與《孟子》之仁義禮知作對比之第二項證據可堅確不移，
其他四項論證則稍嫌薄弱。此一問題須在拙著《中國人性論史先秦
篇》中始得到解決。〔註77〕

就證據上而言，當年的「稍嫌薄弱」，不只錢穆不認同，他的好友唐君毅也無
法苟同，曾經寫信給他說：「關於《中庸》之時代，弟覺仍以置之後來為宜，
如此方見孟學之統之足超過莊、荀等之處。」〔註78〕而他在《中國人性論史
先秦篇》中的看法是否真能解決此一問題呢？以今人的研究結果而論，此一
問題仍是難以解決之事，徐復觀的話只是自信太過之語〔註79〕。這種自信可
以視為一種哲學創見，但是對於歷史事實的認識是一大阻礙。一九六六年九
月，錢穆在回答徐復觀的〈明代內閣制度與張江陵（居正）的權、奸問題〉
一文時就說到：

我總認為歷史應就歷史之客觀講，若自己標舉一理論，那是談理論，
不是談歷史。若針切著談時代，那又是談時代，不是談歷史。這並
不是說歷史經過全符不上理論，全切不到時代，只是用心立說應該
各有一立場。〔註80〕

這是錢穆多年研究史學的心得，其中可以看出理性客觀的分析態度。而徐復
觀的史學研究，雖然以中國思想史為範圍，但是若對於思想家的思想沒有相
應的瞭解，如何進行相應的歷史研究呢？對於歷史與思想的糾結當然就更無
法有效處理，所以徐復觀的學生對他的部份研究成果也表示無法很認同，曾
提出這樣的評斷：

他對中國哲學的形而上建構方面全然不契。他把儒家文化稱為「心

〔註77〕《中國思想史論集‧再版序》，頁1。《中國人性論史先秦篇》在一九六九年一
　　　月出版，其中第五章是〈從命到性──《中庸》的性命思想〉，第一節是〈《中
　　　庸》的構成及其時代〉。
〔註78〕〈書簡──致徐復觀書廿五〉，《唐君毅全集》卷二十六，頁105。
〔註79〕今人高柏園《中庸形上思想》說：「《中庸》思想實與孔、孟思想一脈相承，
　　　而與道家重形上學之傾向相應，此顯有繼承孔、孟以回應老、莊思想挑戰之
　　　傾向。即據此義，本文認為《中庸》極可能是子思及其門人的共同作品，其
　　　書不必成於一人，而最早應在孟子之後，漢初之前即已成書。」（臺北東大圖
　　　書公司一九八八年三月）頁31～32。高氏之書晚出，曾對歷來之說加以探究，
　　　仍只能得「最早應在孟子之後，漢初之前即已成書。」之結論。雖然否定徐
　　　復觀之說，卻也不肯定錢穆的「會通」之說，而主儒家「回應」道家之說。
〔註80〕錢穆：〈答徐君書〉，《中國歷代政治得失》附錄，《錢賓四全集》31冊，頁200
　　　～201。

的文化」，雖然這是個很有趣的主張，卻暴露他片面理解的缺失。同
樣的，他把莊子稱爲「藝術的心態」，這也是一個富啓發性的見解，
可是無當於莊子哲學。他對宋明理學家所強調的體認工夫似乎也做
得不夠。〔註81〕

這些當然都是針對之前的研究而論。然而，就徐復觀晚年力作《兩漢思想史》
而論，應該另作一看待。因爲這時他的學術生命已有一段時間，在先秦與兩漢
史學方面的浸淫也已充足；同時，年歲與人生歷練上也進入另一階段，所以研
究成果也相對較客觀成熟〔註82〕。這個成果剛好可以襯托出，早期的研究欠缺
完整資料掌握與率性使才的狂者氣息的缺點。歷史的研究終非靠逞一時之氣或
一廂情願的好惡所能成立，徐復觀晚年的改變，不但使他的研究得到正軌的發
揮，眞正走出自己的路，也正是在新儒家陣營中開闢一新幟的人物，避免了新
儒家遭受全盤攻擊的命運〔註83〕。而這方面的改變，其實使得他與錢穆的治學
趨向更接近，若非天不假年，他這一方面的成就當足以與錢穆相提並論的。

（二）通儒與別儒的差異

所謂「通儒」，這裡所取的是余英時所說的定義，他說：「每一時代總有
少數人被推尊爲通儒，凡是足當通儒之稱的，大概都是較能破除門戶之見的
學人，錢先生便是二十世紀國學界的一位通儒，經、史、子、集無不遍涉而
各有深入。」〔註84〕就錢穆的遺著看來，這段話其實不算過譽。也因爲錢穆

〔註81〕 梅廣：〈徐復觀先生的遺產〉，《徐復觀教授紀念文集》（台北，時報文化出版
　　　　公司，曹永洋等編，一九八四年），頁238。
〔註82〕 此套書主要是一九七○以後移居香港所完成。梅廣認爲：「徐先生的學術生命
　　　　發展到寫兩漢思想史第二卷的時候到達了最高峰，他的研究對後世會發生重
　　　　大的影響，是可以斷言的」同前註，頁238～239。《兩漢思想史》原訂寫五卷，
　　　　可惜只寫完三卷，徐先生就去世了。
〔註83〕 余英時說：「我想現代學術史上，徐先生扮演的是一個十分重要而特殊的地
　　　　位。他的學術和政治經驗一樣，可以說都不是正統的，但是其價值正在這個
　　　　地方，他在價值上並不追攀主流或當權派，學術上也表示出偉大的異端精神。」
　　　　《徐復觀教授紀念文集》，頁116。正因此，他與牟宗三、唐君毅二人之異也
　　　　很明顯，余英時總結他的治學特色說：「一方面徘徊於學術與政治之間，另一
　　　　方面則游移於義理與考據之間。」見余英時：〈《周禮》考證和《周禮》的現
　　　　代啓示〉，《猶記風吹水上鱗》，頁144。因此「他把握歷史的關鍵，對一般讀
　　　　者能有更深刻的啓發。」《徐復觀教授紀念文集》，頁116。筆者認爲，這些也
　　　　是他雖有「狂者氣象」，卻更能被接受的主因之一。
〔註84〕 〈錢穆與新儒家〉，《猶記風吹水上鱗》，頁33～34。

所涉之學很廣，所以可以看出他的學術依歸不會是局限在「儒學」，也就不該被歸於「新儒家」，因此前文所引唐君毅所說關於外界對錢穆的看法，可以說是很合理的；但是也不完全對，因為外界對於「通儒」並不瞭解，因而甚至以「偽儒」來懷疑錢穆。

莊子曾經說：「相里勤之弟子五侯之徒，南方之墨者苦獲、已齒、鄧陵子之屬，俱誦《墨經》，而倍譎不同，相謂別墨。」〔註85〕這是莊子批評墨子的徒子徒孫們因為爭取墨家正統，而相互攻訐的情況，故筆者所稱之「別儒」依此而來；但是其義則主要以韓非子的批評而來，韓非子早說過：「故孔、墨之後，儒分為八，墨離為三，取舍相反、不同，而皆自謂真孔、墨，孔、墨不可復生，將誰使定後世之學乎？」〔註86〕「自謂真孔、墨」和「相謂別墨」的用意是一樣的，只在於消極的自封與積極的外攻的差別罷了。不論如何，韓非子說得很對，「孔、墨不可復生」，所以誰來決定誰有代表權呢？當然是沒有人，但是為何還要爭？有現實利益，所以韓非子主張打破這些現實利益，國家才能得到最大利益〔註87〕。韓非子一語道破其中之偽，主要就是要一般人別再被騙而盲目跟隨。

在威權時代，「托古」是一道創意的護身符，因為沒有「古人」加持，很難使人信服。但是到了現代，如果還要以「古人」來迷惑世人，顯然是不配稱為當代知識分子。新儒家標榜孔子、孟子、陸九淵、王陽明一系才是儒學正統，所以以「心學」、「道學」為正宗，在孔子以後的八派儒者中，也只能算是其中之一，僅夠稱為「別儒」，哪來「真孔」呢？所以，以錢穆學問的廣博，或許也不該被局限在「真孔」，但是新儒家的局限則是連「真孔」都談不上。當然，筆者更認為，不必談「真孔」與「別儒」的價值，因為已經不可能有「真孔」出現了，大家都是「別儒」，又何必爭正統？況且孟子說孔子是「聖之時者」，學者若不能與時牽移，算真是能懂孔子、孟子的人嗎？新儒家的護儒心切，當然有其時代背景；可惜，這樣的尊孔，或是別人的抑孔，在

〔註85〕〔先秦〕莊周著，郭慶藩集釋：《莊子集釋》（台北，華正書局，一九八二年）卷十下，〈天下第三十三〉，頁1079。

〔註86〕〔先秦〕韓非著，王先慎集解：《韓非子集解》（台北，華正書局，一九九一年）卷十九，〈顯學第五十〉，頁386。

〔註87〕這是〈五蠹〉篇中的主要意義所在。儒、墨兩大集團當初具有與諸侯分庭抗禮的資本，所以韓非子站在國家與君王的立場提出此看法。詳見《韓非子集解》卷十九〈五蠹〉第四十九。

中國歷史上，對於孔子沒有差別待遇，倒是害慘了當世的一些莘莘學子而已。而這些慘劇，全是因為政治人物利用學者的「相謂別墨」的心態所造出來的，這也是前文所論「門戶」的副產品。因此從這裡看，錢穆所深戒的「學者不可無宗主，而必不可有門戶」與他的通儒趨向是相輔相成的。學者因為所學有限，往往易落入「門戶」而自大；如果把學問的追求無限擴大，自然瞭解「學然後知不足」的真諦，哪有自信批評別人是「別」而自己才是「真」呢？錢穆批評牟宗三有「教主味」，批評徐復觀「驟博時譽，遂忘故吾」，在前後文之間，都可以看出暗暗含有自我警惕之意，這是他日後之所以為「通儒」的主因之一。而相對於以「陸、王」等「別儒」為主的徐復觀而言，彼此的不相容是不待言說，因此會提出這四篇充滿偏見的批評也就不難理解了。

（三）維護傳統文化的途逕的差異

　　徐復觀等以以孔、孟、陸、王之學為中國文化的主流，所以當他們要與西化派抗衡而喊出維護傳統文化時，所真正要維護的也只是這一派的學問與文化傳統。錢穆所要維護的則不同。雖然徐復觀等人認為錢穆是要建立莊學的道統，但是前文已經提出這是「門戶」的作法，錢穆是不會認同的。

　　錢穆在一九四九年到香港創立新亞書院，所為也是維持中國文化傳統，他認為「將來中國出路，必然要發揚舊根柢，再加西方化，此事斷無可疑。」〔註88〕在維護中國傳統文化上，錢穆清楚他所面對的敵人是誰，他向徐復觀解釋說到：

> 我們該知道，從共產立場講，中國全部歷史只是一「封建」；從民主立場講，中國全部歷史只是一「專制」；從西洋現代立場講，中國全部歷史只是一「中古」；若真從中國全部歷史之本身實情看，我總覺得中國歷史並不盡如是。但我若只講中國的歷史，共產黨將認我是「守舊」；民主主義者將認我「反民主」；現代化主義者將認為我「反現代」。〔註89〕

雖然這是針對中國歷史而言，但是套在其他中國傳統學術與文化一樣適用。因為清楚敵人的武器，所以錢穆早就知道逞一時之快的辯解是無用的，真正要維持中國文化，不如把時間精力花在對這些學術文化的傳播上，所以他甘冒被曲解與扣帽子的風險，也只是要針對歷史談歷史。他也把此觀點勸告過

〔註88〕《素書樓餘瀋》，頁 322。一九五二年給徐復觀的信。
〔註89〕《中國歷代政治得失》附錄〈答徐君書〉，《錢賓四全集》31 冊，頁 201。

徐復觀，他說：

> 甚願足下能多化心在我們自己分內作學術商討，此等徒傷感情，徒
> 增意氣，而到底得不到一結論，又且有不足措辭者。學術思想只能
> 從同氣相求，同聲相應中，求逐步充實而光輝，不同氣、不同聲，
> 則道不同不相爲謀。尊文豈爲不同道者謀乎？〔註90〕

這是一九五五年時兩方還未交惡期間的通信。後來徐復觀沒有聽進去這勸
告，仍然到處和人打筆戰，耗去許多無謂的時間與精力；反觀錢穆始終秉此
原則，後來發現徐復觀也失去理性的時候，也只是以「道不同不相爲謀」的
原則，而對他相應不理，把自己的精神放在他對中國傳統文化的推廣傳播上。

　　徐復觀所採取的方式當然是屬「激進」的，錢穆的方式是「溫和」的，
很難說哪一種是較好。但是因爲徐復觀的「激進」又有「門戶」的限制，所
以有時就無法兼顧到中國文化的整體，例如他對乾嘉學派的批評；而且早期
的研究，也往往因爲「激進」的個性而往往不夠周全，例如對《中庸》成書
年代的問題。錢穆的「溫和」當然也非全無缺點，例如對於中國傳統政治是
否有「專制」的問題；但是，筆者要強調的是，站在當初維護傳統文化的立
場上看，錢穆所採取的方式與態度，比起徐復觀來是較可取的，至少從兩人
身後所遺留的著作之質量上看是這樣的。

　　徐復觀對錢穆的批評中，所牽涉到的問題，由上面的討論可以知道主要
是在於《中庸》的成書與地位問題、《莊子》《老子》的成書先後問題、張居
正的歷史地位問題、中國政治的專制問題。這些問題中，前二者是很多人都
討論過的問題，其實所能討論的空間已經很有限；而就徐復觀的批評看來，
所夾雜的非理性討論語句，已掩蓋了所要討論的眞正問題。而後者關於張居
正問題，一方面提出的動機已經不單純，一方面因爲發表在兩人交惡已嚴重
之後，所以其中的不客觀更明顯。最後一篇是關於錢穆常常爲人所詬病的主
張，但是徐復觀的批評卻遠不如他人的客觀，例如李筱峰的說法，因爲他還
是在「激憤」之餘而寫下這樣的批評文章，客觀性自然不足。限於篇幅，本
文對於徐復觀的批評內容無法有很全面的探討，不過，如前所言，其實這些
學術公案所能探究的空間本就很有限；因此，本文著重在徐復觀的學術趨向
與批評的態度上去探討，以看出他在批評的論點上存在的許多不合理性。由
這些不合理性，進而去看出兩方在本質上的不同，即所謂「道不同」之所在。

〔註90〕《素書樓餘瀋》，頁337。一九五五年五月廿六日給徐復觀的信。

而這些不同點，可以看作是錢穆不願被歸為新儒家的客觀因素。

　　學術的進步有待學者之間的交流，交流則難免要交相問難。求真的問難是有助於學術的進步的，若夾雜著惡意的偏見與謾罵，當然無助於學術的進步，甚且有害於自己研究的可信度。徐復觀與錢穆由摯友到交惡，不幸地又牽連到學術的曲解之上，雖然是當時的風氣使然，也足以為當今學術界深戒。在政治漸向民主發展的臺灣，希望學術的自由不是惡意的偏見與謾罵的護身符；而政治的對立，也不會成為學術偏見的催化劑。徐復觀與錢穆的成就是筆者所望塵莫及，筆者的研究不在貶低前輩的價值，而是希望透過了解與同情，以為己戒，也與當代同輩分享，避免不必要的錯誤，才能真正為學術界提出積極的供獻。很高興有此機會進一步瞭解臺灣學術前輩的歷史，也僅以本文向兩位與時代搏鬥的學者獻上最高敬意。

第三節　與殷海光的敵友之情

一、早期交情

　　徐復觀比殷海光年長十幾歲，所以在早期殷海光認識徐復觀之後，徐復觀對年輕的殷海光伸出援手是正常之事，這從殷海光死後，徐復觀先後發表的兩篇文章：〈痛悼吾敵，痛悼吾友〉〔註91〕和〈對殷海光先生的憶念〉〔註92〕中都可以看出大概的經過。而關於殷海光如何進入臺大教書，他在〈對殷海光先生的憶念〉一文中是這樣說：

> 在三十八年春天，我到廣州鄉下黃良庸先生家裏去探望熊十力先生時，請熊先生向沈剛伯先生寫封推薦海光進臺大教書的信，並由我拿著信去看沈剛伯先生。此事雖沒結果，但與海光以後進臺大也可能有點線索。〔註93〕

而鄭學稼（1906～）的〈「徐復觀雜文」讀感〉一文中則記：

> 最後，『憶往事』談到殷海光，似乎他對殷入臺大的事並不明白。復

〔註91〕收入《雜文‧憶往事》，頁 158～164。
〔註92〕收入《雜文‧憶往事》，頁 168～179。
〔註93〕《雜文‧憶往事》，頁 174。一九七七年發表〈感逝〉一文中又說：「殷海光先生進臺大哲學系教書，是我拿著熊十力先生的推薦信（此時熊先生住在廣州附近黃良庸先生家中，推薦信是我寫信去要來的）交到沈先生（案：沈剛伯）手上的。」（《雜文‧憶往事》，頁 191。）

> 員後，我在上海辦『民主與統一』，殷曾到我家訪我，我曾在該刊上
> 發表他的一封信。到臺北後，初期我倆有往來，到我看透他的一切
> 後，等於絕交。我記得他最後一次談話是在我家住處附近，時間在
> 我被臺大解聘後（案：一九五三年），他由張佛泉家走出來，見我吞
> 吞吐吐地不敢說，只用手勢表示無可奈何狀。我告他：『如果你是眞
> 正自由主義者，那繼我而離臺大的就是你。』〔註94〕

依鄭學稼所言，殷海光的「一切」很令他不齒，所以才跟他絕交；而且對於
他在一九五三年的離開台大可能有推波助瀾的嫌疑〔註95〕。殷海光早在一九
四九年就在台大教學，徐復觀卻要到一九五三年才成爲台中農學院正式教
授。因此，在學術上，徐復觀反而是殷海光的後輩了。

　　不過，因爲彼此對於民主都有相同的認識，所以徐復觀在政治上的見解
其實與殷海光是相呼應的。除了湖北同鄉的情誼以外，我認爲殷海光與徐復
觀的個性有相近之處，是促使他們成爲知己的主因之一。他們的認識，是透
過夏聲這個同鄉在三十三年所介紹，一見如故，就是因爲氣味相合，在徐復
觀的回憶中曾說：

> 我便和這位青年攀談起來，發現他的語言簡鍊有力，反共的意志很
> 堅強；而且和我談到法國大革命的若干情形，我感到他有相當的學
> 養。勸他把自己的觀點寫出來，他便拿出一篇文章給我，約定以後
> 再見面。我回家看了他的文章，挺拔振踔，很合我的脾胃，以後便
> 常常來往。〔註96〕

可見徐復觀當初就很喜歡殷海光的文章。在殷海光將離世之前，有一位學生
曾經這樣分析他和徐復觀的特性：

> 徐先生的泥土氣息很濃，第一眼看見他就感到他像個從堅硬的地殼
> 冒出來的地鼠，對於這世界的一切充滿了新鮮、好奇的感覺，充滿
> 了一股向外躍動的生命衝力。而殷先生則像兀立在沒有一片葉子的
> 枯樹上的老鷹，凌厲，高邁，孤寂，凝神。俯視物界，一目了然。

〔註94〕〈「徐復觀雜文」讀感〉，《雜文續集》，頁389～396。
〔註95〕鄭學稼於一九五三年七月被台大解聘，時任職經濟系。同年被解聘的有政治
　　　　學系的盛成。都是因爲批評國民黨的施政而招到台大解聘。詳見鄭學稼：《我
　　　　的學徒生活》，台北：帕米爾書店，一九八四年七月。頁101～112。但是他在
　　　　書中並未提到殷海光。
〔註96〕《憶往事》，頁172。

鼓翼而飛，則一舉沖天，直入雲宵。〔註97〕

因爲他是殷海光的學生，所以對殷海光的認識較完全。批評中雖有過獎之處，卻應符合他「孤傲」的特性〔註98〕。而他對徐復觀的比喻卻不是很貼切。據我的了解，他們兩人都有「孤鷹」的特性，甚至是兩隻爭食的「孤鷹」，這在他們針鋒相對的筆戰中可以看到，在平常生活中碰頭的互動上也屢見不鮮〔註99〕。徐復觀的「好奇」，可能是在於他對人的信任感遠比殷海光大。所以在待人處事上，他也比殷海光圓融，特別是對這樣第一次登門的晚輩〔註100〕。所以他在一九五四年就曾公開說過自己的個性：

> 我是一個性情偏急而容易衝動的人。黃東發把宋代諸儒加一翻考按後，慨歎的下一個結論說：「此任道之也有貴於剛大。」但我知道自己只是衝動而不配說是剛大。三十歲以前，可以爲一著棋和人罵架。四十歲以前，常常爲了個人的職責，和長官之類的人爭得面紅耳赤，幾乎因此丟掉性命。〔註101〕

又比較兩人的異同之處：

> 大約是三十四年冬季吧，偶然在一位同鄉夏先生的家裡（現在是殷先生的岳丈）遇見殷先生，天氣相當的冷，而殷先生所穿的衣服並不十分夠。可是一談到共產黨的問題，他精悍深刻的見解，使我大吃一驚。我早感到國民黨裡的庸腔濫調，反不了共產黨的言偽而辯的邪說；遇見殷先生，好像發現了新大陸，自然，成了好朋友。十年來我們的關係正如他有一次和我說的一樣：「我有時非常痛恨你，有時又非常的敬重你」。這句話，實在可供兩個人共同使用。我的年

〔註97〕 這是張紹文所說的，見陳鼓應編：《春蠶吐絲——殷海光最後的話語》，（台北：中央文物供應社，一九六九年十二月），頁 44。殷海光聽後只說「有趣！有趣！」不置可否。

〔註98〕 在陳編同書，殷海光自述說：「我是最少被人了解的。許多人認爲我苛求、驕傲。」，頁 31。張紹文的比喻，顯然也是由一般人的認識而來，與此大體相合。

〔註99〕 除了前述徐復觀的兩篇回憶文章中所記以外，筆者曾訪陳鼓應教授，他當時告訴我一則小故事：有一天他陪殷海光先生去台大醫院，好像去探病，剛好徐復觀先生也去。在一來一往的路上，兩人雖然身材都不高，卻見到兩人都把頭抬得高高的，誰也沒向誰打招呼。就在擦身而過的瞬間，徐復觀先生叫住我，跟我說：「明天到我家一趟。」我忙說「好！好！」就跟著殷海光先生離開了。這當然是兩人交惡以後的事。從這裡卻可以看出兩人互不相讓的堅持。

〔註100〕 其實，這也是徐復觀受梁容若欺騙的主因之一。

〔註101〕 〈自由的討論〉，《雜文——記所思》，頁 193～194。

> 齡比他大，他的學問比我好，我說他的性情過於狷急，但兩個人比
> 起來也正是二五等於一十。他讀書和生活的嚴肅認眞，是我的朋友
> 中所少見。這是眞正的特立獨行之士。〔註102〕

從他的自白就可以看出，他對兩人的衝突似乎是早有預料的。當徐復觀被迫
移食香江後，他的「孤鷹」特性就愈來愈明顯，這時的他，與長期被隔離的
殷海光的處境已經很相近，所以在相近的個性下，自然有相近的表現〔註103〕。
這樣，就造就他們相知相惜的「亦敵亦友」之情。

二、論戰經過

徐復觀在回憶文章中說到，他和殷海光的正式決裂是因爲殷海光在《自
由中國》發表一篇「攻擊唐君毅與牟宗三兩位先生的文章」，又說：「在這篇
文章中，把可以用到的惡毒詞彙差不多都用出來了。我看後非常生氣，也就
在《民主評論》上狠狠地還敬了一篇。」〔註104〕就徐復觀的文章中所述，此
是《文星》的文化論戰之前的文章，該在一九六二年以前，但是他並未指出
是哪一篇。而由他氣憤的語氣看，可能是一九五七年的《自由中國》十六卷
九期的社論〈重整五四精神〉一文。徐復觀曾針對此文而發表〈歷史文化與
自由民主—對於辱罵我們者的答復〉一文，他在文前有這樣的說明：

> 最近十六卷九期「重整五四精神」的社論，其態度的橫蠻，對於中
> 國的歷史文化及中國歷史文化的研究者所加的辱罵，只有用「文化
> 暴徒」四字才可加以形容。「政治暴徒」，是自由民主的大敵，我們
> 有什麼根據可以相信，文化暴徒能夠成爲自由民主的友人？所以我
> 感到對這種應當作一答復。〔註105〕

從「文化暴徒」的用語可以看出徐復觀的氣憤。但是，在〈重整五四精神〉
一文中，是否有「攻擊唐君毅與牟宗三兩位先生」？是否「把可以用到的惡
毒詞彙差不多都用出來了」？關於前者，只要檢驗原文就可以確定。不過筆

〔註102〕〈自由的討論〉，《雜文——記所思》，頁195。

〔註103〕他早在一九六六年七月廿四日給女兒的家書上就說：「我死之後千萬不要開
　　　　弔，這一點望你記下並堅持，理由：（一）對死者無益，但令活者受罪。（二）
　　　　在這一世界中沒有幾個人能了解我，何必死後還要自討沒趣。」（《家書精選》
　　　　【九〇】，頁159。）

〔註104〕以上見《雜文・憶往事》，頁175。

〔註105〕《學術與政治之間・乙集》，頁226。

者看過原文後，並未發現有「唐君毅」或「牟宗三」的名字〔註106〕；至於後者，「惡毒」的定義難確，只能從徐復觀的文章中去找出他在意的一些詞彙。他在一開始就說：

> 寫這篇社論的先生的目的，主要是以五四運動為題，分三點來辱罵中國的歷史文化及中國歷史文化的研究者，這是他們一貫的態度。關於五四運動我留在最後再談，現在先答復寫這篇社論的先生們所辱罵的三點。〔註107〕

這其實是徐復觀自己歸納的三點，並不是殷海光在社論中已分列的。也因為這樣，所以我們可以把它看作是徐復觀最在意的內容。這三點是：

> 第一，你們認為歷史文化這一名詞的本身有問題。……第二，你們說研究中國歷史文化的是「復古主義」，而復古主義是反科學民主，是罪在不赦的。……第三，你們認為研究中國的歷史文化者是現實政治上反自由民主者的幫兇，亦即是極權主義專制主義的幫兇，這是你們常說的話。〔註108〕

從中可以看，出後兩點才是當時最大的帽子。在反共的前提下，只要是反民主的，或是有助共嫌疑的，都會被痛加鞭笞。殷海光是自由主義者，對於五四時代的反傳統理論當然很熟悉，所以他提出這兩點來一點也不令人意外，因為這是當時的主要反傳統理論，所以以徐復觀才會說「這是你們常說的話」。不過就這三點而言，都是常說的話，也看不出有何更加「惡毒」的詞彙，為何徐復觀會如此大發雷霆呢？連一向樂觀的胡適看了都「毛骨悚然」〔註109〕。

可能的原因還是在於「冰凍三尺，非一日之寒」。遠從一九五四年三月十六日的〈自由的討論〉開始，《自由中國》與《民主評論》的戰火就已經展開。〈自由的討論〉一文，乃是徐復觀為了反駁《自由中國》十卷三期的社論〈談真自由〉而起〔註110〕。就這樣，引起一連串的攻防戰，直到〈歷史文化與自由民主—對於辱罵我們者的答復〉一文出而到達高峰〔註111〕。據徐復觀所記，

〔註106〕筆者所據為《自由中國》原刊文章。
〔註107〕《學術與政治之間・乙集》，頁226。
〔註108〕以上三點各見《學術與政治之間・乙集》，頁226、229、234。
〔註109〕《萬山不許一溪奔——胡適雷震來往書信選集》，頁118。一九五七年八月廿九日的信。此在前文第六章第一節〈徐復觀對胡適派的激烈批評〉中提過。
〔註110〕〈自由的討論〉，《雜文——記所思》，頁197。《自由中國》的文章全稱應是〈自由日談真自由〉。
〔註111〕〈自由的討論〉發表後，徐復觀的比較激烈的批判文章有：一九五四年八月

殷海光在來台之前與牟宗三、徐復觀都熟識，也很要好。在一九五五年時，他說到殷海光如何與他們分道揚鑣：

> 以後知道殷先生對《民主評論》漸表不滿，和牟宗三先生往來也漸稀，我從中總是做點疏解的工作。有一次，我送殷先生回他的寓所，兩人在街上邊走邊談，問他到底為什麼對《民主評論》不滿，他說《民主評論》談大陸派的哲學太多，談系統的的哲學太多，乃至於談中國文化談得太多等等……殷先生聽完我的話後想了一想也笑笑點點頭彼此很愉快的分手。〔註112〕

徐復觀的勸說只有短暫的效果，後來殷海光還是出現更激烈的批評：

> 再以後，殷海光先生用化名在《自由中國》上發表了一篇指名罵牟宗三先生的文章，說牟先生在《自由人》上發表的一篇文章是「一孔之見」。……彼此既公開底爭論，並且牽涉到對文化的根本態度，我便很少和殷先生來往，但並未覺得這是《自由中國》與《民主評論》之爭。〔註113〕

這是殷海光與牟宗三交惡的經過，此時徐復觀還是沒有與殷海光交惡，只是少往來而已。但是在殷海光死後，徐復觀的文章則是這樣記：

> 我們正式沒有來往，是為了他在「自由中國」上發表了一篇大罵牟宗三先生的文章。我的觀察，他對牟先生的敵視，不純是為了學術上的派別，而是在與牟先生來往之間，牟先生於不知不覺之中把他當學生看待。有一次，他向牟先生提出問題，牟先生曾給他一封信，勸他在學問上應當轉向等等，引起他很大的反感。〔註114〕

其實依一九五五年在〈如何復活「切中時弊的討論精神」——感謝凌空君的期待〉一文所記，殷海光罵牟宗三的文章刊出後幾個月，因為殷海光生病，

十六日的〈給張佛泉先生的一封公開信——環繞著自由與人權的諸問題〉（《民主評論》五卷十六期）、一九五五年五月一日的〈如何復活「切中時弊的討論精神」——感謝凌空君的期待〉（《民主評論》六卷九期）、一九五六年六月十一日的〈三十年來中國的文化思想問題〉（《祖國週刊》第十四卷十一期）。其他如有關義理與考據的討論，則已在第五章談過，此不贅舉。

〔註112〕〈如何復活「切中時弊的討論精神」——感謝凌空君的期待〉，《雜文補編》第二冊，頁91。

〔註113〕〈如何復活「切中時弊的討論精神」——感謝凌空君的期待〉，《雜文補編》第二冊，頁92。

〔註114〕〈對殷海光先生的憶念〉，《雜文‧憶往事》，頁175。

所以徐復觀去看他，彼此因此解消心結：

> 聽說殷先生耳病甚重，我便到台北去看他。相見後，彼此都很高興。
> 殷先生病好之後，告訴我一個爲《民主評論》寫文章的計劃，我非
> 常興奮的說，你就先從邏輯實徵論寫起罷。他接連寫了三篇，以後
> 不寫了。有一次，我去看他，他的態度很不自然。我一想，大概是
> 因爲我把他一篇文章的引言之類的一段去掉了。〔註115〕

這才是他們交惡的開始。此文早出，所記的事應該比較清楚，理應比較可靠。
徐復觀的文章又記：「以後，我便常看到殷先生在他摘譯的文章的夾註中，用
暗箭的方法向與《民主評論》有關的先生們醜詆；醜詆的方式，大約不是說
人家的是僞學，便戴上政治的帽子，如極權主義幫兇之類。」〔註116〕他更指
出最近的一篇文章爲例說：

> 譬如最近《自由中國》十二卷第六、第七兩期，殷海光先生所介紹
> 的邏輯實徵論者的〈自然思想與人文思想〉，我覺得便是一篇好文
> 章。假定殷先生自己眞正接受了這一篇文章的意思，則他在夾註裡
> 對牟宗三先生所放的許多暗箭，便大半可以取消。〔註117〕

至此，兩人已經勢同水火，公開叫戰。徐復觀後來知道，在《自由中國》十
卷三期的社論〈談眞自由〉一文是殷海光所寫。不過，在那一篇討論中，大
家還是很和氣。所爭只不過是「個人自由」與「國家自由」的異同。但是在
徐復觀所指出的殷海光的譯文中，出現的文字已經是比較激烈了，如他在「抽
引式的學說往往狀貌堂皇言詞冗長」下這段夾註：

> 這眞是東西如出一轍。抽引式的學說之引人入勝處，也往往不在其內
> 容，而在其「體系」狀貌堂皇與言詞冗長，甚至在其言詞之不能通解。
> 這與菩薩並無靈驗，而殿堂陰森則令善男信女肅然起敬正同。〔註118〕

這與之前他向徐復觀所抱怨的「談系統的的哲學太多」話正合。而這正是牟
宗三所積極想建構的學術研究，所以徐復觀才會說他「在夾註裡對牟宗三先
生所放的許多暗箭」。在這篇文章中，出現類似的註解的確很多，難怪徐復觀
要替牟宗三抱不平。不過，由這一連串的爭論文章可以看出，兩造的論點並

〔註115〕《雜文補編》第二冊，頁92。
〔註116〕《雜文補編》第二冊，頁93。
〔註117〕《雜文補編》第二冊，頁97。
〔註118〕〈自然思想與人文思想〉，《自由中國》第十二卷第六期，頁201。

不比五四時期特別，而且誠如徐復觀所言，恐怕主因還在於他與殷海光的個性使然，在嚥不下這口氣的當下，才發而為這許多不吐不快的文章來〔註119〕。

在一九五七年稍後，徐復觀更針對殷海光的邏輯實徵論開炮。他說：

> 至少，「現在」沒有人能用邏輯實徵論來研究中國義理之學。臺灣的邏輯徵實（案：應是「實徵」之誤）論者應當推殷海光先生。殷先生在表達自己研究範圍以內的意見時，文字很謹嚴清晰，我非常欽佩。但拿他的邏輯實徵論來談中國文化時，其結論便很難令人首肯。〔註120〕

這又是入室操戈的手法。殷海光以邏輯實徵論見長，徐復觀就偏以此下手，找出你的缺失，再加以批評，可以收一針見血之效。他舉殷海光曾說過的例子說：「三、只問目的，不擇手段……認為只要是行仁義，克爾文式的（Calvinian）手段也是可以採用的」〔註121〕他接著說：

> 殷先生的意思是說，儒家為了要達到行仁義的目的，而不惜對人民採取強迫不合理的手段。殊不知儒家在政治上的所謂行仁義，乃是「民之所好好之，民之所惡惡之」……儒家政治上的所謂行仁義，即是實現人民自己的好惡，用現在的話說即是實現「民意」；而並非如許多西方的思想家，把自己的理想變成固定的概念，要想由政治去加以實現，克爾文就是屬於這一型的。這怎能扯到以儒家為中心的中國文化上去呢？〔註122〕

這對於殷海光的缺點可以說是完全命中。殷海光對於中國古典的認識畢竟有限，所以當他要反傳統文化時，與胡適比起來就差很多〔註123〕，因此徐復觀

〔註119〕他在〈自由的討論〉中說到：「現在，有關個人的一切是非榮辱之念，經大陸淪陷的這一大鐵錘錘得乾乾淨淨了。但若觸到與大家共同命運有關，而為自己的良識所不能印可的問題，便在情感中往復激盪，非傾吐出來不可。政治上，我常常警惕於最後的集體自殺，便偶然衝出一兩篇時論性的文章。聽者固屬切齒，而我到現在還要寫這類的東西，又何嘗不是萬分痛心。」（〈自由的討論〉，《雜文——記所思》，頁193～194。）

〔註120〕〈考據與義理之爭的插曲〉，《學術與政治之間・乙集》，頁256。

〔註121〕《學術與政治之間・乙集》，頁256。這是殷海光發表在中研院史語所集刊第二十八本的文章所說的一段話。《祖國》十九卷三期有轉載，徐復觀是引用轉載之文。

〔註122〕《學術與政治之間・乙集》，頁256～257。

〔註123〕李敖曾經記這樣一則故事：「他（案：指殷海光）曾從洋書中看到 Chin-ssu Lu，他猜這是『親疏錄』，問我對不對，我笑說：此即大名鼎鼎之《近思錄》也，根本沒有什麼《親疏錄》這種書。」（《李敖快意恩仇錄》，頁303。）如果這

只認同他的邏輯與自由主義思想，對於他的文化理論是一直很輕視的。

五四的缺失在戰後台灣的餘波蕩漾，已在第三章談過，這裡不再贅述。我們可以這樣看待兩人的爭執：殷海光是年輕氣盛，徐復觀是初生之犢，誰都不想輸誰。事後，兩人也很後悔這一連串的無謂爭論，徐復觀在回憶文章中說得很坦白：

> 當一九六七年六月底和七月中，我和海光很快地見了兩次面以後，他在文化上的態度已經轉變，對現實政治，已閉口不談；並承認由文星所發動的文化罵戰，使剩下本已無多的知識份子，兩敗俱傷，並使知識份子對政治社會可能從言論上稍稍盡點責任的，也被迫作完全的拋棄，『這一次真是最大的愚蠢』海光的話，是千真萬確的。尤其是台灣司法審判受政治的影響很大。持久的戰，已經把大家的精力和對社會影響力都抵消了；再打起官司來，對政治的影響力，便自然而然地有點像過去江南人對付五通神了。〔註124〕

事實上，徐復觀在一九五七年的〈歷史文化與自由民主—對於辱罵我們者的答復〉一文發表後，當時的《自由中國》所面臨的更大危機是政府當局，而不是徐復觀等傳統派學者。所以，之後他們類似的爭論已不多見。徐復觀的注意力也轉而向正統學術論著前進，這方面殷海光與徐復觀已經搭不上腔；更何況一九六○年九月四日發生「雷震案」之後，《自由中國》就關門了，殷海光不但著述無從揮灑，連行動與言論均受限制，兩人交峰的機會自然成為往事。代之而起的是冷靜的反省，平衡點的搜尋，這從殷海光的《春蠶吐絲》中一覽無遺：

> 就思想的模式而論，我是長期沉浸在西方的分別智中，我比較細密，講推論，重組織。徐復觀等人比較東方式，講直覺、體悟、透視、統攝。這兩種思想模式應互相補償，而不應互相克制排斥。
>
> 徐復觀有時出語石破天驚，擲地有聲。他的衝力大極了，常常向外

故事是實，殷海光對於中國古典是很欠認識的，至少對朱熹的著作可能不很熟。又在殷海光的《中國文化的展望・上》前附李敖的〈序〉中，有一封殷海光給李敖的信，有記到一點：「剩下幾個小問題要請你幫忙一下：1.第六章，二五九頁，註三，我弄不清楚是『陳之昂』還是『陳子昂』，請你確定一下。」（台北：桂冠，一九八八年三月。頁 7。）這是他在註解引〈登幽州臺歌〉，卻不清楚是陳子昂還是陳之昂。由此也可見，他對傳統詩詞大概也不怎麼熟悉。

〔註124〕〈對殷海光先生的憶念〉，《雜文——憶往事》，頁 178。

衝時變成了魔王，回到書堆時又成為聖人。

徐復觀的話一點而也不錯，時下有許多時髦的學者，沒有讀過一本經典，著作只拿美國淺薄的論調和名詞來唬在臺的人。學問的功夫必須深厚。〔註125〕

這些體悟不見得很完美，但是大體看出他對於當初針鋒相對的徐復觀有了較客觀的體會〔註126〕。徐復觀對於他的轉變也深感敬佩，迥異於他對胡適的感覺〔註127〕。

第四節　對胡適的要求與批判

徐復觀認為，以胡適的名望應該為時代多負一點責任，但是現實的政治卻使他不能多做甚麼。他在胡適死時所寫的文章中說到：

我雖然有時覺得以他的地位，應當追求得更勇敢一點，但他在自由民主之前從來沒有變過節，也不像許多知識份子一樣，為了一時的目的，以枉尺直尋的方法在自由民主之前要些手段。不過，就我的了解，即使是以他的地位，依然有他應當講，他願意講，而他卻一樣的不能講的話；依然有他應當做，他願意做，而他卻一樣的不能作的事。〔註128〕

所以，若站在自由民主的追求立場上，徐復觀是肯定胡適的，他說：

作為中國的一個知識份子，把自由民主的問題能放在一旁，甘心不聞不問，而只以與世無爭的態度來講自己的學問，這種知識份子他缺少了起碼的理性良心，他所講的學只能稱之為偽學，或者是一錢不值之學，在這一點上，胡先生會比我們知道得更清楚。〔註129〕

〔註125〕以上各見《春蠶吐絲》，頁44～45。

〔註126〕他所謂「我是長期沉浸在西方的分別智中」與「徐復觀等人比較東方式」的說法，顯然不夠正確。遠的說，先秦時代的孟子與荀子就可以看出這兩大系統；後來禪宗裡的「頓悟」與「漸悟」也是可以看作這兩大系統；朱子與陸子的理學仍然是可以看作是這兩種運作模式。可見這兩種思考模式不能用「西方」與「東方」區別。

〔註127〕《家書精選》記他給女兒的信上說到：「殷先生難得是他究竟有了轉變，像胡適們，一直堅持二十多歲時的見解，至死不變。並且我和他聊得最痛快，所以他死後，我心裡依然是難過的。」（【二○四】，一九七○年一月十四日信。）

〔註128〕〈一個偉大書生的悲劇──哀悼胡適之先生〉，《雜文──憶往事》，頁141。

〔註129〕〈一個偉大書生的悲劇──哀悼胡適之先生〉，《雜文──憶往事》頁141。

不過，他對於胡適沒有參加組黨運動，而造成雷震孤掌難鳴的情況顯然就不太能諒解。他在一九七九年雷震去世後回憶說到：

> 胡先生回台灣來了，雷先生特約集大家在他家中晚餐，歡迎胡先生，並正式談組黨的問題。當晚到了二十多人，胡先生一進來，和大家還沒好好打招呼，便挨著我坐下，和我爭論文化上的問題，因爲我曾經批評了他。我當即笑著說：今天是談民主政治的，民主政治容許各種不同的文化意見。胡先生現在何必談這些？但胡先生說：「這些問題應弄清楚。」以後大家雖然把話題設法轉到政治上去了，但胡先生始終沒有表示一種明確意見。〔註130〕

由此看來，徐復觀早知道雷震組黨的活動。其實，胡適當初在一九五八年回國掌中央研究院時，他對組黨的意向，雷震已經很清楚。胡適曾寫信再三說不會參與組黨：

> 我在 Berkeley 講學近五個月，見過顧孟餘先生幾次，都沒有談政治，這是因爲我從來沒有夢想到我自己會出來和他們組黨。……丁月波和你都說過，反對黨必須我出來領導，我從沒有回信。因爲我從來不曾作此想。我在台北時，屢次對朋友說——你必定也聽見過——盼望胡適之出來組黨，其癡心可比後唐明宗每夜焚香告天，願天早生聖人以安中國！我平生絕不敢妄想我有政治能力可以領導一個政黨，我從來沒有能夠叫自己相信我有在政治上拯救中國的魄力與精力，胡適之沒有成爲「妄人」，就是因爲他沒有這種自信吧！〔註131〕

可見，組黨只是雷震等一批人的熱情，要胡適出來也是他們的一廂情願而已。而當初胡適會一見徐復觀就要談「文化問題」，也是事出有因，並非完全是故意置政治問題於不顧。回國之前，他在給雷震的信上說：

> 有人問我，看見了《民主評論》第八卷十期大罵《自由中國》半月刊的文章沒有？我說沒見。後來一個朋友向香港爲我覓得此期，我才得見李實的先生的〈歷史文化與自由民主〉一文。我看了此文，才去翻查《自由中國》的〈重整五四精神〉一文裡有什麼「辱罵」

〔註130〕 〈「死而後已」的民主鬥士——敬悼雷儆寰（震）先生〉，《雜文補編》第六冊頁368。

〔註131〕 萬麗鵑編，《萬山不許一溪奔——胡適雷震來往書信選集》，中研院近代史研究所2001年12月頁117～118。這是一九五七年八月廿九日的信。

他們的字句，我因此發生不少感想。

此次，你信上有一句話：「至於他（君勱）與先生在學術上見解之不同，不應妨礙合作的。」我讀了《民主評論》李實君此文，感到其中那種不容異己的態度，不禁毛骨悚然！我和君勱都老了，大概不至於犯這樣不容忍的毛病，但我至今不解那篇「五四精神」的短文，何以會引出這樣不容忍的反響！《民主評論》這篇文字值得老兄仔細想想的（李實先生是何人）。〔註132〕

因為李實的文章太過「不容異己」，胡適很不以為然。所以，胡適在問清楚「李實」就是「徐復觀」之後，回國後既然有機會見到徐復觀，當然是不會放過「溝通」的。徐復觀卻要把胡適對他的文章的批評，與當時的組黨意願連在一起，使人產生一個錯誤的聯想：胡適要以文化問題逃避政治責任。所以，徐復觀也就在文章中順理成章的為自己當初退出雷震的組黨活動找到臺階下，他說：

我發覺胡先生不會陪著大家搞現實政治，而對我又有相當的敵意，假定我繼續參加，則將來謀事不成，大家會感到我應負責任，所以自此以後便不再參加。〔註133〕

徐復觀把胡適的退出當成自己的責任，這是他的托大之言。因為，如果雷震會把罪過怪到別人身上，就不會發生「雷震案」；如果雷震認為非胡適不可，那也不會在胡適一再表明不會參與組黨後，還是積極在活動。更何況，胡適的意向，在此次會議之前已經跟許多人表明過了，誰會怪到徐復觀的頭上來？事實上，以一九五八年的局勢看，徐復觀的重要性已沒那麼大，大到足以成為「謀事不成」的罪魁禍首或代罪羔羊。當初，雷震們除了屬意胡適，還有張君勱、顧孟餘等人，但是胡適在信上很明白地告訴雷震說：

應該作點切於實際的思考，他們應該把自己的反對黨建立起來，應該用現有的可靠的材料與人才做現實的本錢。在那個現實的基層上，自己把這個新政黨組織起來，胡適之、張君勱、顧孟餘、……一班人都太老了，這些老招牌都不中用了。〔註134〕

〔註132〕《萬山不許一溪奔——胡適雷震來往書信選集》，頁118。一九五七年八月廿九日的信。
〔註133〕〈「死而後已」的民主鬥士——敬悼雷儆寰（震）先生〉，《雜文補編》第六冊，頁368。
〔註134〕《萬山不許一溪奔——胡適雷震來往書信選集》，頁119。一九五七年八月廿九日的信。

顯然，雷震他們要找的人，是足以和「蔣介石」比份量的「老人」，所以徐復觀當然還無法相提並論。他的退出，目前無法找出確定原因，但是從他的回憶文章可以看出，他早在戰後就不對國民黨有何幻想，所以他說：

> 此時有兩點我是很清楚了：第一、我勢必與此一政權同運命，再無
> 歸隱的可能；第二、我了解當時的人們，寧願以片刻權力的滿足，
> 不惜明天的碎屍萬段的天性，決不再談什麼改造。〔註135〕

這是他在一九四六年復員南京時的事，當年他就申請退役，與商務印書館合辦《學原》月刊。他在離開蔣介石身邊以後，就對現實政治保持相當距離，因此他說：「我離開南京，實際說明我已決心離開現實政治。」〔註136〕這是指一九四八年年底的事。所以，他在到台灣之後，雖然有很多政論發表，但是對於現實政治是不願再靠近了，甚至在遺囑中都交代要以這段文字刻在墓碑上：「這裡所埋的，是曾經嘗試過政治，卻萬分痛恨政治的一個農村的兒子──徐復觀。」〔註137〕所以，他退出雷震等人的組黨活動是很合理的事，不是因為胡適的退出而造成的。對於胡適的退出，也是雷震等人很明白的事，所以，雷震出事後，他自己一點也不怪胡適，這一點連徐復觀都知道，他記說：

> 我不只一次向他說：「你比適之先生偉大得多，為什麼要這樣佩服
> 他？」他總是答說：「你不了解胡先生。」在最近印出的回憶錄中，
> 花了相當篇幅為適之先生辯護，他對朋友真可謂生死不渝。〔註138〕

因此，徐復觀對於胡適的不參與組黨一事，應該是很明白的事，不應該把他和胡適的爭論與此混為一談。況且，以當時他與毛子水等人的論戰打得正熱的情況看，以他的個性，他沒有理由與《自由中國》的這批人一起做事的。

另外，關於胡適回台接掌中研院院長的事，徐復觀認為有以下三個原因：

> 胡先生因為下面的原因而成為熱門人物，回到台灣來當中央研究院
> 院長，便更增加了反擊的力量：第一、張其昀先生當教育部長時，
> 採取很積極的政策，對學術文化界開始也是採取兼容並蓄的態度，
> 但是後來大家感到他是想以中央、浙江兩大學的力量，逐漸取北京、

〔註135〕　〈垃圾箱外〉，《雜文──憶往事》，頁43。
〔註136〕　〈垃圾箱外〉，《雜文──憶往事》，頁43。
〔註137〕　〈舊夢‧明天〉，《文錄選粹》，頁292。此文發表於一九六三年一月一日的《自由報》。
〔註138〕　〈「死而後已」的民主鬥士──敬悼雷儆寰（震）先生〉，《雜文補編》第六冊，頁370。

清華兩大學的勢力而代之，這便使他們發生恐慌、不滿，希望胡先生回台灣來鞏固既得的陣地。第二、想搞新黨的人士想捧胡先生當領袖，來一次大團結，許多人對於這一點似乎存有很大的信心。第三、在朝黨感到事勢至此，對胡先生非有一個合理的安排不可，這樣胡適便回台灣當中央研究院院長起來了。〔註139〕

其中的第二點可以從前文的論述得到一些說明，但是因果是相反的。胡適是因為被推選為中研院院長才要回台灣，才必須與雷震等人接觸，而不是為了與雷震他們組黨而回來接中央研究院院長。胡適不想接院長，從他給雷震的信一樣看得很清楚：

（案：一九五七年）十一月三日評議會選舉三個候選人，投票者十九人（連代表在內），每人須得十票才當選，我與濟之是第一次投票就選出了的。那第三個候選人，投了三次票都沒有人夠十票。……十一月三日的選舉，正在我肺炎退燒後第七天，故我力辭，並力薦濟之兄，結果只能做到濟之代理院務的一步，使我很失望。但上述情形你和熊先生好像都不明白，故補述如上。〔註140〕

院長一職是總統圈選，但是若沒有經過評議會也是不可能的。蔣介石是屬意胡適來當，所以才沒有接受他的推薦李濟之，這一點徐復觀所言也沒有錯。但是徐復觀的說法是依著前兩點而來，給人的印象是：在朝黨要安撫組黨活動，所以先安撫在野領袖，因此就讓胡適當中研院院長。這完全與胡適的本意不合，因為他是不想當的。張其昀是影響胡適接院長的另一重要原因。張其昀是蔣介石的愛將，當時也有意要他去接院長〔註141〕，就是因為他很聽話〔註142〕。所

〔註139〕〈自由中國當前的文化爭論〉，《雜文補編》第二冊，頁166。發表於一九六二年二月。這是在胡適去世之前發表的文章，所以對胡適的批評還很直接。
〔註140〕《萬山不許一溪奔——胡適雷震來往書信選集》，頁121。一九五八年一月十三日的信。
〔註141〕張其昀當時是中研院的評議員。
〔註142〕雷震給胡適的信曾提到：「張其昀之去職，此事陳（案：陳誠）費了很大氣力，因老先生不肯。起初陳屬意於雪屏（案：陳雪屏），老先生認為雪屏與其昀並無不同之處，同為學者，同為國民黨中委，海外聲望，雪屏不見得比其昀好；最後搬梅先生出來（案：梅貽琦）蔣先生在國民黨常會討論時尚說：『教育要一位同志出來主持才好』可見蔣之心情，也許他是顧慮今後黨化教育，梅先生不如張之聽話也。」《萬山不許一溪奔——胡適雷震來往書信選集》，頁134。一九五八年八月十四日的信。可見雷震也清楚張其昀是比較聽蔣介石的話的。因此，若中研院院長由張其昀主掌，等於把學術自由完全斷送掉了，

以胡適等人與張其昀的對抗，不應只是看成學派之間的對立，是學術自由與政治力的角力關係，徐復觀的批評並不算公允。

徐復觀批評胡適當然是很早就開始的事，這在前面第三章已討論過。當胡適在一九五八年回國掌中央研究院之後，對胡適最激烈批判，莫過於〈中國人的恥辱，東方人的恥辱〉一文，他說：

> 今天在報上看到胡博士在亞東科教會的演說，他以一切下流的辭句，來誣衊中國文化，誣衊東方文化，我應當向中國人，向東方人宣佈出來，胡士之擔任中央研究院院長，是中國人的恥辱，是東方人的恥辱。我之所以如此說，並不是因爲他不懂文學，不懂史學，不懂哲學，不懂中國的，更不懂西方的；不過去的，更不懂現在的。而是因爲他過了七十之年，感到對人類任何學問都沾不到邊，於是由過份的自卑心理，發而爲狂悖的理論，想用誣衊中國文化，東方文化的方法，以掩飾自己的無知，向西方人賣俏，因而得點殘羹冷汁，來維持早經掉到廁所裏去的招牌，這未免太臉厚心黑了。〔註143〕

這是針對胡適在一九六一年十一月六日所做的演說而發的。當一九八〇年十一月，此文隨書再刊出時，徐復觀自己再加上一則〈補誌〉說到：

> 當中共對胡先生也作平反工作的現在，我依然想把這篇文章收在附錄裡，意在保存文化爭論中的一大公案。現胡先生墓木已拱，而我亦行將就木，希望我們的文化終能永生於天壤間，繼續培育我們國族的生命。〔註144〕

由此可以看出，他對於胡適的那次演講內容是多麼不滿了。在這篇文章中，他所批判的仍然是胡適對傳統文化的反對態度。胡適的演講名爲「科學發展所需要的社會改革（Social Change Necessary for the Growth of Science）」〔註145〕，在演講中最受徐復觀詬病的就是以下這段：

胡適當然不願意這事發生。胡適在給雷震的信中就提到這個重要性：「我們今日有維持中研的責任，因爲這是蔡子民、丁在君、傅孟眞、朱騮先費了多年心血培養起來的一點成績。」《萬山不許一溪奔——胡適雷震來往書信選集》，頁120。一九五八年一月十三日的信。

〔註143〕《論戰與譯述》，頁164。原刊於一九六一年十二月十六日的《民主評論》。

〔註144〕《論戰與譯述》，頁170。

〔註145〕因爲他是應美國國際開發總署主辦的「亞東區科學教育會議」演講，故原稿是以英語寫成。中文稿由徐高阮譯出。本文所據爲《文星》於一九六一年十二月一日九卷二期刊出版。

在東方文明中，靈性不多。在那種忍受著殘酷，無人性的規定，如
相沿一千多年的婦女纏足的文明中，有什麼靈性。（按：以上大概是
罵中國的）在那種容忍階級制度達數千年之久的文明中有什麼靈
性？在那種把人生看為痛苦，沒有價值，崇拜貧窮和行乞，把疾病
歸之於神的作為的文明中，有什麼靈性？（按：以上大概是指印度
教及佛教而言）〔註146〕

不過這只是一篇一時氣憤的文字〔註147〕，在稍後的一篇文章中，他對胡適的
不滿有比較清楚的說明。那是在一九六二年一月連續發表在《自由報》上的
一篇長文，叫〈當前的文化問題・答客問〉〔註148〕。這篇文章被收在一九八
四年才出版的《徐復觀最後雜文》中，之前的文集都沒有收錄過，這對於他
早在一九六二年就發表的文章而言，是有點不尋常的。在這篇長文中，他說
明為何會對胡適如此批評：

因為這幾年我發現，他對國家社會，乃至自己本門的文化問題，沒
有一點責任心，對於國家的困難，人類的危機，也沒有半分感觸，
而只專心致志地如何維持自己的地位，如何維護在學問上毫無出息
而只捧著他的招牌吃飯的幾個人的地位……胡博士的心裡狀態有些
像晚年的希特勒的心裡狀態，這實際有失他自己的尊嚴，我對他的
敬意便自然消失了。〔註149〕

把胡適比成希特勒，已經是很嚴重的侮辱，也可能因此本文發表後才都沒有
再收入文集中，在他生前出版了。對於胡適的學術，他則這樣露骨地批評：

選來選去選了一篇「論短篇小說」。等到油印出來再看，覺得有些不
對勁了，再經過教室的講解，才恍然於他所說的許多話都是對問題
沾到一點邊，或者是似是而非的話，沒有一句說到問題裡面去。在
四十三、四年，我因宋、明理學而關涉到禪宗問題時，又發現他的
考據態度的武斷是足夠驚人的，更恍然於為什麼一個日本人稱他為

〔註146〕《論戰與譯述》，頁164～165。徐復觀自註是依十一月七日的《徵信新聞報》
的譯文。不過在《文星》的譯文中，「靈性」都譯成「精神」或「精神文明」。
兩者的差異，恐怕跟「輕蔑」與否有很大關係。
〔註147〕若從徐復觀的批評來看，胡適的文章內容所批判的並不是什麼新觀念，都是
五四前後就已經廣受討論的傳統文明，只是擴大到其他國家的傳統文明而
已，徐復觀在此不無藉題發揮的用意在。
〔註148〕《最後雜文・附錄二》，頁355～366。
〔註149〕《最後雜文》，頁358。

「主觀的考據家」。至於說到思想方面，因爲他只有聰明而沒有分析
的能力，大概他很少讀過西方比較嚴肅性的有關著作，如果讀也讀
不進，那更根本無法談起了。〔註150〕

這裡他批評了胡適的小說研究、考據態度與思想深度。本文不擬對胡適的這
些問題深入探究，只是指出徐復觀爲何會發表標題那麼嚴厲的文章，是因爲
他早就對胡適的學問與人格都有很大的不滿，儘管這些不滿不一定很客觀〔註
151〕。而所謂「如果讀也讀不進，那更根本無法談起了」的話，他更舉出一位
朋友的說法爲證，以示自己並非無的放矢：

民國四十七年（或是四十六年），有位在美國教中國文學的北大出身
的朋友到東大來，同我談到胡博士，說他對文學的看法沒有一點與
胡博士相同，我說：「你和他談過嗎？」他說：「談過，無從談起，
因爲每一問題都有若干專著在後面作背景，而他都不曾讀過。他太
缺少討論問題所必不可少的預備知識。」〔註152〕

如果這些問題屬實，那還是胡適個人學力的問題，徐復觀不會太在意這個問
題，何況他在考證上的問題，也不見得都比得上胡適〔註153〕。他更在意的是

〔註150〕《最後雜文》，頁 359。

〔註151〕余英時說：「最近我從胡適十八本日記中發現，從頭到尾他都沒有考慮到個人
的問題，無論婚姻、交友、教書、做事，他所犧牲的都是自我，只爲成全大
我。在此不難發覺，胡適在言論上雖提倡個人自由，行事卻是以成全大我爲
目的，二者之間呈現出一種緊張狀態，似乎是矛盾不相容的，但是從長遠的
角度觀之，胡適並不認爲二者有所衝突，他認爲中國最要緊的是把中國變成
一個現代化的國家，使它能在世界上生存，然後小我才得以發展。」（余英時：
〈自我的失落與重建〉，《中國文化與現代變遷》，臺灣，三民書局，一九九五
年再版，頁 212。）由此推論，徐復觀所謂胡適「對於國家的困難人類的危
機也沒有半分感觸」的批評，恐怕不是很客觀正確的評價。

〔註152〕《最後雜文》，頁 360。

〔註153〕例如有關「老子」的問題。徐復觀在一九六一年三月十一日給胡適的信上說：
「祝早日康復。〈有關老子其人其書的再考察〉已回到胡適看法上來。」（胡適
紀念館：胡適檔案檢所系統，館藏號：HS-NK01-021-003。）但是當他早期在
〈有關思想史的若干問題——讀錢賓四先生〈老子書晚出補證〉及《莊老通辨·
自序》書後〉一文中卻說過：「但其中，有如胡適之先生，認爲老子成書在論
語之前；錢先生以爲老子思想在莊子之後；及馮友蘭以李耳、老聃爲二人，而
將著書屬於李耳等三說，最難置信。」（《中國思想史論集》，頁 99。）這是一
九五七年十一月、十二月所發表的文章。可見他本來是否定胡適的說法的，但
是後來則修訂到與胡適的觀點一樣，他在〈有關老子其人其書的再討檢〉中說：
「關於《老子》其人其書的年代作者等問題我在〈有關思想史的若干問題〉一

「學閥」的問題，這是與人格有關的大問題，所以他極力批評胡適派學人對學術界的不合理壟斷，他說：

> 他們排斥異己，專橫壟斷，以文化上的既成權力來壓迫學術自由，其干擾性絕不在許多政治干擾之下。有一位很有學問、很有地位的先生同我談了天後，感慨的說：「我這些話假定公開的說出來，飯碗便成問題。」在他的勢力範圍之內，考古學沒有後來文化中可爭論的問題，所以可以免於他的干擾而有卓越的成就；語言學因為有人在美國吃香，因而得到鼓勵，也稍稍有點成就；除此之外，一般人很難做有知識系統性的研究工作，絕不敢接觸到思想上的問題。〔註154〕

這一席話，可把中央研究院與史語所的所有胡適派學者都罵翻了。此文發表後不久，胡適在一九六二年二月二十四日去世。不過，徐復觀對於胡適所造成的中央研究院與史語所對學術界的壟斷現象並沒有停止批判的態度，在一九六二年十二月二十八日為即將出版的《中國人性論史—先秦篇》寫序時，就再度重砲出擊，他寫到：

> 這幾年我漸漸發現，連這一方面的工作，也多是空中樓閣。許多考據的文章，豈特不能把握問題的背景，最令人駭異的是，連對有關資料的文句，也常缺乏起碼的解釋能力。甚至由門戶、意氣、現實利害之私，竟不惜用種種方法，誘迫下一代的優秀青年，在許多特定勢力範圍之內，作「錯誤累積」的工作，以維護若干人在學術上的地位。假使有青年想憑自己獨立地意志去追求真是真非，便很難有插足學術研究機關的機會。〔註155〕

這與前一段文字的語氣與指涉的內容是一致的。當他給劉述先看的時候，劉述先就曾經提出來，認為這樣的攻擊是不必要的，可以刪除。不過，徐復觀後來並沒有接受，堅持對不合理提出抗議〔註156〕。

　　雖然徐復觀對於胡適很不諒解，但是對於身為中國知識分子的胡適的無奈，徐復觀則很同情，因為徐復觀也有很多無奈。他說：

> 我常想到，生在歷史專制時代的少數書生，他們的艱苦、他們內心

　　文中，曾以……但經過這幾年的不斷注意此一問題的結果，對我上述的說法，覺得應當加以根本修正。」（《中國人性論史——先秦篇‧附錄一》，頁464。）
〔註154〕《最後雜文》，頁361。
〔註155〕《中國人性論史——先秦篇‧序》。
〔註156〕詳見劉述先：〈經師與人師〉，《紀念文集》，頁124。

的委曲必有千百倍於我們，所以我對這少數書生在他們的環境中依
然能吐露出從良心血性裡湧出的眞話傳給我們，總不禁激起一番感
動，而不忍隨便加以抹煞。我深切了解在眞正地自由民主未實現以
前，所有的書生都是悲劇的命運，除非一個人的良心喪盡，把悲劇
當喜劇來演奏。我相信胡先生在九泉之下會引領望著這種悲劇的徹
底結束。〔註157〕

這是他對自己的感嘆之語〔註158〕，也是對胡適的感嘆，更是對世人的感嘆。
當蔣介石帶著國民政府到台灣，本來是要對抗中國共產黨，後來卻跟中國共
產黨玩一樣的把戲，導致「雷震案」的發生，徐復觀怎能無感嘆？對於助「蔣」
爲虐的一批文人，當然會痛恨他們的「把悲劇當喜劇來演奏」。胡適雖然與他
有文化上的爭論，但是，至少還不算是「把悲劇當喜劇來演奏」的人，所以
徐復觀只以「一個偉大書生的悲劇」來看帶待他。

其實，就他們的爭論看來，又何嘗不是一齣悲劇？就我們這一代人來看
徐復觀一生的奮鬥而言，又何嘗不是「一個偉大書生的悲劇」？只能說，在
「被綁架的歷史」中，有良心的知識分子，根本無從伸其理想，這情況，在
中國歷史上，是從大一統的時代就開始的。所以，在大一統的中國，原始儒
家思想已不可能再有實現的一天，徐復觀雖然寄望於民主政治，恐怕也不是
那麼單純的事，其中的變數仍是很多的〔註159〕。

〔註157〕〈一個偉大書生的悲劇——哀悼胡適之先生〉，《雜文——憶往事》，頁142。
這段話一方面恭維了胡適，一方面也諷刺了胡適旁邊那些「把悲劇當喜劇來
演奏」的某些書生。

〔註158〕因爲在此段文字之前，有以下這段話：「前兩三個月，有位日本朋友在一篇文
章裡面，再三推服我的一篇文章。其實，我寫那篇文章的動機、情緒，豈僅
是異國的朋友無法了解，即使是我自己的朋友，現在假使看到那篇文章時，
也同樣的不能了解。因此，我……」

〔註159〕本文將完成之時，中國的新疆在二〇〇九年七月五日發生漢人與維吾爾人的
衝突事件。與去年的西藏衝突一起看，就可以瞭解，中國一旦採取民主政治，
這兩個地區一定是最先宣佈實施獨立公投的區域。而這與傳統大一統的思想
是矛盾的，在中國改採尊崇傳統儒家思想之際，這樣的矛盾是否會被中國當
局接受，是很令人懷疑的。若不能接受，類似的衝突恐怕將成爲中國長久的
內政夢魘。

第八章 結 論

　　徐復觀不但俱有孟子的雄辯，也俱有孟子所說的「不忍人之心」，所以他的一生，人道主義濃厚。他的人道主義表現在為人設身處地上：早期為國民黨，中期為中國文化，晚期為台灣人民。當然，在儒家的「親親而仁民」思想下，我們也看到他對家人、對好朋友、對晚輩的無限關懷。雖然他沒有官位來行「不忍人之政」，但是，他的人道主義不正是「奚其為為政」的最佳註腳嗎？以下再為他一九四九年以後的生命歷程，做一簡略歸納，以為本文之結論。

一、臺灣時期的轉變與堅持

　　做為流亡到臺灣的中國人，徐復觀的複雜心情是可以理解的。但是，中國時期的徐復觀與臺灣時期以後的徐復觀是兩個迥然不同的人。這種不同，主要是表現在他從一位狹隘的中國民族主義者，變成世界的和平主義者；從一位國、共內戰的磨擦專家，變成傳統與創新並重的文化學者。

（一）遠離政治圈──知止不殆

　　一九四九年徐復觀全家正式搬到臺灣台中。初期還與高層有一些聯繫，因為他也沒有求一官半職，除了辦《民主評論》以外。在有意無意之間，徐復觀是要脫離政權進入學界的。所以高層雖然沒有繼續找他辦理「國民黨改造」，卻希望他辦「革命實踐研究院」，但是他拒絕了；他也上過陽明山幾次，但是似乎不再熱情參與，高層也有一些他與桂系的閒言閒語。因此更增加他離開政權的決心，一心想往學術發展，開始發表學術論文。一開始，因為適逢國民黨大敗之後，所以一片討論聲，徐復觀的文章也都圍繞在檢討成敗、

改革自強這類的議題。另外，因為《民主評論》既以「民主」為名，所以與「不民主」的國民黨政權自然漸有扞格，但是它卻又是拿國民黨的錢所辦的雜誌，所以徐復觀一度弄得理外不是人，而藉機遠走日本，不想再回來。《民主評論》終於在一九五一年六月十六日出第二卷第二十四期後，第一次停刊，當時徐復觀還在日本。後來經多方奔走，才又在一九五一年十二月十六日復刊。經此一劇變之後，徐復觀對政治是全然絕望，批評當局是更加不假辭色，也沒有辦理國民黨的「黨員歸隊」手續，可以說正式脫離國民黨政權。決心遠離官場，可能是他踏入學界的主要動力，所以也就在一九五二年九月，他在台中農學院正式執教。這樣，開始了他輝煌的學術生涯。

（二）學術與論戰——本性難移

一九五五年東海大學創辦，徐復觀從臺中農學院轉任東海中文系兼系主任。其後在東海長達十四年的時間，直到一九六九年被強迫退休。在一九五五年以前，他發表的文章以政論與社論為主，所以在一九五六年與一九五七年先後出版《學術與政治之間》甲、乙集。到東海以後，學問日進，所以他的正式的學術文章相繼問世；但是與學者間的論戰也日熾，造成不小裂痕；而政論與社論又跟當時自由派學者結合，受到當局的「注意」，所以徐復觀的困境種子已深埋於此。這段時間徐復觀很努力提升自己的學術地位，所以他一方面立定學術方向，努力研究，一方面就是對當時的學術環境提出不客氣的批評。所以在他的論戰對象中，也就是以這兩方面為主：與儒家思想有所扞格者，與學術良心有所抵觸者。前者是從「五四運動」以來的戰爭，徐復觀既然以儒者自許，當然是無法避免這樣的戰爭；後者卻是當時政治環境使然，有些學者是政治的附庸，有些是趨炎附勢之輩，大都不學無術卻位居高位，徐復觀自然看不慣。還有一些他在政論與社論中得罪的人，刻意要找他筆戰的。當然，這些論戰在徐復觀看來是不足懼的，反而是應該提出來充分討論的，他也有藉機鞭策自我的意思。因為他初入學界，起步既晚，成就有限；若因此督促自己加緊努力，可以在短時間有一些成績出來；況且與人筆戰，在當時是一種出名的好機會，文章也可以增加銷路，辦雜誌與報紙的人多會在旁敲邊鼓，所以其實是皆大歡喜。不過，與自由主義結合而向當局挑戰，總是惹禍上身的事。因此，除了少數真有理智的學者能容許徐復觀犀利的批評外，恐怕多數都恨之入骨吧。所以，當局也利用這一點，逼他不得不離開臺灣。

（三）政治迫害——形勢比人強

　　其實，當徐復觀要到東海大學時，就是很勉強了。一方面因為那是教會學校，不太歡迎不是信教，又有強烈中國文化意識的人；一方面是當時他與高層關係已經有很大裂痕，所以不喜歡有收留他的地方。這些阻礙都給當時的東海校長曾約農所化解，他才順利進入東海。可是曾校長隔年就離職，顯然跟這件事有很大關係。曾校長卻是徐復觀的貴人。但是承前文所述，在東海時期，因為學術論戰的關係，徐復觀多招惹了一些原本不必招惹的人，也就引來更多的不必要麻煩。再加上與自由派學人的聲氣相通，推動民主政治，所以更成為當局的眼中釘，一九六〇年的「雷震案」就是一個警告。後來殷海光事件也是一箭雙鵰的陰謀，所以當殷海光去世，他也跟著被東海「強迫退休」了。以前對國民黨的忠心貢獻，在二十年後正式劃下休止符。離開東海，本有人要收留他，全被擋下了，他原本希望閉門著書，因為香港那邊好友的邀請，只好含淚離開生活了二十年的臺灣，移居香江。這樣的結局，徐復觀也知道一半原因是自己個性所害。他的剛直與叛逆，從小就是很容易不妥協地表現出來。因此他的學術成就，也歸功於這種不妥協的懷疑精神，與大膽的反抗精神。但是形勢總是比人強，比起雷震與殷海光，他算是倖存者了。當時他的家人跟著他受罪，不過，如今我們享受他們受罪所給我們的甜美，正是「前人種樹後人乘涼」的寫照。我們檢視這段歷史，應該記取專制的可怕，更該感謝這些為臺灣民主奉獻的先驅，哪怕他們當時只是憑一股剛直個性。

二、香港時期的完成自我

（一）無慚與無根——現實的考驗

　　當離開東海時徐復觀以〈無慚尺布裹頭歸〉一文明志，雖是瀟灑，卻是他老歹命的開始。先是無法順利到台北兼職，而被迫移居香港；在香港又是遇到時局很不安定的七〇年代。相對來說，臺灣在七〇年代雖然政治還不太民主，但是因為經濟起飛，政局也因完全被蔣經國所控制，而呈現穩定的狀態，所以比起香港來是好住多了。因此，徐復觀雖然在一九六七年去香港講學半年，可是也沒打算移居香港。再加上臺灣的朋友多，徐復觀的身邊小孩也一個一個去美國留學，所以剛到香港時，總有幾分寂寞感。從他寫的家書中，這種無奈常在筆間出現，唯一可以慰藉的，大概就是正在進行的研究——《兩漢思想史》的撰寫。

另外，因為地利之便，在港期間他所收到中國方面的訊息多而正確，所以引起他很大的注意。再加上因為《華僑日報》的稿約關係，使得他必需每週寫專欄，所以對於中國與世界局勢，都比在臺時期有更多、更完整的接收。因此，雖然飄泊在殖民地，這些專欄文章卻轉移他大部份的精神，所以暫時忘記無根之痛〔註1〕。但是，也因此導致他的研究計劃受到一些拖延，無法順利完成，抱憾而終。不過，從另外一個角度看，這些專欄卻帶給我們很好的歷史資料，不論是當時的香港，或當時的中國，以及當時的世界局勢，徐復觀透過犀利的觀察與分析，還有他所具有的一些管道所得來的可靠消息，使得這些資料具備很高的史料價值。

（二）春蠶吐絲——生命韌度的展現

除了雜文，當然要算《兩漢思想史》是他這的血淚之作。這一套原本打算至少寫五冊，第一冊是從周代寫起，所以不是局限在兩漢；而因為只寫到第三冊，所以東漢的部分其實都尚未寫。這一套三冊，特重在專制政治的建立上，以及他對社會與知識分子的迫害上。這其實是徐復觀在現實生活中的親身體認，因為，當時不論是臺灣的蔣政權，與中國的毛政權，都是和二千年前的中國政治一般專制。臺灣的情況他是親身經歷，中國的情況則是到香港後才完全清楚。在他極力為中國文化維護之時，對於這有兩千年傳統的政治文化，恐怕是他最無法說好話的部分。所以他極力要尋出一個源頭來，希望為中國的民主不能實踐找出原因，也希望為儒家因此所受的不白之冤，能夠還一個公道。因此，名為思想史，其實是以政治史為主，文化史為輔，思想的深入反而有些不足；而名為「兩漢」，其實他是以之為中國兩千年政治的

〔註1〕徐復觀在一九八〇年十月二十六日的日記寫到：「四海之大，竟難覓老夫婦二人安身之地，這便是我們今天的遭遇。」《徐復觀最後日記》，臺灣，允晨出版社，一九八七年，頁43。這是他在臺灣做完胃癌手術後，回港休養所寫的日記。因為要尋找休養的地方，而尚未有所決定，所以才發出這樣的無奈。其中的悲涼心情，溢於言表。其實徐復關仍然比較喜歡住臺灣，他在一九八〇年十一月四日的日記寫到：「香港的醫藥還是趕不上廣州、北京，更趕不上台北，當然趕不上美國。香港的人情也比臺灣淡薄些，學生、朋友沒有臺灣的可靠，所以我想決心離開香港。但住臺灣，第一，蔣某願不願意？第二，沒有一個兒女住在身旁，還是不行的。」同前，頁470。後來，果然不能來台灣，在一九八一年九月二十九日的日記寫到：「但我和媽還是不想遷到美國來住。臺灣當局既不樂我們住臺灣，我們也不想住臺灣，所以在兩個人都活著的時候，還是賴在香港。」同前，頁479。這些記錄，應該是徐復觀對「專制」最後的控訴吧！

縮影，所以上達周初，下迄現代，都希望包含在這一套書裡面。只可惜天不假年，不然當可以看到這部偉著，成為二十世紀的中國思想史標竿。

後來，他在心知無法完成此套書時，勉力把經學的部分寫出，但是畢竟時間倉促，又是病體強為，無法與正常寫出的作品相較。但是他的精神，就如他〈春蠶篇〉所述的春蠶一般，到死都還吐出最後一口絲來造福他人。若以中國學人來比，與朱熹臨死前仍手批《四書》的精神是一樣的。這正是他給後代學人最佳的身教，證明他批判那些學閥與不學無術的學蠹，不是空口說白話而已，而是真正躬身自我要求的生命功夫。

綜觀徐復觀的一生與思想的演變，充滿對現實的關懷與熱情，可以說是一位典型的人道主義者。不論是在中國混亂時期的社會主義思想與行動，或是來臺以後對政治的批判與建議，以及在學術上的獨立與自由精神的發揮，無一不是站在大多數人的利益上在立言。其中，最明顯的，又莫過於對中國共產黨與國民黨的批判。對於國民黨初期的功，他並不抹煞，而對於後期的過，也不加文飾；相同的，對於共產黨的取代國民黨，他也能同情，而對於共產黨後來的倒行逆施，他的批評也不留餘地。所有這些批評，若不是站在大多數人民的立場發言，絕對無法看到如此公正的言論。所以，說他是人民的代言人，一點都不過譽。也因為是人民的代言人，所以才會成為專制政權的敵人、專制者的鷹犬急於捕殺的對象。而他的智慧，就顯現在人道主義之下所得到的生命圓融。這是他思想的最高價值所在，也是筆者認為最值得台灣人學習的地方。

主要參考書目

一、徐復觀著作

1. 《象山學述》，台北：民主評論社，一九五四年。

2. 《中國思想史論集》，台中：東海大學，一九六八年。

3. 《中國思想史論集》，台北：台灣學生書局，一九五九年，初版。一九九二年，初版九刷。

4. 《中國思想史論集續編》，台北：時報，一九八二年。

5. 《中國人性論史——先秦篇》，台中：東海大學，一九六三年。

6. 《中國人性論史——先秦篇》，台北：台灣商務，一九六九年，初版；一九九〇年，十版。

7. 《中國藝術精神》，台北：台灣學生書局，一九七三年，三版。

8. 《中國藝術精神》，台北：台灣學生書局，一九七六年，增補五版。

9. 《中國藝術精神》，台北：台灣學生書局，一九六六年，初版，一九九八年，十二刷。

10. 《中國文學論集》，台北：台灣學生書局，一九七四年，增補二版。

11. 《中國文學論集》，台北：台灣學生書局，二〇〇一年，五版。

12. 《中國文學論集續篇》，台北：台灣學生書局，一九八一年。

13. 《中國經學史的基礎》，台北：台灣學生書局，一九八二年。

14. 《儒家政治思想與民主自由人權》，台北：台灣學生書局，一九八八年，增訂再版。

15. 《公孫龍子講疏》，台北：台灣學生書局，一九七六年，三版。

16. 《周官成立之時代及其思想性格》，台北：台灣學生書局，一九八〇年，初版。

17. 《三版改名兩漢思想史・卷一》，台北：台灣學生書局，一九八五年，七版（台六版）。

18. 《增訂兩漢思想史・卷二》，台北：台灣學生書局，一九七六年，初版，一九八五年，三版。

19. 《兩漢思想史・卷三》，台北：台灣學生書局，一九七九年，初版，一九八四年，再版。

20. 《學術與政治之間》，甲集，台中：中央書局，一九五六年，初版，一九五七年，再版。

21. 《學術與政治之間》，乙集，台中：中央書局，一九五七年，初版。

22. 《新版學術與政治之間》，台北：台灣學生書局，一九八〇年，台一版。

23. 《不思不想的時代》，台北：萌芽，一九七〇年。

24. 《徐復觀文錄》四冊，台北市：環宇，一九七一年。

25. 《徐復觀雜文──論中共①》，台北：時報出版公司，一九八〇年。

26. 《徐復觀雜文──看世局②》，台北：時報出版公司，一九八〇年。

27. 《徐復觀雜文──記所思③》，台北：時報出版公司，一九八〇年。

28. 《徐復觀雜文──憶往事④》，台北：時報出版公司，一九八〇年。

29. 《徐復觀雜文・續集》，台北：時報出版公司，一九八一年。

30. 《徐復觀最後雜文集》，台北：時報出版公司，一九八四年。

31. 《徐復觀文錄選粹》，台北：台灣學生書局，一九八〇年。

32. 《論戰與譯述》台北：志文，一九八二年，初版。

33. 《無慚尺布裹頭歸：徐復觀最後日記》，台北：允晨，一九八七年。

34. 《徐復觀文存》，台北：台灣學生書局，一九九一年。

35. 《徐復觀家書精選》，台北：台灣學生書局，一九九三年。

36. 《徐復觀雜文補編》，台北：中央研究院文哲所籌備處，李明輝，黎漢基編：二〇〇一年，第一冊～第六冊。

37. 《徐復觀家書集》，台北：中央研究院中國文哲研究所，曹永洋，黎漢基編，二〇〇一年。

38. 《詩的原理》，（日）荻原朔太朗著，徐復觀譯，台北：台灣學生書局，一九八九年，修訂三版。

39. 《中國人之思惟方法》，（日）中村元著，徐復觀譯，台北：台灣學生書局，一九九一年。

二、古籍

1. 《周易・尚書》，清代，阮元，重刊宋本十三經注疏本，台北：藍燈，覆印本，未註日期。

2. 《史記》，西漢，司馬遷撰；南朝宋，裴駰集解；唐，司馬貞索隱；唐，張守節正義，台北：宏業書局，一九九○年，再版。

3. 《前漢書》，東漢，班固撰；唐，顏師古注；清，王先謙補注；清，錢大昕考異，台北：新文豐，一九七五年。

4. 《後漢書》，南朝宋，范曄撰；唐，李賢注；清，王先謙集解；清，錢大昭補表；清，錢大昕考異，台北：新文豐，一九七五年。

5. 《三國志》，西晉，陳壽撰；南朝宋，裴松之注；清，錢大昕考異；民國，盧弼集解，台北：新文豐，一九七五年。

6. 《新編諸子集成》一～八冊，台北：世界書局，一九九一年五月，新五版。

三、現代專著

1. 王汎森，《章太炎的思想（一八六八～一九一九）及其對儒學傳統的衝擊》，台北市：時報，1985年。

2. 王汎森，《中國近代思想與學術的系譜》，台北市：聯經，2003年。

3. 王佐書，《中國文化戰略與安全研究》，北京：人民出版社，2007年。

4. 中島利郎，《一九三○年代台灣鄉土文學論戰資料彙編》，高雄：春暉，2003年，初版。

5. 毛澤東著；姜義華編，《毛澤東著作選》，北京市：人民出版社出版，1991年。

6. 毛子水，《子水文存》，台北市：文星，1963年。

7. 天兒慧，《中華人民共和國史》，台北市：草根，2001年。

8. 丘慧芬，《自由主義與人文傳統：林毓生先生七秩壽慶論文集》，台北市：允晨文化，2005年。

9. 丘為君等編，《台灣學生運動 1949～1979》，台北縣：稻鄉，2003年。

10. 余英時，《猶記風吹水上鱗──錢穆與現代中國學術》，台北：三民，1995年。

11. 余英時，《中國歷史轉型時期的知識分子》，台北：聯經，1992年，初版。

12. 余英時，《中國文化與現代變遷》，台北：三民，1995年，再版。

13. 余英時，《中國近世宗教倫理與商人精神》，台北：聯經，2007年，二版。

14. 余英時，《未盡的才情：從《日記》看顧頡剛的內心世界》，台北市：聯經，2007年。

15. 余英時，《歷史人物與文化危機》，台北市：三民，2004 年，二版。

16. 余英時，《中國思想傳統的現代詮釋》，台北市：聯經，1999 年。

17. 余英時，《中國知識階層史論・古代篇》，台北市：聯經，1980 年。

18. 余英時，《中國近代思想史上的胡適》，台北市：聯經，1984 年。

19. 余英時，《宋明理學與政治文化》，台北市：允晨文化，2004 年。

20. 余英時，《從價值系統看中國文化的現代意義：中國文化與現代生活總論》，台北市：時報文化, 1984 年。

21. 余英時，《民主與兩岸動向》，台北市：三民，1993 年。

22. 余英時，《現代儒學論》，美國紐澤西州：八方文化企業公司，1996 年。

23. 余英時，《知識人與中國文化的價值》，台北市：時報文化，2007 年。

24. 余英時，《論戴震與章學誠：清代中期學術思想史研究》，台北市：華世，1980 年，台二版。

25. 余英時，《重尋胡適歷程：胡適生平與思想再認識》，台北市：聯經，2004 年。

26. 余英時，《陳寅恪晚年詩文釋證》，台北市：時報文化，1986 年。

27. 余英時等著，《五四新論：既非文藝復興，亦非啓蒙運動》，台北：聯經，1999 年。

28. 李怡，《知識分子與中國》，台北市：遠流，1989 年。

29. 李澤厚，林毓生等著，《五四：多元的反思》，台北市：風雲時代，1989 年。

30. 李世家，《近期台灣哲學》，台北市：林鬱出版，1992 年，初版。

31. 李筱峰，《進出歷史》，台北：稻香，1992 年。

32. 沈清松，《台灣精神與文化發展》，台北市：台灣商務，2001 年。

33. 何卓恩，《殷海光與近代中國自由主義》，上海市：上海三聯書店，2004 年第一版。

34. 林安梧，《當代新儒家哲學史論》，台北市：文海基金會，1996 年，初版。

35. 林柏維，《台灣文化協會滄桑》，台北市：台原出版發行，1993 年。

36. 林毓生，《殷海光與林毓生書信錄》，台北市：獅谷，1981 年。

37. 周策縱，《五四運動史》，台北市：桂冠，1989 年。

38. 周策縱，《五四與中國》，台北市：時報，1979 年。

39. 屈萬里，《屈萬里先生文存》，台北市：聯經，1985 年。

40. 唐君毅，《唐君毅全集》，台北：台灣學生書局，一九九〇年，1～29 冊。

41. 韋正通，《自由民主的思想與文化》，台北市：自立晚報，1990 年，第一版。

42. 韋政通,《思想的貧困》,台北市:東大,1985 年。

43. 韋政通,《思想的探險》,台北市:正中,1994 年。

44. 胡適,《胡適文集》,北京市:北京大學出版社,1998 年。

45. 胡適,《胡適論學近著》,上海:商務,1935 年。

46. 段承璞,《台灣戰後經濟》,台北市:人間,1992 年。

47. 高柏園,《中庸形上思想》,台北:東大圖書公司,一九八八年。

48. 殷海光,《怎樣判別是非》,台北市:文星,1962 年,再版。

49. 殷海光,《中國文化的展望》,台北市:桂冠,1988 年。

50. 馬繼森,《外交部文革紀實》,香港:中文大學出版;台北市:台灣商務總代理,2003 年。

51. 唐君毅,《唐君毅全集》1～30 冊,台北:台灣學生書局,1991 年。

52. 莊萬壽,《台灣的文學》,台北:群策會李登輝學校,2004 年第一版。

53. 莊萬壽,《台灣文化論:主體性之建構》,台北市:玉山社出版,2003 年。

54. 莊萬壽,《中國論》,台北市:玉山社出版,1996 年。

55. 莊萬壽,《台灣論》,台北市:玉山社出版,1996 年。

56. 莊萬壽,《史通通論》,台北:萬卷樓,2009 年。

57. 莊萬壽主編,《台灣獨立的理論與歷史》,台北市:前衛出版,2002 年。

58. 章清,《「胡適派學人群」與現代中國自由主義》,上海市:上海古籍出版社,2004 年第一版。

59. 陳序經,《中國文化的出路》,台北市:牧童,1977 年。

60. 陳序經,《文化學概觀》,上海:商務,1947 年。

61. 陳勝長,《考證與反思》,台北市:東大,1995 年。

62. 陳鼓應,《容忍與瞭解》,台北市:環宇,1971 年。

63. 陳鼓應,《言論廣場》,台北市:遠景,1979 年,三版。

64. 陳海文,《啟蒙論:社會學與中國文化啟蒙》,香港:牛津大學出版社,2002 年。

65. 陳寅恪,《陳寅恪先生全集》,台北市:里仁,1979 年

66. 尉天驄主編,《鄉土文學討論集》,台北市:遠景,1978 年。

67. 陶希聖,《中國社會與中國革命》,台北市:全民,1955 年。

68. 郭齊勇,《熊十力與中國傳統文化》,台北市:遠流,1990 年。

69. 張忠棟,《胡適.雷震.殷海光:自由主義人物畫像》,台北市:自立晚報,1990 年,第一版。

70. 張忠棟等人,《什麼是自由主義》,台北市:唐山,1999 年,初版。

71. 張漱菡,《胡秋原傳:直心巨筆一書生》,台北市:皇冠,1988 年。

72. 張富美編,《台灣問題討論集:台灣現狀與台灣前途》,台北市:前衛,1989 年。

73. 張君勱,丁文江等著,《科學與人生觀:科學與玄學論戰集》,台北市:問學,1977 年。

74. 勞思光,《歷史之懲罰》,台北:風雲出版社,1993 年。

75. 黃樸民,《董仲舒與新儒學》,台北市:文津,1992 年。

76. 黃克劍,周勤著,《寂寞中的復興:論當代新儒家》,南昌市:江西人民出版社,1993 年。

77. 黃國昌,《「中國意識」與「台灣意識」》,台北市:五南,1995 年。

78. 黃俊傑,《戰後台灣的教育與思想》,台北市:東大出版,三民,1993 年。

79. 黃俊傑,《東亞儒學史的新視野》,台北市:喜瑪拉雅基金會,2001 年。

80. 黃俊傑,《傳統中華文化與現代價值的激盪與調融》,台北市:喜瑪拉雅基金會,2002 年。

81. 黃俊傑,《儒學傳統與文化創新》,台北市:東大出版,1983 年。

82. 黃俊傑,《儒學與現代台灣》,北京市:中國社會科學出版社,2001 年。

83. 黃俊傑,《光復初期的台灣:思想與文化的轉型》,台北市:台大出版中心,2005 年。

84. 黃俊傑,《戰後台灣的轉型及其展望》,台北市:台大出版中心,2006 年

85. 黃俊傑,《東亞儒學:經典與詮釋的辯證》,台北市:台大出版中心,2007 年。

86. 黃俊傑,《台灣意識與台灣文化》,台北市:正中,2000 年。

87. 曾品滄,許瑞浩訪問;曾品滄記錄,《一九六〇年代的獨立運動:全國青年團結促進會事件訪談錄》,台北縣:國史館,2004 年。

88. 楊祖漢主編,《儒學與當今世界》,台北:文津出版社,1994 年。

89. 萬麗鵑編註;潘光哲校對,《萬山不許一溪奔:胡適雷震來往書信選集》,台北市:中央研究院近代史研究所,2001 年。

90. 葉榮鐘,《日據下台灣政治社會運動史》,台中市:晨星發行,2000 年。

91. 趙岡,陳鍾毅同著,《紅樓夢研究新編》,台北市:聯經,1975 年。

92. 廖仁義,《異端觀點:戰後台灣文化霸權的批判》,台北市:桂冠,1990 年。

93. 鄭明娳,《當代台灣政治文學論》,台北:時報文化,1994 年,初版。

94. 黎漢基,《殷海光思想研究:由五四到戰後台灣,一九一九~一九六九》,台北市:正中,2000 年,台初版。

95. 劉述先，《當代中國哲學論——問題篇》，美國，八方文化企業公司，1996年。

96. 蔣爲文，《語言、文學 kap 台灣國家再想像》，台南市：成大，2007年。

97. 鄭家棟，《斷裂中的傳統：信念與理性之間》，北京市：中國社會科學出版社，2001年。

98. 鄭家棟，《當代新儒學論衡》，台北市：桂冠，1995年。

99. 歐陽哲生編，《胡適學朮文化隨筆》，北京市：中國青年出版社出版，1996年。

100. 潘重規，《紅學六十年》，台北市：三民，1991年。

101. 錢穆，《錢賓四先生全集》1～54冊，台北：聯經出版社，1998年。

102. 薛化元，《《自由中國》與民主憲政——1950年代台灣思想史的一個考察》，台北：，稻香，1996年。

103. 戴國煇，《台灣結與中國結：睪丸理論與自立・共生的構圖》，台北市：遠流，1994年。

104. 瞿海源等著，《自由主義的發展及問題：殷海光基金會自由、平等、社會正義研討會論文集》，台北市：桂冠，2002年，初版。

105. 蘇瑞鏘，《戰後台灣組黨運動的濫觴：「中國民主黨」組黨運動》，台北縣：稻鄉，2005年。

106. 蘇瑞鏘，《超越黨籍、省籍與國籍：傅正與戰後台灣民主運動》，台北市：前衛，2008年。

附表、附錄

〈附表一〉：
《不思不想的時代》所收錄文章表

序號	篇　名	出　版　標　記	備　註
1	〈論傳統〉	未標出處與時間	依〈著作出版總表〉爲《東風》第二卷第六期一九六二年三月；依《文錄》則標一九六二年五月號《東風》。
2	〈過份廉價的中西文化問題〉	未標出處與時間	依〈著作出版總表〉爲爲《文星》第五十三期一九六二年三月一日
3	〈今日中國文化上的危機〉	選自一九五九年，三月二日，《東風》	依〈著作出版總表〉爲《東風》第一卷第六期
4	〈思想與時代〉	此篇目錄上缺，選自一九六一年三月十六日《世界評論》	此篇〈著作出版總表〉列於一九六二年三月十六日《世界評論》第十年（卷？）第一號。《文錄選粹》列於一九六二年五月一日，未著出處。
5	〈傳統的文學思想中，詩的個性與社會性問題〉	未標出處與時間	依〈著作出版總表〉爲《文星》第九期一九五八七月一日
6	〈由一個國文試題的爭論所引起的文化上的問題〉	選自一九六四年十月五日，《徵信新聞社》	與〈著作出版總表〉同

7	〈一個偉大書生的悲劇〉	選自一九六〇年，二月二十九日《文星》	當為一九六二年，胡適當年二月二十四日病逝。依〈著作出版總表〉為一九六二年三月一日《文星》第五十三期。
8	〈吳稚暉先生的思想〉	未標出處與時間	依〈著作出版總表〉為《自由人》第二九九期，一九五四年一月十三日。
9	〈紀念吳稚暉先生的真實意義〉	選自一九六四年四月二十日，《民主評論》	依〈著作出版總表〉為一九六四年，四月十六日，《民主評論》
10	〈我的讀書生活〉	選自《文星》未標時間	依〈著作出版總表〉為《文星》第二十四期，一九五九年十月一日
11	〈應當如何讀書〉	未標出處與時間	依〈著作出版總表〉為《東風》第一卷第六期，一九五九年一月。
12	〈櫻花時節又逢君〉	選自一九六〇年，四月二十日《民主評論》	與〈著作出版總表〉同
13	〈不思不想的時代〉	選自一九六〇年，五月二十日《民主評論》	與〈著作出版總表〉同
14	〈從生活看文化〉	選自一九六〇年，五月二十日《民主評論》	與〈著作出版總表〉同
15	〈日本知識份子的性格〉	選自一九六〇年，六月五日《民主評論》	與〈著作出版總表〉同
16	〈日本鎮魂劑─京都〉	選自一九五一年，六月二十日《民主評論》	〈著作出版總表〉記於一九六〇年五月十八、十九日的《華僑日報》。
17	〈毀滅的象徵〉	選自一九六〇年，七月五日《民主評論》	與〈著作出版總表〉同
18	〈京都的山川人物〉	選自一九六〇年，八月一日《民主評論》	與〈著作出版總表〉同

註：以上計有〈日本鎮魂濟──京都〉、〈一個偉大書生的悲劇〉、〈紀念吳稚暉先生的真實意義〉三文所記時間與〈著作出版總表〉有出入。

〈附表二〉：
《中國文學論集續編》中所收錄的詩 [註1]

序　號	詩　　名	寫作時間	自註事由	刊出時間
1	隨黃季寬先生赴北平，中途折赴石家莊，二首之一。	1937,08	無	1971,07,01隨〈抗日往事〉一文登於《大學雜誌》
2	隨黃季寬先生赴北平，中途折赴石家莊，二首之二。	同上	（山西所築國防工事直同兒戲）	同上
3	由巴東坐船至重慶	1938,暮春	山野間難民充斥，船上裝滿奸商私貨。	
4	退休三首之一	1941	師管區改組，由師管區司令調爲中央訓練團兵役班教官。	徐復觀原補記，已忘此詩，後編者補上。
5	退休三首之三	同上	同上	同上
6	退休三首之二	同上	同上	1980年10月30日補記：原唯一記得之詩。

〔註 1〕書末有〈附錄〉，錄有徐復觀的〈詩文舊稿〉，頁 243～263。

7	谷關雜詠四之一	1959	春假偕諸生赴谷關,重過天輪水力發電廠。 六年前曾偕孫立人將軍遊此。 與同人及諸生宿谷關。 初到電力公司招待所。	
8	谷關雜詠四之二	同上	由招待所赴觀復山莊,須過一吊橋絕險,非阮、陳兩生鼓勵,余將廢然而返。	
9	谷關雜詠四之三	同上	男生往觀復山莊,見余等至,以自攜樂器演奏為樂。 館前青梅一樹如蓋,已綻子滿枝矣。	
10	谷關雜詠四之四	同上		
11	青草湖偶占	1960,02	庚子生日,赴新竹鄭君欽仁家素餐,渭川兄自臺北來會,因遊青草湖靈隱寺。	
12	繭廬以近作二首見示,感嘆和之。	1960,10		
13	三月二十九日,余與繭廬、衡之偕中文系應屆畢業生遊阿里山。	1961		
14	余寫「莊子藝術精神主體之呈現」一文,頗歷甘苦,四月二日寫成,感賦。	1964		
15	三月三十日,應漱菡伉儷邀於華僑聯合會小聚,座中有鑄秋、滄波、秋原、研田、紀忠諸君子,事後即寄。	無	是夕微雨、 座中頗及巨宦趣事。 此贈秋原。 此贈滄波。	
16	新歲,醇士先生以詩見貽,依韻奉答。	1966		案:彭醇士的詩錄在〈悼念蕭一山、彭醇士兩先生〉一文。

17	東行雜感六首		此爲民國三十九年赴日旅行時之打油詩，久已忘記。達凱弟偶爾清出，欲刊出以作紀念。日本十餘年來，各方面之發展，已使世人感到驚異；與此詩所述之情景，又如隔世，則此詩眞成芻狗矣。（1966年07月09日補誌）〈後註〉：同伴中有一捲逃將軍，沿途痛罵中國文化，以爲非鏟盡即不足以圖存。及到京都，參觀日本舊皇宮，見明治即位之紫辰殿屛風，皆係中國歷代聖君賢相之畫像。此捲逃將軍亦稍感汗顏也。	
18	得今生自加拿大沙城寄詩奉和，時大陸文化大革命正劇。	1973,10		
19	山行	1957,09		於東海大學
20	塞上雜詩三首〈由南京初至塞上〉〈過賀蘭山〉〈漠中幻景〉（沙漠中有許多乾河，猶保有大水流過時痕跡。另有一種能抗旱之小灌木，土人呼爲「甲杠」。）		民國二十二年，黃季寬先生以內政部長奉命在歸綏編組孫殿英殘部，擬入新疆平定馬仲英與盛世才等之內爭，以免爲蘇聯所乘。余二十一年離廣西時，持有羅君（忘其名，與盛世才同學，時在廣西總司令部充上校參謀）介函，擬赴新疆投效。聞黃有籌邊之舉，乃轉向黃投效。蓋志在邊疆，不在某人也。四月間，率四輛大汽車，由歸綏出發，經百靈廟橫渡內蒙，至居延海二里子河而返，偵查沿途交通及飲水等狀況，作運兵入疆之準備。旋因胡宗南之反對作罷。沿途有塞上詩十餘首，今錄存僅能記憶之三首，以作生活中之紀念。（一九八〇年十一月十二日補記於九龍寓所）	

21	相憶	1934	民國二十三年在連雲港作，時世高正在北平求學，婚事為人所阻。	
22	婚後贈世高	1935	民國二十四年八月於杭州。	
23	憶內	1943	民國三十二年七月十二日作於延安。	
24	當時	1963	一九六三年妻患肝疾，神情憔悴。偶閱一九五一年合家攝影，妻獨容光煥發，惘然作此。	

〈附表三〉：散見於雜文中的詩

編號	時　間	內　　容	事　　由	出處文章
1	19600402 華僑日報 19600416 民主評論	蓬島重來老學生，空虛何事苦追尋 層樓霧釀千年劫，故紙虫穿萬古心 猿鶴凄迷憐舊夢，烟花撩亂接殘春 流觴社鼓俱陳跡，休倚危欄望醉人		櫻花時節又逢君 （東京旅行通訊 之一）
2	19640920	年年佳節共呢喃，明月今宵汝獨看 聞道隔洋昏曉異，可知天上不同圓	中秋寄咪 兒	《家書精選》，頁 19。 王靖獻所錄稍 異：「年年佳節共 呢喃，明月今宵 汝獨看；聞道隔 洋昏曉異，可能 天上不同圓。」 《儒家政治思想 與民主自由人 權》，頁358。
3	19640905	廿年育汝如哺雀，毛羽初成向遠枝 剛健定能當世變，嬌嗔莫似在家痴 茫茫人海恩難盡，惘惘衰年會可期 什物阿娘重檢點，依依猶是膝前時	思念剛赴 美留學的 大女兒	《家書精選》，頁 13。
4	19770718 ～20	滿局棋輸氣未降，偶攜微抱渡重洋 物開眼底成新界，禮失天涯討舊章 慷慨難忘先聖烈，低徊眞嘆後賢盲 （後賢指梁任公胡適之兩先生） 人心頗信同今古，一笑聲中是道場	寄給杜維 明	瞎遊雜記之三 （會議結束後）

5	19770723	雷聲過後雨聲停，九曲湖邊萬目青 故國河山如夢寐，他鄉兒女倍情親 支爐作炙留真味，備物遮窮足性靈 平楚蒼蒼天不盡，飛鴻應已得冥冥	到德州帥 軍家烤肉	瞎遊雜記之四
6	19770727	柔情密意德州瓜，當日杭州北上車 聞道物隨人世換，卻憐重見在天涯	到德州吃 瓜，想起 河北德州 瓜。	瞎遊雜記之五
7	19770727	征途枉道暫停驂，拂拭相看尚舊顏 八載辛酸同一遇，臨岐悵恨約來年 忘從國論分同異，但向蠻鄉祝吉便 人世青山唯故國，倦飛他日定知還	在休士頓 與陳文華 談話後。	瞎遊雜記之五
8	19770823	臺中初見氣崢嶸，一別當時惘惘情 隔海重逢豈天意，中宵深語極人文 求真直破乘槎客，愛國常懷哲士心 一夕高齋雞黍後，未應惘恨話來生	與傅偉勳 談話後， 寄 傅 偉 勳。	瞎遊雜記之十
9	19780426 ～27	雄姿猛意向如新，萬世鴻圖早作塵 千古罪功誰論定，好從遺物問蒼生	在港參觀 完秦俑後 心得。	由秦俑的聯想
10	19800227	情悲意苦筆森嚴，浩氣詩魂一例看 常恐文章真脈絕，斂容燈下讀宏篇	讀艾青之 文章後心 得。	讀艾青「新詩應 該受到檢驗」
11	19790704 1、0717	真聞巾幗勝鬚眉，病骨欹牀強自持 「學習」久成迷幻劑，靈犀獨照域 中魁	看報載共 幹新聞後 之感想。	試談思想解放
12	19800924	從容明達鎮愚顛，智慧真如不竭泉 頗恨論交當晚歲，共期驚蟄起春眠 八旬志業千絲織，晚古江山一帙連 豈向椿靈爭壽算，名飄青史是長年	和黃少谷 八旬自壽 詩。	重來與重生
13	19800924	廿年歲月島中過，此日重來意若何 出世尚愁三宿戀，回頭早唱百年歌 策肥果碩知民力，雀喜蟬哀感物多 新舊友情情不斷，微生無奈付蹉跎	到台參家 國際漢學 會議感想	重來與重生
14	19800924	妖夢荒唐倍可哀，摧頹兩叟俱泉台 樹饒生意應留命，竹正生孫好愛才 百萬呼兵森鬼窟，片書傳語祇同呆 悟驚此夢緣何有，痛委殘茵淚滿腮	開刀後夢 見毛澤東 感想。	重來與重生

15	19800924	重來分外得重生，一割神醫伏莽平 魄亂魂迷桑梓地，神銷氣索古人墳 湯皆續命情何厚，語盡安心藥果眞 又拽屍軀趨海角，餘年難忘友朋恩	從台大醫院出院感想。	重來與重生
16	19810726	淺識何堪蠹簡篇，卻驚滄海變桑田 白頭凜冽冰霜印，赤縣轟隆涕淚傳 苦擔餘絲蠶作繭，共擎大法事由天 文章藝術張平子，才思滔滔羨壯年	和一位年輕科學家的詩。	域外瑣記之三（在美國大女兒家）
17	19810920	苦心蒿目眞何用，雉雊狼嗥勢則然 大地灰飛寧有脈，長空界破早無仙 白頭聚首非人力，老樹當時發古妍 難是諸君古風誼，天涯猶共話薪傳	在美，和孫克寬詩。	臺北瑣記
18	19810102	死壓床頭尚買書，分明浪費也區區 莫愁死後無人讀，付與乾坤飽蠹魚	三聯書店買書	《最後日記》，頁 81
19	19810502	作薪當日淚漣漣，此際門前寵物看 三代生涯天壤隔，可憐家國不同源	在美，住帥軍家有感。	《最後日記》，頁 128
20	19810505	域外逢春不當春，綠茵一徑獨行人 歌風臺畔休閒地，競技場中老病身 知己相襃聊慰藉，遠書乍讀倍精神 湖山溪澗皆吾土，何日相邀共繪蕁	和蘇文擢詩。	《最後日記》，頁 129
21	19820215	中華片土盡含香，隔歲重來再病床 春雨陰陰膏草木，友情默默感時光 沉疴木死神醫力，聖學虛懸寸管量 莫計平生傷往事，江湖煙霧好相望	臥病臺大醫院有感。	《最後日記》，頁 225

註：另於一九六六年十二月發表〈時代的悲怨〉一文中，有改對聯一副：

寂地窵天，堪嘆英雄心不死；

哀猿怨鶴，可憐家國債難酬。

〈附表四〉：自序

篇　名	署寫作 時　間	書　名	發表時間
〈譯序〉	19530314	《中國人之思惟方法》	無
〈譯序〉	19551015	《詩的原理》	19580716 《人生》
〈自序〉	19560812	《學術與政治之間・甲集》	19561016 《人生》
〈再版序〉	195706	《學術與政治之間・甲集》	無
〈自序〉	19571010	《學術與政治之間・乙集》	19571113《自由人》
〈研究中國思想史的方法與態度問題・代序〉	19591002	《中國思想史論集》	19600101《民主評論》
〈序〉	19621228	《中國人性論史—先秦篇》	19630501《民主評論》
〈自敘〉	19650818	《中國藝術精神》	19651211《徵信新聞報》
〈自序〉	19651004	《中國文學論集》	19651222《徵信新聞報》
〈先秦名學與名家・代序〉	1966 中秋前一日	《公孫龍子講疏》	19670416 《人生》
〈再版序〉	19670928	《中國思想史論集》	無
〈再版序〉	19681218	《中國人性論史——先秦篇》	無
〈文錄自序〉	19701030	《徐復觀文錄》	197101《大學雜誌》

〈我的若干斷想・代序〉	19710103	《中國思想史論集》	19710115《人物與思想》
〈自序〉	1971 農曆 1120	《兩漢思想史・卷一》	無
〈三版自序〉	1972 冬至後十日	《中國藝術精神》	無
〈再版補編自序〉	19731027	《中國文學論集》	無
〈有關中國殷周社會性格問題的補充意見・臺灣版代序〉	1973 農曆 1004	《兩漢思想史・卷一》	無
〈補記〉	19750112	《中國人性論史—先秦篇》	無
〈自序〉	19751210	《兩漢思想史・卷二》	197606《明報月刊》
〈港版學術與政治之間・自序〉	197603	《港版學術與政治之間甲乙集合訂本》	197603《明報月刊》
〈「求眞」與「行詐」〉		《黃大癡兩山水長卷的眞偽問題》	197707《明報月刊》
〈三版改名自序〉	19780725	《兩漢思想史・卷一》	無
〈三版自序〉		《石濤之一研究》	197809《中華雜誌》
〈中國思想史工作中的考據問題・代序〉	197904	《兩漢思想史・卷三》	無
〈雜文自序〉	19791130	《徐復觀雜文》	19791127《華僑日報》
〈自序〉	19800110	《周官成立之時代及其思想性格》	19800117～18《華僑日報》
〈文錄自序・按〉	19800608	《徐復觀文錄選粹》	無
〈中國文學論集續編自序〉	19810501	《中國文學論集續篇》	19810511《華僑日報》
〈自序〉	19811212	《中國經學史的基礎》	19820310《華僑日報》
〈中國思想史論集續篇自序〉	19820214	《中國思想史論集續篇》	198204《鵝湖》

〈附表五〉：東京旅行通訊

（依〈著作總表〉所列）

發表時間	篇　　名	原發表刊物	備　　註
19600402	櫻花時節又逢君（之一）	《華僑日報》	
19600412～13	不思不想的時代（之二）	《華僑日報》	
19600422	從生活看文化（之三）	《華僑日報》	
19600505、08	從外來語看日本知識份子的性格（之四）	《華僑日報》	
19600518～19	日本的鎮魂劑—京都（之五）	《華僑日報》	
19600524～25	毀滅的象徵—現代美術的一瞥（之六）	《華僑日報》	《徐復觀文錄選粹》缺此篇。
19600531、0602～04	京都的山川人物（之八）	《華僑日報》	《徐復觀文錄選粹》列於〈之七〉
19600617	鋸齒型的日本進路（之九）	《華僑日報》	《徐復觀文錄選粹》列於〈之八〉
19600719	對日本知識份子的期待（之十）	《華僑日報》	《徐復觀文錄選粹》列於〈之九〉

註：1、依〈著作總表〉註㉔記：「本通訊計有十則，缺「之七」，即已佚的〈日本的天女〉，疑是當時郵誤寄失。」此是依《徐復觀文錄選粹》頁 80 所案：「該稿迄未收到，故未見報。」

2、依《徐復觀文錄選粹》所列，〈日本民族性格雜談〉一文為〈之十〉。
　　但是文末所標示的時間卻是「一九五〇、八《華僑日報》」，與〈著作
　　總表〉所列同，顯然不應與發表於一九六〇年的旅行通訊放在一起。

3、依《徐復觀文錄選粹》所列，〈「人」的日本〉一文標示為「東京旅行
　　通訊尾聲」，徐復觀自署「一九六〇、七、廿六東海大學行裝甫卸後校」，
　　故應該與旅行通訊放在一起。而依〈著作總表〉所示，該文初發表於
　　一九六〇年九月十六日的《民主評論》，並未如其他通訊般先在《華僑
　　日報》刊登，所以〈著作總表〉並未標上「東京旅行通訊尾聲」等語。

4、據上所考，「東京旅行通訊」系列文章，總數應該有十一則，而非十
　　則。

〈附表六〉：
進入東海大學以前（1955年）所寫關於儒家思想文章表

時　間	文　章　名　稱	發表刊物
19490701	論政治的主流——從「中」的政治路線看歷史的發展	《民主評論》
19491116	論自由主義與派生的自由主義	《民主評論》
19500101	文化精神與軍事精神—湘軍新論	《民主評論》
19500901	復性與復古	《民主評論》
19510316	中國政治問題的兩個層次	《民主評論》
19511016	從一個國家來看心、物與非心、非物	《自由中國》
19511216	儒家政治思想的構造及其轉進	《民主評論》
19520501	儒家精神之基本性格及其限定與新生	《民主評論》
19520712	中國民族精神之墜落	《自由人》
19520901	懷古與開來—答友人書（一）	《民主評論》
19520916	文化的中與西—答友人書（二）	《民主評論》
19521001	當前讀經問題之爭論	《民主評論》
19530501	中國的治道—讀陸宣公傳集書後	《民主評論》
19531016	學術與政治之間	《民主評論》
19540123	線裝書裡看團結—答客問	《新聞天地》
19540416	中國知識份子的歷史性格及其歷史的命運	《民主評論》

19540615	日本德川時代之儒學與明治維新	《三民主義半月刊》
19540801	陸象山的政治思想	《民主評論》
19540801	陸象山的政治思想・前言	《民主評論》
19540928	中國自由社會的創發	《中央日報》
195411	荀子政治思想的解析	《中國政治思想與政治制度論集》第一集
19541201	象山學述・前言	《民主評論》
19541201	象山學述	《民主評論》
19550314	釋《論語》民無信不立	《祖國週刊》
19550316	釋《論語》的仁	《民主評論》
19550615	錢大昕論梁武帝—保天下必自納諫始	《自由人》
19550616	儒家在修己與治人上的區別及其意義	《民主評論》

〈附錄〉：一九四九年以前年譜

年 代	年 齡	大 事 紀	備　　　註
1904	一歲	出生	各本《年譜》都寫民國前九年出生，若換算成西元年數，會是一九〇三年，而在各書的記錄上，此西元年數卻有異：在〈徐復觀自擬墓誌〉中寫：「一九〇四年元月三日生於浠水縣…」〔註1〕《徐復觀文錄》前所附相片下註：「生於一九〇四年。」據蕭欣義所編《儒家政治思想與民主自由人權》的作者介紹則寫：「一九〇三年生。」而一九九二年東海大學所辦《徐復觀學術思想國際研討會》論文集，前面所記也是（1903〜1982）。在《徐復觀家書集》中徐復觀曾經自己說：「我的英文名字……生於一九〇四年一月三日，媽的英文名字……生於一九一二年八月二十五日。」編者在〈註〉上說：「有關徐先生的出生日期，徐母另有一說，據她向曹永洋透露，她與徐先生相差九歲，若然，徐先生的生年應是民前九年（一九〇三年）。但據黎漢基向徐均琴等人查詢，卻多持一九〇四年之說。」〔註2〕 案：〈徐復觀自擬墓誌〉中與《徐復觀家書集》中所記都是他親自所寫，不該有誤。另外，他在〈一個「自由人」的形像的消失——悼張深切先生〉一文中也說：「我和深切的年齡不相上下，這正是人生最寂寞的時期。」〔註3〕而張深切的生卒年是（1904〜1965）。若依 此，徐

〔註1〕《無慚尺布裹頭歸——徐復觀最後日記》，頁231。
〔註2〕《徐復觀家書集》，頁400。
〔註3〕《雜文補編》第二冊，頁324。

			母所謂「相差九歲」或是以農曆歲數而言，徐復觀於一九○四年農曆一月三日出生，屬「龍」，徐母生於一九一二年農曆八月二十五日，屬「鼠」，依民間算法的確是「相差九歲」，實際應該是「相差八歲」而已；而曹永洋所編《年譜》，以徐母之言直寫成「一九○三年，國曆一月三十一日（農曆一月三日）亥時出生。」是明顯錯誤的〔註 4〕，因為徐復觀前述自寫出生年月日，都以西元年數配農曆月日寫出，他在〈我的母親〉一文也說：「現在我一個人客居香港，舊曆年的除夕，離著我的生日只有三天。」徐母沒記錯，徐家子女也沒記錯，是計算方式不同罷了。而各書所附《年譜》均依曹氏所編本，故均記「一九○三出生」〔註 5〕。
1911	八歲	發蒙	〈我的父親〉：「到我發蒙的一年，即是辛亥革命的這一年，設館在白楊河東嶽廟裡，已經有近二十名學生。」〔註 6〕
1915	十二歲	進高等小學	〈我的父親〉：「十二歲送到縣城住高等小學。」〔註 7〕

〔註 4〕據徐夫人在〈重回故土〉一文中說：「一月卅一日（農曆初三）您的生日和四月一日五週年忌。」（收入徐復觀著，蕭欣義編：《儒家政治思想與民主自由人權》，臺灣，學生書局，1988 年 9 月，頁 5。）曹永洋在《家書精選》中曾注說：「徐先生自己也不清楚自己出生在那一年，徐夫人曾親自告訴我：『徐先生民前九年（一九○二）出生於湖北省浠水縣徐培坳鳳形灣一個貧窮的農家。』民國七十一年（一九八二）病逝於臺大醫院九○七病房，享年八十歲。」這裡的「民前九年」又被誤為「一九○二」，實應是「一九○三」，不知是曹永洋記錯，還是徐夫人說錯。
〔註 5〕另外，《補編》第二冊，頁 385，有附徐復觀於民國四十四年剛赴東海大學時所填的人事資料表，上面自填「五十二歲」，而填徐母「四十四歲」，可見兩人「差八歲」，而非如徐夫人所說的「差九歲」。因為徐母是民國元年（一九一二年）出生，因此民國四十四年（一九五五年）時虛歲是四十四歲（實際四十三足歲）；若是以此推算，徐復觀則要以一九○四年出生算，民國四十四年（一九五五年）時虛歲才是五十二歲。因此可知，徐復觀一直以自己是一九○四年出生的。不過，當初來台的外省人士，多有為工作方便而虛報者，故真實出生時間若是早於一九○四年，也是不足為奇的。
〔註 6〕《補編》第二冊，頁 486。
〔註 7〕《補編》第二冊，頁 491。又據〈我的讀書生活〉記：「等到進了高等小學，脫離了父親的掌握，便把三年寶貴的時間，整整的在看舊小說中花掉了。」（《文錄選粹》，頁 312。）因為他在〈我的父親〉中說「民國七年的六月」畢業，以此上推，入高等小學應在民國四年，西元一九一五年。

1917	十四歲	參加縣中學招考，一場考了第一名。	〈我的父親〉：「及民國六年，縣中學招考，我正在縣城住高等小學，也私自報名投考，頭一場考了第一名，……我年十三歲。」〔註8〕
1918	十五歲	高小畢業。 考進湖北省立第一師範。	〈我的父親〉：「（我）以最優秀的學生入校，以倒第六名畢業，這是民國七年的六月初的事情。」〔註9〕 〈我的父親〉：「小學畢業的時候，……七月初到縣城去拿畢業文憑，聽說武昌有個省立第一師範，……這樣便在民國七年，考進武昌省立第一師範。」〔註10〕 〈我與梁漱溟先生的片面關連〉：「民國七年，我進湖北省立第一師範，正是『五四運動』前夕。」〔註11〕 黃金鰲的〈師範出身的徐復觀先生〉記：「徐先生自敘：『我（案：指徐先生）十五歲高小畢業，那年正是民國七年七月，因為家境清寒，才投考武昌第一師範，幸被錄取。』」〔註12〕
1919	十六歲	自取佛觀為字	〈徐復觀名字說・按語〉：「余原名秉常，十六、七歲時閱《大乘起信論》，自取佛觀以為字。」〔註13〕
1923	二十歲	武昌第一師範畢業〔註14〕，第一個工作是在縣城裡的第五模範小學教書。 考入湖北省立國學館就讀。	〈我的教書生活〉：「民國十二年暑假師範畢業……我們每人以半價待遇的教員分發到一個位置，我分發在縣城裡的第五模範小學。」〔註15〕 〈垃圾箱外〉：「他（案：指陶鈞）在民國十二年十月前後，背著包袱往廣西投效時，我正在浠水縣城模範小學當教員，曾邀他到我們學校住了一晚。」〔註16〕 涂壽眉〈我所知道的徐復觀先生〉：「民國十四

〔註 8〕《補編》第二冊，頁 487。這裡的「十三歲」可能是以足歲計算的關係。
〔註 9〕《補編》第二冊，頁 495。
〔註 10〕《補編》第二冊，頁 495。
〔註 11〕《補編》第二冊，頁 561。
〔註 12〕《紀念文集》，頁 53。
〔註 13〕《補編》第一冊，頁 571。案：十六、七歲，未知確定年數，暫定於此。
〔註 14〕依《補編》第二冊，頁 385，所附徐復觀於民國四十四年剛赴東海大學時所填的人事資料表。
〔註 15〕《文錄選粹》，頁 300。
〔註 16〕《雜文——憶往事》，頁 23。

			年，我倆同時考入湖北省立國學館。」〔註17〕
1925	二十二歲	在漢川教書。	〈我的教學生活〉：「民國十四年下季，又到漢川當上四個月的小學教員。」〔註18〕
1926	二十三歲	湖北省立國學館畢業。初任軍職。	六月，湖北省立國學館畢業〔註19〕。 〈垃圾箱外〉：「革命軍佔領了整個湖北，並在地方展開猛烈地黨務活動後，我在家鄉找不到飯吃，便經九江到德安，投奔和我家相距只有三華里的陶子欽先生。……他因打孫傳芳的戰功，剛升第七軍的旅長，把我派到一個營部當中尉書記，並送我一部《三民主義》，我開始想到了政治問題；接著，看了些翻譯的社會主義方面的書籍，引起我對線裝書的反感。」〔註20〕 涂壽眉〈我所知道的徐復觀先生〉：「徐先生離開國學館後，出任小學校長半年，即參加第十八軍某團任記室。」〔註21〕
1927	二十四歲	參加共產黨的「武漢民眾團體聯席會議事件」，差一點被槍斃。後來先後當武漢衛戍司令部軍法官，武	〈垃圾箱外〉：「民國十六年初，我調到第七軍一個師政治部裡當宣傳科長，師範同學田逸生當上尉科員。……及蔣總司令下野，政治部縮編，田逸生立回湖北，我在南京閒住。」〔註22〕 〈東瀛漫憶〉記：「在桂系未到之前，我參加『武漢商民協會』的工作；桂系到了以後，我和一批年輕人（事後才知道其中有國民黨的左翼，

〔註17〕 《紀念文集》，頁39。依〈我的教書生活〉與〈王季薌先生事略〉記，國學館創於一九二三年秋，徐復觀是同年考進的。依《補編》第二冊，頁385，所附徐復觀於民國四十四年剛赴東海大學時所填的人事資料表所記，他到國學館時間是：「十二年九月」離開時間是：「十五年六月」。且〈我的教書生活〉又記，徐復觀在一九二五年下季已因劉鳳章之薦，去漢川維新小學任教員，不可能在當年秋季才考進國學館。涂壽眉所記可能有誤。

〔註18〕 《文錄選粹》，頁302。是一所私立小學，名叫維新小學。是劉鳳章先生所推薦。

〔註19〕 此依《補編》第二冊，頁385，所附徐先生於民國四十四年剛赴東海大學時所填的人事資料表。

〔註20〕 《雜文──憶往事》，頁23。〈徐復觀名字說‧按語〉：「民國十七年入軍中為書記，委任狀寫為佛觀。」（《補編》第一冊，頁571。）依〈垃圾箱外〉所說，徐復觀初入軍中即當中尉書記，應該不是在民國十七年，該是「武漢民眾團體聯席會議事件」之前，應該是民國十五年。此記有誤。

〔註21〕 《紀念文集》，頁40。案：當校長是「當了武昌水陸街省立第七小學的校長。這大概是民國十六年十二月的事情」後。且初入軍隊是「第七軍的營部中尉書記」。詳見下一年所記。

〔註22〕 《雜文──憶往事》，頁23。

| | | 昌省立第七小學校長。 | 也有共產黨）展開了保衛原有的省市黨部的工作。」〔註23〕又記：「陶先生對我很好，先要我到武漢衛戍司令部當軍法官，當了三天，便私自離職，司令部的參謀長是現在名作家聶華苓的父親，他要以棄職潛逃的罪名拘捕我，陶先生便請我住到他軍部裡的副軍長室。……陶先生要我去搞漢口市黨部的工作，我當時以為不是左便不是黨，立刻拒絕了。至於左到底是什麼東西，連現在我還說不出一點名堂來，更妙的是，我不曾加入到國民黨的左派，乃至什麼黨、什麼派都不是，後來依然得陶先生之力，我到武昌省立第七小學當校長。」〔註24〕

〈垃圾箱外〉：「出來後，陶子欽先生要我到衛戍司部去當軍法官。……當了四、五天，有一次從樓上看到綁著幾個人去槍斃。被綁的人在兩個兵挾著向前飛跑中喊口號，其中一個十八、九歲的青年沒有喊，只是不斷地掉轉頭向後望。我當時看到一個年輕的孩子，在臨死時對生命的留戀，使我感到非常悲痛。立刻跑到軍法處長辦公室，向他說：『我不能在這裡幹下去了！』說完就走。」〔註25〕

〈時代的悲怨〉記：「第七軍是由夏威（廣西）、胡宗鐸（湖北）兩位先生分任縱隊司令。……但此一蜜月因十八年的事變而完全結束。」〔註26〕

〈垃圾箱外〉：「過了幾天，陶先生請當時教育廳長劉樹杞吃飯，當面介紹我，便當了武昌水陸街省立第七小學的校長。這大概是民國十六年十二月的事情。」〔註27〕 |

〔註23〕《補編》第二冊，頁474。桂系要來打唐生智。當時，武漢與南京正鬧分裂。武漢主張「聯俄容共」，南京則要「清黨」。徐先生此時人在武漢，搞的也是共產革命的工作。這樣看來，徐先生在北伐時期，是與桂系對抗的。不過，此處也可以看出徐先生要撇清與桂系關係的線索。但是當時是以左派的身份參與，所以實際他也是反蔣介石的。

〔註24〕《補編》第二冊，頁474。

〔註25〕《雜文——憶往事》，頁27。武漢「民眾團體聯席會議」事件時，徐復觀任主席，與胡風（張光人）同時被抓。後經陶子欽（時任十八軍軍長）營救出來，先到武漢衛戍司令部當軍法官，年底到武昌省立第七小學當校長。《雜文——憶往事》，頁24～26。

〔註26〕《補編》第二冊，頁330。

〔註27〕《雜文——憶往事》，頁28。案：〈我的教學生活〉：「民國十六年十月我當了省立第七小學校長。」（《文錄選粹》，頁303）。

| 1928 | 二十五歲 | 到日本留學，進成城學校。
冬，進明治大學學經濟。 | 〈垃圾箱外〉：「到了民國十七年三月，胡、陶軍事集團的將領把自己的弟弟送到日本，想進日本陸軍士官學校，陶子欽先生以我的國文程度很好，可給那批『公子』以文字上的幫助為名，也把我的名字列上。」〔註28〕
〈我的教學生活〉：「十七年三月間，突然由當時湖北清鄉會辦陶子欽先生叫我和他的弟弟、姪兒及當時清鄉督辦胡今予先生的弟弟們到日本去留學。」〔註29〕
〈東瀛漫憶〉記：「胡、陶集團派送他們的弟弟（當時他們只三十多歲）赴日本留學，目的是想進日本士官學校，陶先生也把我拉在一起，這樣便於民國十七年（昭和三年）三月左右，一行十一個人一起到了日本。」〔註30〕
又〈東瀛漫憶〉記：「到了十七年冬季，我的日文可以勉強看書，而我的興趣是在學經濟，決不是學軍事，便到明治大學的研究部去掛了一個名。」〔註31〕
〈悼高叔康兄〉：「我於民國十七年春赴日本，他隨後也來了。我的性情急躁，他則比較寬和。」〔註32〕
〈五十年來的中國〉：「我是民國十七年三月拿胡宗鐸、陶鈞兩位先生經手的錢留日。」〔註33〕
〈書與人生—向有錢者進一言〉：「我昭和三年（一九二八）春到日本留學，先在成城學校學日語時，有位六十歲左右的男工，是專門管燒熱水爐的；」〔註34〕 |
| 1929 | 二十六歲 | 三月，學費用完，回武漢。 | 〈五十年來的中國〉：「民國十八年三月，因學費用完，我暫時回到武漢，知道武漢的軍事當局正忙於準備和南京作戰，我便向當時負軍事責任之一的鄉前輩陶鈞先生痛陳國家必需統一， |

〔註28〕《雜文——憶往事》，頁28。
〔註29〕《文錄選粹》，頁303。
〔註30〕《補編》第二冊，頁475。
〔註31〕《補編》第二冊，頁475。學經濟的志願正是徐氏後來專長於軍事理論與學術研究的主因。他是位具有理論性向的人，因此從軍或從政都不適合當檯面上的人物，只適合當幕僚。而最後歸於學術界，才真正適得其所，但是個性剛直，得罪人是在所難免。
〔註32〕《補編》第二冊，頁521。
〔註33〕《雜文續集》，頁9。
〔註34〕《雜文續集》，頁41。

			不可爲日本人所笑等等，希望能懸崖勒馬，他當時說我『受了蔣介石的宣傳利用。』拒絕繼續幫助我的學費。不久，他們退到沙市，才又給我一筆繼續留日的錢。實則我當時不僅與蔣先生的勢力圈無絲毫關連，內心並存有若干莫名其妙的強烈反感。」〔註35〕
			〈時代的悲怨〉：「民國十八年春，我還在日本當學生的時候，聽說武漢和南京快要開火了，便慌忙從東京趕回武漢，忘記了自己的身份地位，妄想要消弭這一場災禍，到武漢看到當時的負責之一的時候，我說：『國家剛剛統一，日本人正抹目相看，怎麼可以又打起內戰來？』『你們年輕人變了共產黨和國民黨的宣傳，知道什麼，趕快回去讀書吧。』……當時桂系的勢力由兩廣一直伸到天津，不幾天便灰飛煙滅，隨長江的浪潮而俱去。」〔註36〕
			〈東瀛漫憶〉記：「民國十八年五月左右，胡、陶已經垮了，到了下季，我在日本的生活已沒有著落，我便寫信問他們願不願意繼續接濟。……我知道當時回國是無路可走的，便請東京中國青年會總幹事馬伯援先生，向馮玉祥那裡找了一份保送公事，決心進了士官學校。」〔註37〕
1930	二十七歲	入日本陸軍士官學校步兵科。	〈垃圾箱外〉：「一直到民國十九年，我才因東京青年會總幹事馬伯援先生之助，以馮玉祥的名義送進士官學校中華隊二十三期，因馬先生是湖北人兼馮玉祥駐東京的代表。」〔註38〕
			胡秋原〈回憶徐復觀先生〉：「民國十九年，復觀兄在日本進士官學校，我住早稻田，曾經一面。」〔註39〕又記：「直到三十四年勝利之年，我們在南方印書館再見。南方印書館是陶子欽先生開的，他是陶當湖北清鄉會辦時派到日本留學的。」〔註40〕
			〈東瀛漫憶〉記：「大概是這一年（十八年）的冬季吧，也或許是十九年的初春，我到青森縣的弘

〔註35〕 《雜文續集》，頁9。
〔註36〕 《補編》第二冊，頁330～331。時白崇禧軍在平、津一帶。
〔註37〕 《補編》第二冊，頁477。胡、陶軍團垮臺是因爲中原大戰之後。
〔註38〕 《雜文——憶往事》，頁28～29。
〔註39〕 《紀念文集》，頁18。
〔註40〕 《紀念文集》，頁18。

			前聯隊，以二等兵（或者是上等兵）資格入伍。」〔註41〕 又記：「六個月的入伍完畢，正式入校。……我未入士官以前，因爲喜歡看河上肇的東西因而讀了些馬克思、恩格思及蘇聯的理論家們的著作，所以我在學校裡組織了一個『群不讀書社』，專看《在馬克思主義之旗下》的這類蘇聯讀物。」〔註42〕
1931	二十八歲	因抗議「九一八事變」被關三天，被士官校退學，回到中國上海。 到南京，周亞衛介紹到軍校第八期報到，未接受。	〈東瀛漫憶〉記：「原來我們被捕後，中隊長集合同學們說：『徐某是共產黨，你們今後再不會看到他。』同學們都知道我什麼黨也不是，並且這次是大家逼著我出頭的。」〔註43〕 〈垃圾箱外〉：「大家抱著一番抗日的熱情回到上海，住在八仙橋剛剛開放的青年會，保持團體行動，派代表到南京政府請求效力的機會。在南京看到訓練副監周亞衛先生，他要我們向軍校報到，編入第八期。除了一兩位同學接受了此一處置外。其餘的都不滿意」〔註44〕
1932	二十九歲	見到第三黨的人，黃琪翔、章伯鈞。 六月到廣西，任上尉營副。	〈時代的悲怨〉：「我在長江一帶找不到任何工作，便於二十一年遠赴廣西〔註45〕。……到了廣西，住上一個多月後，奉派在當時可以稱爲白將軍的親衛軍的警衛團裡，當上一名上尉營副；過了半年多，升了少校團副，隨後又調柳州的空軍學校裡當學生隊長。」〔註46〕 〈軍隊與學校〉：「後來由一位不太熟識的朋友（按：劉爲章），寫封信給白崇禧先生。在南寧旅館裡住了一個月，分派我到警衛團第一營去當上尉營副，這大概是二十一年六月前後的事情。」〔註47〕

〔註41〕《補編》第二冊，頁 477。依《補編》第二冊，頁 385，所附徐先生於民國四十四年剛赴東海大學時所填的人事資料表，徐復觀是十九年三月從明治大學退學，故此，進入士校應是十九年以後之事。

〔註42〕《補編》第二冊，頁 479。

〔註43〕《補編》第二冊，頁 481。雖然甚麼都不是，但是當初思想左傾卻是沒錯的。因爲抗議九一八事變被日本退學遣回，先到上海，後回武昌，在武昌組織「開進社」。（詳見〈垃圾箱外〉，《雜文——憶往事》，頁 29～30。）

〔註44〕《雜文——憶往事》，頁 30。

〔註45〕這可能是他極力撇清與桂系的關係的說法。

〔註46〕《補編》第二冊，頁 330。

〔註47〕《雜文——憶往事》，頁 2。

			〈垃圾箱外〉：「到上海後，寫封信給住在東京的劉爲章先生，把我沒有工作的情形告訴他。因爲在東京時曾和他作過一次長談，談得很投機，他說我是在東京所遇到的最傑出的士官學生。他很快在回信中附兩封介紹信，一介紹我到南京去見汪精衛，一介紹我到廣西南寧去見白健生，最後我決定赴南寧。」〔註48〕
1933	三十歲	秋，離開廣西。閩變發生，見過李任潮、樊鐘秀。以人民政府豫鄂皖區特派員身份，爲到鄭州送機密。到泰安見孫子仁、馮玉祥〔註49〕。	〈抗日往事〉：「民國二十二年秋季，因爲我不滿割據的局面，便決然離開廣西。」〔註50〕 〈論林彪之死〉：「我一九三三年坐八路軍重慶辦事處的大卡車赴延安時，林彪也在這次的車上。路上他告訴我，他的身體很不好，不能上前線，所以到重慶治病。」〔註51〕
1934	三十一歲	投到時任內政部長黃紹竑部下。偵查前往新疆交通狀況不成，後離開。擔任南京市保衛團團長兼上新河區區長。再到浙江省主席黃紹竑部下，任上校參謀。	《家書精選》：「民國二十三年到二十五年，我在杭州黃紹竑（去年已在大陸自殺）下面當幕僚。」〔註52〕 〈垃圾箱外〉：「偶然聽到，當時的內政部長黃紹竑先生正在受命秘密籌劃平定新疆的事情，我本來是想去新疆的，便以在廣西待了一年的資歷寫信給他投效。我在廣西是少校，和他見面後給我當中校。」〔註53〕 〈抗日往事〉：「二十三年五月，由綏遠歸綏城出發，和羅中天、孫以仁幾位帶了四部汽車，經百靈廟繞到居延海二里子河，偵查交通狀況。」〔註54〕 〈抗日往事〉：「回到南京後，窮得生活發生問題。有位國學館的老同學陳錫九兄，在南京市府擔任會計主任，由他介紹和市長石蘅青先生見面，談得非常入港。他很討厭南京的警察，

〔註48〕《雜文——憶往事》，頁 31。
〔註49〕以上詳見《雜文——憶往事》，頁 32～33。
〔註50〕《雜文——憶往事》，頁 7。
〔註51〕《雜文——論中共》，頁 34。
〔註52〕【一七五】一九六八年十月廿一日。
〔註53〕《雜文——憶往事》，頁 34。
〔註54〕《雜文——憶往事》，頁 7～8。

| 1935 | 三十二歲 | 滬杭甬指揮部成立，以上校參謀參與防務計劃。 | 〈對蔣總統的悲懷〉：「不久，軍事委員會秘密成立滬杭甬指揮部，由黃兼指揮官，徐景唐當參謀長，策劃對日作戰。因為重要計劃、文電多出於我手，很取得黃的信任。」〔註60〕 |
| | | | 〈抗日往事〉：「大概到了二十四年夏天，黃奉命兼滬杭甬指揮官，秘密籌備這一方面的抗戰工作。我們便在主席辦公室的小樓上從事各種準備計劃。」〔註61〕 |

要我為他成立保衛團，擔任鄉區的治安，並兼上新河的區長。」〔註55〕

〈對蔣總統的悲懷〉記：「民國二十三年，中央派當時的內政部長黃季寬先生到歸綏，籌劃平定新疆，我因窮無所歸，向他投效〔註56〕，籌劃新疆的事，聽說胡某（案：胡宗南）反對而作罷。二十三年十二月，黃調浙江省政府主席，過了一段時間也把我找去當上校參謀。」〔註57〕

〈垃圾箱外〉：「黃回南京不久，便調任浙江省政府主席，過了兩三個月，他來電報要我去當上校參謀。」〔註58〕

〈時代的悲願〉：「民國二十三年，成立陸軍整理處，杜心如先生介紹我到南京中央飯店去見當時的負責人，他問我對廣西的觀感，我坦率說出了白將軍（案：白崇禧）實幹苦幹的一套，那位負責人對我的話還沒聽完，便怒形於色。」〔註59〕

| 1936 | 三十三歲 | 夏，結婚。十二月十二日發生「西安事變」。西安事變後，跟著黃紹竑調湖北省，當保安處第一科科長。 | 〈抗日往事〉：「當民國二十五年，正在金山乍浦建築國防工事時，獨山是一個管鑰地帶，我再三向黃建議，工事不僅要以由公路來進攻的敵人為對象，還要考慮到敵人可能由海上登陸，繞到我們防線的後面，明代的倭寇便是從金山乍浦的海上登陸的，黃堅執不從。」〔註62〕 |
| | | | 〈對蔣總統的悲懷〉記：「有一次我隨他（案： |

〔註55〕《雜文——憶往事》，頁8。
〔註56〕這可能是極力撇清與黃的關係的說法。黃原屬桂系，一九四九年後投共。
〔註57〕《補編》第二冊，頁516。
〔註58〕《雜文——憶往事》，頁36。
〔註59〕《補編》第二冊，頁332。
〔註60〕《補編》第二冊，頁516。
〔註61〕《雜文——憶往事，》，頁7～8。
〔註62〕《雜文——憶往事》，頁20～21。

			黃紹竑）到南京，……我由此推測，黃對抗戰是作了積極的進言，而黃之所以把這封信交給我看，也算是他對我的一種答覆。這大概在民國二十五年春天的事。」〔註63〕 〈抗日往事〉：「大概是二十五年八、九月間，我和他一起赴南京，在火車上，他叫他的一位矮子副官把委員長蔣公回給他的一封親筆信送給我看。」〔註64〕 〈抗日往事〉：「二十五年夏天，作了一次交通動員的大演習，當時旁的地方很少這樣作。……我隨即告訴他『想請兩個星期的假。』『為什麼？』『結婚。』」〔註65〕 〈抗日往事〉：「西安事變後，黃調任湖北省府主席，滬杭甬的軍事責任交給張發奎，我也隨同到武昌，當保安處的第一科科長。」〔註66〕 涂壽眉〈我所知道的徐復觀先生〉：「二十五年冬，因川局不穩，余奉調至重慶行營工作，路過武昌。……某日早，徐先生來訪，衣著全副武裝，時任湖北省保安處科長。」〔註67〕
1937	三十四歲	六月，到廬山受訓，第一次親見到蔣介石演講。 七七事變發生，參加娘子關戰役。 十一月，離開黃紹竑，擔任八十二師的團長。	〈對蔣總統的悲懷〉記：「民國二十六年暑假的廬山訓練，黃（案：黃紹竑）以湖北省政府主席調任兼總隊長（當時總隊長還有孫連仲和胡宗南），余家菊先生以省府公報室主任調去當書記（余一氣而下山，蓋嫌官銜太小）。……約半個月後，七七事變發生，在海會寺大場的大集合上，蔣委員長宣佈對日抗戰時的激烈而悲壯的心境與辭色，使我畢生難忘。現時海外人士，有的對抗戰一事也發生了懷疑，我覺得太不公道了。」〔註68〕 〈抗日往事〉：「二十六年六月，委員長召集全國教育界重要人士集合到廬山，舉行盛大的訓練，編成兩個總隊，六個大隊。……我調派為總隊部的副官。」〔註69〕 〈抗日往事〉：「抗日發生，黃以湖北省主席兼軍

〔註63〕《補編》第二冊，頁516。
〔註64〕《雜文——憶往事》，頁11。案：以上兩則所記時間有出入。
〔註65〕《雜文——憶往事》，頁10。
〔註66〕《雜文——憶往事》，頁11。
〔註67〕《紀念文集》，41頁。
〔註68〕《補編》第二冊，頁517。
〔註69〕《雜文——憶往事》，頁12。

委會第一部部長，第一部即後來的軍令部，我隨他到南京。……不久，便隨他到太原去一趟，此時的作戰計劃部署及黃到北方幹什麼，我完全不知道，不過從側面觀察，感到我們軍人的精神和學識實在太落伍了。……回到南京，第一部長交由徐永昌，黃以湖北省府主席兼第二戰區副司令長官，司令長官是閻錫山。……閻答應給他兩個師的裝備，讓他成立兩個直屬師，他便調湖北鄉政訓練班的學生兩千人到山西，先成立戰地軍政幹部訓練班，由我擔任教育長，作爲兩個師的骨幹，並商同周恩來，由他派政工人員，幫助訓練，這一計劃幸而因戰局的迅速惡化終於告吹了。……我們一出娘子關，前面已經垮了，軍隊紛紛後退。」〔註70〕

〈我對何雪公性格的點滴瞭解〉：「抗戰發生，雪公以行營主任兼省府主席。我從山西返鄂，決定不再隨黃先生赴浙江，因石蘅青先生的推介，民政廳長嚴立三先生發表我當大冶縣長，我立即辭謝了。……他笑笑的問：『你爲甚麼不去當縣長？』『我想做軍事工作。』『有一個部隊不太好，要整頓，正缺一個團長，你願去嗎？』『我願去。』」〔註71〕

〈娘子關戰役的回憶〉：「以後我在當團長時，所親自體認到部隊中的情形，及部隊中的風氣，怎能在艱危之會擔負國家的責任呢？」〔註72〕

〈燒在何公雪竹前的一篇壽文〉記：「我於民國二十六年十一月，從娘子關戰役歸來，初謁何雪竹先生於武漢行營，立談之間，給我一個團長的派令。」〔註73〕

〈娘子關戰役的回憶〉：「當時何成濬先生以武漢行營主任兼湖北省府主席，嚴立三先生爲民政廳長，張難先先生爲財政廳長，石蘅青先生爲建設廳長，到武昌後，因蘅青先生的推介，嚴派我當大冶縣長，我沒有接受，接著便由何先生派我去充八十二師的團長，進入到另一生活階段。」〔註74〕

〔註70〕《雜文——憶往事》，頁14。
〔註71〕《補編》第二冊，頁559。
〔註72〕《雜文——憶往事》，頁58。
〔註73〕《最後雜文集・附錄一》。
〔註74〕《雜文——憶往事》，頁56。案：此時由桂系進到國民黨中央系。

			《家書集》記：「民國二十六年下季，我當團長，軍隊駐札在鄂北的隨縣。」〔註75〕
1938	三十五歲	在珞珈山武漢大學受訓時，列隊由蔣介石親自點名，第一次面對面看到蔣介石。 年底，進入太行山校閱游擊隊。	〈末光碎影〉記：「實際上我只在民國二十七年春當團長，調到珞珈山武漢大學受訓時，列隊由蔣公親自點名，才親眼看到蔣公。」〔註76〕 〈曾家岩的友誼〉記：「民國二十七年我當團長，在參加武漢會戰的前夕。」〔註77〕 〈我與梁漱溟先生的片面關連〉：「大概是民國二十七年年底（時間我記得不太清楚），我由戰地當政（案：應是「黨政」之誤）委員會李濟琛先生派赴冀察戰區校閱游擊隊，曾進入太行山八路軍的根據地。」〔註78〕
1939	三十六歲	夏，進入大別山。 再到太行山校閱游擊部隊。	《家書精選》：「在我當團長的時候，過舊曆年的一天，帶兵進鄂豫交界的山地裡去打土匪，打了一個多月。」〔註79〕 〈我與梁漱溟先生的片面關連〉：「二十八年二、三月間返到重慶，偶然遇見章伯鈞先生，我把所聞所見告訴了他，他勸我和黃炎培先生談談，由他介紹和黃炎培先生談得很投機，黃先生並把他所聞的蘇北情形告訴我，互相印證，他要我去看梁先生。」〔註80〕 〈曾家岩的友誼〉：「二十八年夏，以戰地黨政委員會戰地政治指導員的身份到大別山裡。」〔註81〕 〈徐復觀談中共政局〉：「我對共產黨持反對態度是從一九三九年開始的。那時我到太行山校閱游擊部隊，我是一個校閱組的主任。三九年時雖然國共合作，但是關係已經很不好了。」〔註82〕 涂壽眉〈我所知道的徐復觀〉記：「承告近年曾任朱懷冰軍（案：九十七軍）之參謀長，在山西作戰，受到日寇與共黨兩面夾攻。」〔註83〕

〔註75〕一九七一年三月九日的家書，頁73。
〔註76〕《最後雜文集》，頁342。
〔註77〕《補編》第二冊，頁290。
〔註78〕《補編》第二冊，頁562。
〔註79〕【一六〇】一九六八年三月十八日。案：可能就是大別山裡。
〔註80〕《補編》第二冊，頁562。
〔註81〕《雜文補編》第二冊，頁290。
〔註82〕《最後雜文集・附錄二》，頁404。
〔註83〕《紀念文集》，頁41。案：可能參加閻錫山的剿共戰爭。十二月，閻要駐山西的六個軍向所謂「抗日決死隊」進攻。

| 1940 | 三十七歲 | 先任朱懷冰的參謀（案：朱為陳辭修的參謀長，陳為第六戰區司令），後任荊宜師管區司令（案：朱調湖北省民政廳長。朱是湖北人。）〔註84〕 | 〈曾家岩的友誼〉：「我二十九年初從冀察戰區檢閱游擊部隊，返重慶後，請求重派我到大別山，內心是要由此作歸隱鄂東故鄉之計。……適逢第六戰區成立，陳辭修先生任司令長官，朱懷冰先生任參謀長。因為朱先生當九十四軍軍長（案：應是九十七軍）時，我當過他極短期間的參謀長，所以他便堅留我在長官部當高級參謀。」〔註85〕

〈曾家岩的友誼〉：「不久，朱懷冰先生調充民政廳長，我也調充荊宜師管區司令。忽然，氣氛對我變得有些不妙了。」〔註86〕

〈對殷海光先生的憶念〉記：「在民國二十九年以前，我的思想受馬、恩的影響比較大。到了二十九年以後，我雖然放棄了馬、恩的一套，但對民主政治並無了解，並無信心。」〔註87〕

〈第三勢力問題的剖析〉：「民二十九年，我到了太行山中共抗戰的根據地，走了近千里的地區。」〔註88〕

〈對蔣總統的悲懷〉記：「在民國二十九年當荊宜師管區司令，並兼黨的特派員時，由石瑛先生向湖北省黨部介紹，取得正式黨證以前，我不能算是國民黨員。」〔註89〕

〈會議的西化運動〉：「民國二十九年我在湖北恩施，有位陳北村先生向我開完笑的說：『後世必有以開會亡其國者。』」〔註90〕 |
| 1941 | 三十八歲 | 九月，發生陳誠告徐復觀貪污事件〔註91〕。
十一月，師管區 | 涂壽眉〈我所知道的徐復觀〉記：「以後在恩施任師管區師令（案：荊宜師管區司令），因與陳（辭修）長官（案：時任第六戰區司令）相處不洽，俟改制時，離鄂來渝，就中訓團兵役班少將教官。」 |

〔註84〕〈曾家岩的友誼〉：「三十年夏天，軍政部兵役署署長程澤潤到恩施開兵役會議，路經建始，順便到我的司令部來視察業務。」《補編》第二冊，頁292。
〔註85〕《補編》第二冊，頁291。
〔註86〕《補編》第二冊，頁291。
〔註87〕《雜文——憶往事》，頁174。
〔註88〕《補編》第六冊，頁34。
〔註89〕《補編》第二冊，頁516。案：之前都算是在桂系的下層，所以基本上不算國民黨主流，入不入黨並沒有關係。這表示當初桂系與國民黨中央實際上是分裂的。
〔註90〕《補編》第六冊，頁124。
〔註91〕〈曾家岩的友誼〉，《補編》第二冊，頁292～294。

		奉令改組，徐改調重慶任中訓團教官〔註92〕。	〔註93〕
1942	三十九歲	在重慶。	〈對蔣總統的悲懷〉記：「民國三十一年，我由師管區司令調到重慶中央訓練團兵役訓練班當教官。」〔註94〕 又記：「民國三十一年，我由師管區司令調到重慶中央訓練團兵役訓練班當教官，一家簡直貧不能自存……我內心有些憤慨，決心回鄂東種田，但旅費不夠。此時有人問我願不願充當軍令部派到延安去的聯絡參謀，一次可以發半年的出差費，我爲了拿這筆出差費，……我在延安大概住了五個月。」〔註95〕 〈哀劉少奇〉：「民國卅一年，周恩來從重慶回到延安。當他來看我的時候，我問他爲什麼事來。」〔註96〕 《家書精選》：「當民國三十一年的這個時候，我們正在重慶南岸黃角椏的新市場。」〔註97〕
1943	四十歲	四月、五月左右到延安當聯絡參謀。有〈憶內〉詩作〔註98〕。 十月從延安回重慶。面見何應欽、蔣介石。 十一月進入何應欽的總長辦	〈末光碎影〉記：「民國三十二年，我和一位郭仲容先生，以軍令部連絡參謀名義派駐延安。」〔註99〕 參加蕭先生的「經緯月刊座談會」而認識唐縱（案：時任六組組長）、端木鑄秋〔註100〕。因康澤介紹而到延安第十八集團軍擔任連絡參謀，因抗議吳玉章公開詆譭蔣介石而絕食。〔註101〕 〈悼念唐乃建兄〉記：「民國三十二年八月左右，在經緯月刊座談會上，由朋友介紹與乃建兄相

〔註92〕 〈曾家岩的友誼〉，《補編》第二冊。
〔註93〕 《紀念文集》，頁41。
〔註94〕 《雜文補編》第二冊，頁517。
〔註95〕 《雜文補編》第二冊，頁517。
〔註96〕 《雜文補編》第五冊，頁193。可能是三十二年才對，詳見下一年所記。
〔註97〕 頁171。約十月時候，此是徐復觀回憶其大女兒徐均琴出生事。徐均琴生於一九四二年十月二十四日下午七時許。
〔註98〕 《中國文學論集續篇》，頁258，〈附錄·詩文舊稿〉。自註：「民國三十二年七月十二日作於延安。」
〔註99〕 《雜文續集》，頁341。
〔註100〕 詳見〈曾家岩的友誼〉，《補編》第二冊，頁297。
〔註101〕 詳見〈曾家岩的友誼〉。案：中共爲何公開批判蔣介石呢？因爲蔣在美國參戰之後，對中共的壓迫就日漸加強。

		公室當參謀。	識。」〔註102〕 〈垃圾箱外〉記說:「民國三十二年起,由偶然的機會,經常能與奉化蔣公接近,以與從前完全不同的動機,激起我改革國民黨的熱望。」〔註103〕 〈痛悼湯恩伯將軍〉記:「民國三十二年我由西北回重慶。」〔註104〕 〈哀悼胡宗南先生〉記:「三十二年十月左右,我從延安回重慶,道經西安,順便去看他(案:指胡宗南)。」〔註105〕 〈曾家岩的友誼〉:「三十二年大概是十月底或十一月初吧,軍委會調來高參的頭銜及調總長辦公室的命令。過了兩三天,乃建把調我到侍從室六組辦公的手令給我看。」〔註106〕 〈是誰擊潰了中國社會反共的力量?〉:「作者三十二年十一月由西北回重慶,親眼看到成都中央軍校在鄂北所徵募的練習團,走到廣元附近,完全變成了人鬼之間的行列。」〔註107〕 〈作為一個中國人的感慨〉:「正和民國三十二年,在陝北的窰洞裡,我告訴他(案:指毛澤東):『沒有一個民族而可以為什麼國際利益作犧牲』的一樣。」〔註108〕
1944	四十一歲	隨何應欽到昆明住一個月,後進入侍從室六組。	〈曾家岩的友誼〉:「進入參謀總長(何敬之)辦公室後,才知道是由十幾個機關調集來的幹部,成立一個聯合秘書處;剛從陸軍大學校長下來的阮肇昌先生任秘書長,其餘的都是秘書。任務是集中各方面有關共黨的情報,加以研究整理,向總長提供意見。我進去半年後,此一機構因為一件極小的事情,實已陷於停頓。

〔註102〕《最後雜文》,頁333。與〈曾家岩的友誼〉所記有出入。此時人已在延安,所記可能有誤。應以〈曾家岩的友誼〉為準。

〔註103〕《雜文──憶往事》,頁36。

〔註104〕《補編》第二冊,頁50。

〔註105〕《補編》第二冊,頁169。案:由此推算,去延安約在一九四三年五月左右。但是如何在八月參加「經緯月刊座談會」呢?當時人已在延安,所記可能有誤。〈哀悼胡宗南先生〉記:「大概是三十六年,他(案:胡宗南)打下了延安,來電報要我去當延安行署的主任(好像是這類名義)。」

〔註106〕《補編》第二冊,頁300。

〔註107〕《學術與政治之間‧乙集》,頁5。

〔註108〕《補編》第六冊,頁225。

到了三十三年，何先生調陸軍總司令，駐節昆明，我曾去昆明住了一個月。」〔註109〕

又〈對殷海光先生的憶念〉記：「民國三十三年，我以軍事委員會高級參謀的名義調到參謀總長辦公室裏辦公，家住在重慶南岸的黃角椏」〔註110〕

〈沉痛的追念〉：「民國三十三年夏季，何敬之先生在昆明成立陸軍總司令部，我以高級參謀的身份也在那裡住了一個多月。西南聯大是當時人文萃聚之區，我離開重慶以前，先到北碚金剛碑去看熊先生，希望他介紹幾位西南聯大的鴻儒碩彥，長長我的見識。」〔註111〕

案：〈末光碎影〉說「何先生調陸軍總司令，駐節昆明後，經過了一些曲折，我才向唐乃建先生提出願到他的第六組辦公室。」〔註112〕

案：所謂「曲折」，是因為和新任參謀總長程潛不合〔註113〕。〈悼念唐乃建兄〉：「三十三年，何先生調陸軍總司令，程潛繼任參謀總長，我發現他自滿自大，精神僵化的情形，便向乃建說：我現在可以到你那裡辦公了。」〔註114〕

涂壽眉〈我所知道的徐復觀〉記：「三十三年農曆正月初三下午，徐先生忽陪熊先生來我家（在壺中春藥店四樓）。」〔註115〕

〈黃震遐先生之死〉記：「我第一次認識震遐是民國三十三年，蔣堅忍先生在陝西某區當行政督察專員，他當蔣氏的秘書，我們去參觀他們的政績的時候。」〔註116〕

〈是誰擊潰了中國社會反共的力量？〉：「記得三十三年秋天我去看聞一多，大家還是第一次見面，

〔註109〕《補編》第二冊，頁300。〈垃圾箱外〉說：「國民黨早變成為由傳統知識份子所集結的一個在社會不生根的黨。……我曾在何敬之先生左右待了一年，發現他的態度很寬和，性格卻很保守。」（《雜文——憶往事》，頁36。）

〔註110〕《雜文——憶往事》，頁171。

〔註111〕《補編》第二冊，頁117。

〔註112〕《雜文續集》，頁344。

〔註113〕〈末光碎影〉曾記：「我參與蔣公的末光，極為程頌雲、陳辭修兩位先生所不喜。程代何先生為參謀總長，有次在蔣公面前阻止我發言。」（《雜文續集》，頁346。）

〔註114〕《最後雜文》，頁333。

〔註115〕《紀念文集》，頁42。

〔註116〕《補編》第二冊，頁512。

			上下古今的亂談。」〔註117〕 聯名發表〈中共最近動態〉〔註118〕
1945	四十二歲	五月，參加國民黨第六次全國代表大會，當蔣介石的隨從秘書。 日本於八月十五日宣佈無條件投降。吐血住院。 任聯秘處副秘書長。 發表〈黨的改造芻議〉。	《家書精選》：「記得民國三十四年春天，我們早已從新市場搬回黃腳桠。」〔註119〕 〈曾家岩的友誼〉：國民黨第六次全國代表大會召開，當蔣介石的隨從秘書（案：外兩位是羅時實，曹先生（案：〈對蔣總統的悲懷〉記：「現在台擔任什麼部長。」）。羅是陳果夫的人，曹是吳鼎昌的人。兩人是陳布雷派的。）〔註120〕 〈曾家岩的友誼〉：「日本宣佈投降的一天，我突然大吐其血。在重慶狂歡的晚上，我立刻想到，接著來的會是中共大規模地軍事攻勢，而當時陸大的紅藍鉛筆教育完全不能適應這種戰爭，使我心頭感到一股很大地壓力，所以一面吐血一面把中共作戰的特性寫成要點，附上簡單地圖，呈給委員長，希望在軍事上要澈底檢討，早作準備，不可用對日作戰的觀念來對付共產黨。第二天我便進醫院。」〔註121〕 涂壽眉〈我所知道的徐復觀先生〉：「日寇投降之夜，即條陳十餘項，如電召毛澤東來渝協商即是其中之一。」〔註122〕 〈曾家岩的友誼〉：「任聯秘處副秘書長（時蕭化之任秘書長），復員到南京。」〔註123〕又說：「這時，我心裡想能不能延長此一政權的命運，以待國際局勢的變化呢？同時，我有沒有轉行到學術界的可能呢？《學原》的創辦，一方面是想探測學術界到底有些甚麼人才，一方面也是個人對學術的一種嘗試。此事也得到乃建側面的支持。」〔註124〕 〈曾家岩的友誼〉：與蕭先生、鄧先生以小冊子方式發表〈黨的改造芻議〉〔註125〕。

〔註117〕《學術與政治之間·乙集》，頁10。
〔註118〕依〈出版著作繫年表〉。《補編》第五冊，頁1～40。
〔註119〕【一○一】一九六六年十月二十三日，頁172。
〔註120〕《補編》第二冊，頁303。
〔註121〕〈曾家岩的友誼〉，《補編》第二冊，頁303。
〔註122〕《紀念文集》，頁42。
〔註123〕《補編》第二冊，頁305。
〔註124〕《補編》第二冊，頁305。
〔註125〕《補編》第二冊，頁302。又呂芳上：〈痛定思痛──戰後國民黨改造的醞釀〉
　　　　註6記：「由鄧飛黃、徐佛觀、蕭作霖具名的〈黨的改造芻議〉，1947年提送

			「我對三民主義真正有了感情大概要遲到民國三十三、四年的時候」〔註126〕
1946	四十三歲	退役。 夏，到隨陳立夫到上海。 決心離開政治。	〈「宣傳小組」補記〉寫到：「三十五年夏，今總統蔣公要陳立夫先生到上海去總持黨政軍民各方面的工作時，立夫先生要我和谷正鼎、方治兩先生同往，我和立夫先生可以說是第一次共事。」〔註127〕 〈陳立夫先生六十壽序〉：「三十五年夏，余偶與先生同客滬上。」〔註128〕 〈我的教書生活〉：「抗戰勝利，三十五年，我回南京的第一件事，便是呈請退役。」〔註129〕 退役，與商務印書館合辦《學原》月刊〔註130〕。 〈一個偉大地中國地臺灣人之死─悼念莊垂勝先生〉：「我在民國三十五年已決心離開現實政治。但各種牽連，不易實現。」〔註131〕
1947	四十四歲	視察張靈甫在淮陰的情況。	〈垃圾箱外〉記說：「大概是民國三十六年夏季，有一天張道藩先生帶著翻譯親陪，和一位瘦瘦地外國人到我家裡，來說有問題要和我談談。」〔註132〕 〈曾家岩的友誼〉：「當張靈甫將軍攻下淮陰〔註133〕，我前往視察，返京向委員長報告。」〔註134〕
1948	四十五歲	選舉第一屆總統、副總統。蔣介石、李宗仁分別當選總統、副總統。 夏，決心離開蔣	〈垃圾箱外〉記：「民國三十七年初，蔣公在廬山牯嶺過舊曆年。在元宵節的前幾天，來長途電話要我去一趟。到後，林蔚文、周至柔、陶希聖幾位先生已經先在。」〔註135〕 〈「宣傳小組」補記〉：「約略三十七年二月間，香港《國民日報》社長潘公弼先生到南京來向

六次全國代表大會。」(《一九四九年：中國的關鍵年代學術討論會論文集》，國史館，2000 年 12 月。頁 571。)

〔註126〕〈垃圾箱外〉，《雜文──憶往事》，頁 23。

〔註127〕《補編》第二冊，頁 406。

〔註128〕《補編》第二冊，頁 144。

〔註129〕《文錄選粹》，頁 304。

〔註130〕1947 年 3 月出第 1 卷第 1 期，到 1950 年 11 月出第 3 卷第 3，4 期後結束。

〔註131〕《雜文──憶往事》，頁 144。

〔註132〕《雜文──憶往事》，頁 37。

〔註133〕張靈甫於國、共戰爭時任湯恩伯麾下七十四師師長，最後於一九四七年五月兵敗山東孟良崗之役，陣亡，共產黨因而士氣大振。

〔註134〕《補編》第二冊，頁 306。

〔註135〕《雜文──憶往事》，頁 39。

| | | | 介石。
年底，組織護蔣座談會。
熊十力幫忙改名爲復觀。 | 布雷先生申述意見。……我只好按照布雷先生的指示，寫了一個簡單的計劃。……大約到了這年的六月底或七月初，……我到香港後住在《國民日報》隔壁的六國飯店，到報館裡去看了一看，和潘公弼先生及其他先生分別談了一談，知道該報已到了無可救藥的地步。」〔註136〕
〈曾家岩的友誼〉：「我從三十七年春起，實際已擺脫了我的工作，因副總統的選舉和桂系已造成裂痕。」〔註137〕
〈時代的悲願〉：「三十七年春，選舉總統、副總統的選舉潮已開始澎湃。有一天晚飯後，黃季寬先生來到我的寓所，主要是勸我贊助李德鄰競選副總統，我反復告訴他，李之爲人，口頭進步，頭腦糊塗；外表開明，而內心封建。」〔註138〕
〈對蔣總統的悲懷〉記：「我之所以決心離開他（案：指蔣介石），決定於三十七年之夏。」〔註139〕
〈對蔣總統的悲懷〉記：「民國三十七年二、三月間，有位在上海養病的某公特地跑到南京，說又要出現民國十六年『○○合作』的局面，挑撥中央與桂系的關係。我當時爲大局著想，對此公的弄權使術、無識無知的情形深惡痛絕。向布雷先生說出要爭取桂系合作的意見，希望他向總裁力爭。……過一、兩天，我眞的說了，解決了華中剿總的駐地和武漢管轄權的問題。三十八年初之變，是某公逼成的。」〔註140〕
〈壽張君勱先生〉記：「民國三十七年，余隨熊先生候君勱先生于上海寓邸。」〔註141〕
〈垃圾箱外〉記說：「民國三十七年九、十月左右，局勢已經危急，南京的中級幹部尤其是動搖，我當時激起了一股『興師勤王』的念頭，想先把黨內頗負聲望的中層而又屬中年的人士團結在蔣公的周圍，穩定那種局勢。……我的構想，先由少數人—有如胡軌、葉青、吳英荃等十人左右，以座談會的方式開始慢慢擴大。……參加座談會的人數增加到百多人。…… |

〔註136〕《補編》第二冊，頁407。
〔註137〕《補編》第二冊，頁306。
〔註138〕《補編》第二冊，頁331。
〔註139〕《補編》第二冊，頁518。
〔註140〕《補編》第二冊，頁519。
〔註141〕《補編》第二冊，頁105。

			但到了十一月中旬前後，我決心撒手，並帶著家眷赴廣州了，因為時局變得太快，人心也變得太快，在座談會中一次比一次更對蔣公不利，若順著此一趨向硬組成一個團體，勢必成為反蔣、投降的團體，最低限度，在我個人不能這樣作。……我離開南京，實際是說明我已決心離開現實政治。」〔註142〕
			胡秋原〈回憶徐復觀先生〉：「到了三十七年，政府情況日非，他約我參加他發起的一個會。……我現在要稍加補充的是，我應邀到會以後，才知道這是準備要成立一個新的黨（因國民黨不足資號召，新黨還是維護國民黨的），到會者約百餘人。」〔註143〕
			〈徐復觀名字說・按語〉：「民國三十七年，熊師為易佛觀為復觀，並特撰〈名字說〉以張其義。」〔註144〕
			「宣傳小組」補記〉：「三十七年九月、十月以後，我在南京實際已沒有什麼事可做，非常想離開南京，所以曾一度向布雷先生表示願去當《華僑日報》的總主筆的意見，但布雷先生堅決反對我離開南京，才推薦謝然之先生前往。」〔註145〕
			〈辛亥革命精神之墜失〉：「民國三十七年冬，徐蚌會戰緊張，人心浮動，有一天老人（案：居正）和我說：『我們一齊回湖北去吧！……』我聽了驚奇的問如何回去法，他說：『我想當省政府主席，你為我組織一個精練肯幹的班子，……』」〔註146〕
1949	四十六歲	一月，蔣介石下野，陪侍在溪口。 五月到台灣，在台中定居。	〈垃圾箱外〉記說：「民國三十八年春，蔣公退居溪口，劉先生（案：劉培初）率領總隊擔任溪口一部份但很重要的警衛工作。我到溪口後，劉先生和我商量，要把部隊拖出去打游擊，以求發展，我力加阻止。」〔註147〕

〔註142〕《雜文——憶往事》，頁43。案：此中所記和前述「我之所以決心離開他（案：指蔣介石），決定於三十七年之夏。」顯然有出入。
〔註143〕《紀念文集》，頁20。
〔註144〕《補編》第一冊，頁571。
〔註145〕《補編》第二冊，頁408～409。案：此中所言，與前述組織「座談會」擁蔣的說法有出入。
〔註146〕《補編》第二冊，頁11。
〔註147〕《雜文——憶往事》，頁41。

		六月，《民主評論》在港創刊。	〈垃圾箱外〉記說：「我到溪口大約是卅八年二月底三月初。我到後，蔣公當然首先向我提到組織問題，但我已決定再不沾這個問題了。」〔註148〕
			〈末光碎影〉：「三十八年春在溪口。」〔註149〕
			〈對殷海光先生的憶念〉說：「到了三十八年，我才由『中的政治路線』摸到民主政治上面，成爲我後半生政治思想的立足點。」〔註150〕
			〈垃圾箱外〉記說：「蔣公初到臺灣時，對我頗冷淡。很久後，有朋友告訴我，因爲有人向他報告說我和桂系有勾結，後來蔣公看到我『李宗仁是第三勢力嗎』的一篇文章，才知道他所聽不確。又找我要我幫著籌辦革命實踐研究院，我沒有接受，後來又給了我一種組織性的任務，拖了三、四個月，也完全擺脫了。」〔註151〕
			涂壽眉〈我所知道的徐復觀先生〉：「三十八年夏、秋之間，李代總統宗仁對於國事多不負責，……蔣公於是在臺北草山（後改稱陽明山）成立中國國民黨總裁辦公室，研究改造黨務、政治、軍事等方案，派我爲第七組秘書，命徐先生協助萬耀煌先生籌設革命實踐研究院。徐先生以志趣不合，未就。」〔註152〕
			〈對殷海光先生的憶念〉說：「在三十八年春天，我到廣州鄉下黃良庸先生家裡去探望熊十力先生時，請熊先生向沈剛伯先生寫封推薦海光進臺大的信，並由我拿著信去看沈剛伯先生。」〔註153〕
			〈辛亥革命精神之墜失〉：「三十八年，有一次我經過廣州，會見何敬公，他開頭便問：『蔣先生對居覺老組閣的意見怎樣？』我說：『哪裡會有此事？』敬公隨手拿中常會通過案子給我看，

〔註148〕《雜文──憶往事》，頁43。

〔註149〕《最後雜文》，頁345。案：他說三十七年夏決定離開蔣，但是當三十八年蔣邀其赴溪口時，商議國民黨改造之事，他還是前往了，而且此時與蔣經國漸漸有密切合作的機會了。

〔註150〕《雜文──憶往事》，頁174。

〔註151〕《雜文──憶往事》，頁45。

〔註152〕《紀念文集》，頁44。案：〈李宗仁是第三勢力嗎〉一文發表於一九五○年二月一日的《民主評論》，蔣介石「命徐先生協助萬耀煌先生籌設革命實踐研究院」卻在一九四九年，兩者顯然沒有關係。且以蔣介石多疑的個性，不可能因爲一篇自白文章就相信一個人。這裡所記，可能時間點有誤。

〔註153〕《雜文──憶往事》，頁174。

			我連聲說：『我不贊成，我要找他老人家切實勸阻。』……第二天，立法院以一票之差失敗了。」〔註154〕
			〈時代的悲願〉：「三十八年春，我住奉化溪口時，雖眼看李德鄰及其幕僚的昏愚鄙劣，但我還是主張對桂系讓步，以求團結；當我知道居覺先生在廣州要組閣時，以他對我相與之厚，但我卻澈底反對他的組閣行動，也是爲了團結。」〔註155〕
			〈曾家岩的友誼〉：「三十八年四月，我們（案：指和唐縱）在寧波見面，此時他也是無官一身輕。」〔註156〕
			〈一個自由人的形象的消失──悼張深切先生〉：「我是民國三十八年五月，違難移居台中的。」〔註157〕
			〈我與梁漱溟先生的片面關連〉：「民國三十八年五月，我避地台中，陳果夫先生也在此養病。我去看他，並向他說：『我想向總裁建議，拿出一團的經費成立中國文化研究所，趕快派人到大陸請熊十力、馬一浮、梁漱溟、柳貽徵、呂秋逸五位先生來主持。』……我當時還不知道已經有人向蔣公說我與桂系有勾結，更不知梁先生與蔣公政治上的恩怨。過了不久，我在高雄壽山見到蔣公（案：蔣在六月乘船到壽山。），提出我的構想，他老人家只是笑笑，不置一辭。」〔註158〕

〔註154〕《補編》第二冊，頁 11。

〔註155〕《補編》第二冊，頁 332。

〔註156〕《補編》第二冊，頁 307。

〔註157〕《補編》第二冊，頁 321。

〔註158〕《補編》第二冊，頁 562～563。案：此時國民黨改造已經箭在弦上，所以他被黑函攻擊是正常的，否則改造委員的大餅可能會分不均的。而此時他也開始有意向學術界發展，所以才會提出「成立中國文化研究所」的案子來，不無爲自己鋪路之意。六月《民主評論》在港創刊，他主要活動都在港。